KB119010

한국사가 죽어야 나라가 산다

한국사가 죽어야

한국사를 은폐하고 조작한
주류 역사학자들을 고발한다

나라가 산다

이주한 지음

위즈덤하우스

왜 한국사가 죽어야
한국이 사는가

주류 역사학계에는 '한국'과 '역사학'이 없다

20세기 서구를 대표하는 사상가 버트런드 러셀Bertrand Russell은 "그가 자기 조국의 위대함을 정말 확고하게 믿는다면 맹렬한 국수주의자가 되진 않을 것이다"고 했다. 이는 상식적인 이치다. 그러나 한국 주류 역사학계에 대해 "한국인의 가면을 쓴 일본인이다", "불가사의하다, 30년이 넘도록 근거가 무엇인지 단 한 번도 답을 안 하고 회피한다", "여기는 아직 총독부 세상이다", "범죄조직과 같다" 등의 비판은 끊임없이 제기되어왔다. 하지만 그들은 꿈쩍도 하지 않았다. 이론적 검증과 연구는 고사하고 갖은 패악으로 문헌사료 실증과 고고학적 고증에 입각한 학문적 비판을 '재야사학'과 '국수주의'로 매도했다.

한국 주류 역사학계는 1차 사료 등의 문헌 고증이나 논거를 갖고 상대를 비판하는 법이 없다. 자신들이 수립한 '정설', 들으면 누구나 좋은 그럴듯한 상식적 총론에 입각해 상대의 견해를 폄훼하고 매장한다. 마치 과학적 수사로 꼼짝없이 궁지에 몰린 범인이 진실과 평화, 화해를 내세우며 엉뚱한 사람을 범인으로 몰아붙이는 것과 같은 사례가 한국 주류 역사학계에는 비일비재하다.

한국 주류 역사학계에는 '한국'과 '역사학'이 없다. 중국의 변방사나 일본의 지방사로 한국사를 보니 '한국'이 사라졌다. 역사적 사실에 성실하기는커녕 사실을 외면하거나 사료를 과장하고, 견강부회하거나 억단해서 진실을 매몰시키니 '역사학'이 없다. 왜 그럴까? 한국 주류 사학계에 남은 것은 과연 무엇일까?

2013년, 광복 68년을 맞이하는 지금까지 조선총독부 산하 조선사편수회가 창안한 식민사관은 단 한 번도 종합적으로 검토하거나 해체되지 못했다. 조선사편수회에서 한국사를 날조한 이들이 한국 주류 역사학계를 장악한 결과다. 국사편찬위원회·동북아역사재단 등 국민 혈세가 매년 수백억 씩 수혈되는 국가기관이 앞장서서 일제 식민사관을 옹호하고 확대하며 재생산한다. 일제 식민사학은 한국 주류 역사학계를 통해 견고하게 유지되며, 일본과 중국의 극우세력에게 유리한 논리를 지속적으로 제공해왔다. 나아가 대한민국의 정치·경제·사회·

문화·언어·종교·교육·예술·젠더·법·행정 등 전 영역에 걸쳐 치명적인 식민주의 해독을 끼쳐 왔다. 식민사관은 식민주의의 정수가 되어 우리 사회 곳곳에 뿌리 깊은 패악이 되었다. 여기에서 서울대학교 국사학과가 식민사관의 저수지 역할을 해온 점을 주목해야 한다. 조선사편수회 수사관 출신 이병도가 서울대학교 국사학과를 장악해 한국사의 태두로 군림한 결과다. 이병도를 비롯해 김철준·한우근·김원룡·이기백·이기동·노태돈·서영수·송호정 등이 서울대학교 국사학과 주요 학맥으로 연결되면서 조선총독부의 식민사학을 한국사의 정설로 만들었다.

한국 주류 역사학계에는 절대적인 도그마, 무조건 사수해야 할 '부동의 정설'이 있다. 그들은 백 년 동안 금과옥조로 간직한 '철의 원칙'을 지키기 위해 문헌사료는 물론 고고학·인류학·사회학·현대과학에서 도출된 새로운 사실과 엄격한 고증을 외면하고 묵살한다.

인간은 질문하는 존재이고 모든 학문과 사유 또한 "왜"라는 물음에서 시작한다. "요컨대, 조선 교육은 이치를 캐는 자를 되도록 적게 해야 한다"는 조선총독부의 방침을 한국 주류 역사학계는 철저하게 현실에 적용했다. '정설'을 사수하기 위해 기초적인 질문들을 금기시하고, 다른 시각과 해석을 용인하지 않는다. 정설에 무조건 따라야 하는 역사학은 역사도 학문도 아니다. 이미 답이 다 정해져 있으니 연구할 필요가 없다. 아니, 절대로 연구해서는 안 되는 역사가 한국사다.

그들은 자신들의 정설이 무너지면 모든 것이 끝장난다는 것을 잘 알고 있다.

이른바 정설의 논리를 역사학적 방법으로 검토해보면 놀라운 사실들이 드러난다. 1차 사료나 고고학적 근거가 전혀 없이 그들에게는 사활을 건 역사왜곡이 있을 뿐, 역사에 대한 최소한의 예의와 역사학의 기본 방법이 없다. 그들이 추구하는 역사 철학은 식민사학이라는 외피를 숨기면서, 그 핵심 프레임을 '철의 원칙'으로 감싸는 철학鐵學에 불과하다. 주류 역사학계는 그들에게 불리한 사실이 나오면 침묵하거나 해괴한 논리를 개발해 위기를 넘겨왔다. "말할 수 없는 것에 대해서는 침묵해야 한다"는 철학자 비트겐슈타인Ludwig Wittgenstein의 언명을 그들은 해괴하게 실천했다. 그리고 학연과 이권으로 '철의 법칙'을 사수해왔다. 그들의 학문 권력 카르텔과 화력은 실로 무소불위다.

'부동의 정설'에 사활을 거는 그들의 실상

이 책은 일제 식민사학계가 지난 백여 년간 모든 것을 동원해 사수해온 '부동의 정설'을 파헤치고, 그 역사적 뿌리와 맥락, 현실과 구조를 명징하게 드러내고 논증하기 위해 쓴 식민사학 추적 보고서다.

1945년, 조선총독부는 해체되었지만, 조선총독부 산하 조선사편수회는 한국 주류 역사학계로 승계되었다. 광복 후 독립운동가가 친일파 손에 청산되면서 한국사 원형과 진실은 철저하게 부관참시剖棺斬屍 당했다. 조선사편수회가 날조하고 왜곡한 역사는 이른바 '실증주의'로 치장됐고, 조선사편수회가 가장 두려워한 독립운동가의 과학적 역사학은 '신념이 앞선 관념론', '국수주의'로 전락했다. 그렇게 한국사는 죽었다. "못난 조상이 또다시 되지 말아야 한다"를 평생 신조로 삼은 광복군 출신 장준하 선생은 "광복 조국의 하늘 밑에는 적반하장의 세월이 왔다. 펼쳐진 현대사는 독립을 위해 이름 없이 피 뿜고 쓰러진 주검 위에서 칼을 든 자들을 군림시켰다. 내가 보고 들은 그 수없는 주검들이 서럽다"는 말을 남겼다. 적반하장이라는 말로 표현하기에도 역부족인, 한국현대사에서 통탄할 만한 대목이다.

사실은 해석이 다양할수록 진실에 다가선다. 하지만 한국 주류 역사학계는 사실을 은폐하고 호도함으로써 역사 해석의 다양성 문제를 태생부터 부정했다. 한국 주류 역사학계가 일제 식민사관 시각에서 한국사 '정설'을 세우고, 정설과 다른 역사관을 이단시하면서 수립한 절대적인 도그마와 닫힌 해석은 진실과 거리가 먼 제국주의 역사학이다.

역사적 사실 여부를 규명하는 것은 이 책의 전부라 해도 과언이 아니다. 따라서 사실에서 벗어난 논증, 주관적인 해석을 최대한 경계했다. 하지만 사물에 대한 이해는 자료만 나열한다고 해서 저절로 증진되지 않는다. 모든 사물은 있는 그대로 보이는 것이 아니라 보는 이의 시각을 통해 해석된다. 나는 선학들이 일궈온 빛나는 구슬들을 특별한 맥락에서 꿰어 끊임없이 질문하며 자료를 검토했다. 그리고 복잡하고 현란한 한국 주류 역사학계의 '이론'이 얼마나 교묘한 기만이자 허술한 언어도단인지 낱낱이 드러내려고 노력했다.

이병도와 서울대 국사학과의 실체는 원로 역사학자 김용섭 교수의 증언에 근거했다. 한편 한국 주류 식민사학계의 실체를 파악하는 핵심 키워드로 '단군조선'과 '한사군', 그리고 《삼국사기三國史記》 초기 기록 불신론을 다뤘다. 이 부분에 대한 정설의 논리와 그 근거를 추적하면 그들의 참담한 실상이 명백하게 드러난다. 이 세 가지 주제를 어떻게 보느냐에 따라 한국사의 기본 틀과 맥락이 완전히 바뀐다. 여기에서 일선동조론·만선사관·사대주의론·반도적성격론·당파성론·정체성론이 나왔다. 그리고 고조선, 부여, 고구려, 백제, 신라, 가야, 통일신라, 발해, 고려, 조선, 대한제국, 한국으로 이어진 한국사 흐름에 대한 기본 시야가 달라진다. 주류 역사학계의 추악한 행태와 그 맥락을 이해하기 위한 역사적·사회적 배경도 지적했다. 이 주제는 최태영·윤내현·이덕일·이종욱·최재석의 저작을 주요 텍스트로 삼았다.

또한 한국사를 보는 시각에는 진보·보수가 따로 없는 기형적인 현실을 파헤치기 위해 이기백의 역사관과 박노자의 《거꾸로 보는 고대사》를 분석했고, 우리가 추구해야 할 민족주의를 역사에서 찾아보고자 했다. 더불어 나중에 본격적으로 다룰 계획인 대한민국의 교육 현실도 짚어봤다. 일제 식민사관은 교육 시스템을 통해 공고화되었다. 일제의 교육은 자연과 인간, 사물에 대한 주체적인 회의와 사유를 거세했다. 따지지 말고 외워야 하는 주입식 교육이 만들어진 연원이다. 공동체가 모색하고 견지해야 할 가치를 억압해 그 자리에 경쟁·불안·열패감을 내면화하는 조선총독부의 교육방침은 일제 패망 68년에 접어든 지금도 대한민국을 신음하게 한다.

이 책의 관점과 해석은 선학들이 생을 걸고 이뤄낸 결실들을 또 하나의 시각으로 엮은 텍스트이지, 확고한 진실이나 오류 없는 이론일 수 없다. 정설과 절대적인 진리를 내세우는 행위는 진실에서 가장 먼 태도다. 침묵을 멈추고 치열한 비판을 기대하며 정직한 책임을 다할 생각이다.

역사를 기억하는 자는 결코 쓰러지지 않는다

막연한 희망은 절망을 낳는다. 한국 주류 역사학계가 살면서 한국사는 죽었다. 그러나 대중이 역사의 진실을 알아채기 시작하면서 거대한 폭풍이 몰아치고 있다. 여기에 희망이라는 사실이 있다.

역사와 나라를 잃은 고통은 이름 없는 민중이 온전히 떠안는다. 우리는 역사를 통해 이를 뼈저리게 경험했다. 혹독한 현실을 살아가는 민중에게 식민주의는 무거운 족쇄 중의 족쇄다. 그렇기 때문에 식민 사관 척결은 가장 낮은 곳에서 묵묵히 살아가는 이들의 삶을 혁신하는 매우 중요한 관건이기도 하다.

이 머리는 차라리 자를 수 있지만,

이 무릎을 꿇어 종이 될 수는 없도다.

집을 나선 지 한 달 채 못 되었지만

이미 압록강을 건너는 도다.

누구를 위해 머뭇거릴 것인가.

호연히 나는 가리라.

역사가이자 독립운동가인 석주 이상룡 선생은 1911년 1월 27일, 일가를 이끌고 압록강을 건너면서 이런 글을 남겼다. 노예의 삶을 거부한 그는 만주로 가서 우당 이회영과 함께 신흥무관학교를 세우고, 역사서를 쓰고, 무장투쟁을 하다 죽음을 맞았다.

우리는 스스로 사필귀정史必歸正을 이루는 주체가 되어야 한다. 물방울이 바위를 뚫는다. 물방울이 모여 시내가 되고, 멈추지 않고 흘러 큰 강에서 만나 바다로 간다. 모두 멈추지 않는 강물이 되어 심원한 역사의 바다에서 만나야 한다. 오늘날 우리를 있게 한 선혈들을 최후의 승자로 기록해야 할 의무가 우리 앞에 놓여 있다.

독자들은 이 책을 통해 한국 주류 역사학계의 참혹한 실상을 목도하며 충격과 분노를, 역사와 진실에 목숨을 바친 위대한 선각자와 후학들을 보면서 감동과 통찰을 얻을 것이다. 주류 식민사학계는 이른바 '현대사 연구금지론'을 내세워 자신의 치부를 은폐하고 선각자들의 역사를 지우려고 했다. 우리는 그들을 잊지 말아야 한다. 선각자들은 나라가 망국의 길로 들어서자 역사학자가 되고 총을 들었다. 그들이 목숨을 바쳐 지키고 밝힌 역사를 우리는 끝까지 기억해야 한다. 그들의 후학은 기억을 지키기 위해 역사에 생을 걸었고, 잔혹한 인신공격을 버텨내야 했다.

모두를 위한 역사는 없다. 술이부작述而不作인 이 책은 그들에 대한 경의요 헌사다. 기억은 인간을 인간답게 살게끔 한다. 기억이 없는 인간은 인간의 정체성과 존엄성을 지키기 어렵다. 역사는 기억이다. 기억되지 않는 역사는 얼마든지 농락되고 누군가에 의해 지배당할 수 있다. 역사를 잃으면 모든 것을 잃는다. 그러나 역사를 기억하는 자는 결코 쓰러지지 않는다.

2013년 1월

이주한

차례

제3부 이기백과 박노자의 역사관을 비판한다

분노한 민중이 풍요로운 사회에서 살기를 원하고
다함께 행동할 때, 새롭고 억누를 수 없는 힘이 생겨날 것이다.

– 하워드 진Howard Zinn

제1부

식민사관의
핵심을 꿰뚫다

이병도가 살고
한국사가 죽었다

한 원로 역사학자의 생생한 증언

원로 역사학자 김용섭은 2011년 봄, 평생에 걸친 한국사 연구업적을 결산하며 회고록《역사의 오솔길을 가면서》를 발간했다. 그의 저서는 한국사학사상 소중한 학문적 결실과 증언을 담은 역작이다. 그는 이 책에서 1960~70년대에 서울대학교 국사학과 교수로 재직하면서 겪었던 놀라운 일들을 공개했다. 이제부터 충격적인 증언들을 여러분에게 소개하고자 한다.

1966년, 김용섭은 서울대학교 사범대학에서 문리대학으로 전속된다. "외풍은 우리가 다 막아줄테니 와서 연구만 하고 자리를 지키면 된다"는 서울대학교 국사학과 김철준·한우근 교수에 의한 반강제 차출이었다. 서울대학교 국어국문학과 이숭녕 교수는 인사하러 온 김용섭 교수에게 "이 대학의 사정을 잘 모를 테니, 지키는 것이 좋을 사항을 한마디만 이야기하겠다. 사학과는 특히 어려운 과이니 매사에 조심해서 처신하라"고 충고했다. 그러나 김용섭 교수는 한국사학사 강좌에서 식민사관을 비판하면서 이숭녕 교수가 말한 '조심하는 처세'의 원칙을 벗어나게 되었다.

> 이 강좌는 일제하의 잘못된 역사 연구를 성찰·청산하고, 새로운 한국사학을 건설할 것을 목표로 출발한 것이기 때문에, 한국사 연구의 발전과정을 비판적으로 진실되게 강의하고 정리하지 않으면 안 되었다. 그것은 당시의 우리 역사학이 당면한 시대적 사명이었다. 그러므로 한국의 중심 대학이고 일제의 경성제국대학을 해체하고 재건한, 국립 서울대학교의 역사학과가 시도하지 않으면 아니되는 일이었다. 그러한 점에서 나는 이 강좌에 의욕적으로 임하였다.
>
> —김용섭, 《역사의 오솔길을 가면서》, 지식산업사, 2011, 766쪽

일제 조선총독부와 경성제국대학이 수립한 식민사관을 비판하자 서울대학교 국사학과 교수들은 김용섭에게 냉담해졌고, 강한 압박을 가하기 시작했다. 어느 국사학계 원로 교수는 길거리에서 마주친 그의 인사를 외면하기까지 했다. 또한 누군가 그의 연구실을 뒤지고 감시하는 일도 벌어졌다. 그때 일어났던 일들을 김용섭은 다음과 같이 증언했다.

> 이러한 일들이 있는 동안에 학과에서는 야단이 났다. 아마도 학내·학외에서 여러 가지 이야기가 대학과 과에 들어왔을 것이다. 한우근 교

수와 김철준 교수는 이 일로, 개별적으로 말씀을 하셨는데, 이로써 학내외의 분위기를 알 수 있었다. 두 분 교수는 그러한 분위기를 종합 판단한 위에서 말씀하신 것으로 이해되었다. 김 교수 말씀은 두 차례 있었다. 한 번은 나를 보고 웃으시며 "김 선생, 김 선생 민족주의는 내 민족주의와 다른 것 같아." "예, 그런 것 같습니다……." 그 다음은 노발대발하시며, "이○○ 선생에 대해서 무슨 글을 그렇게 써!" 하시며 질책하셨다. 마치 부하직원이나 제자를 대하듯 나무라셨다. 전자는 경고성 발언이고 후자는 절교성 발언이라고 생각되었다. 한 교수 말씀도 두 차례 있었는데, 연세가 높으신 만큼, 말씀의 논조 방법을 아주 다르게 하셨다. 한번은 두계斗溪 선생이 덴리天理 대학교 초청으로 일본에 다녀오셨는데, 그 대학교에서 한 교수와 나를 초청하니 두 사람이 상의해서 다녀오라고 하셨다며, "김 선생, 같이 갑시다. 김 선생이 간다면 나도 가고, 안 간다면 나도 안 갈래" 하시는 것이었다. "그런데 두계 선생이 덴리 대학교에 가시니, 그 대학교에서 덴리교天理教의 도복을 입히고, 예배에 참석토록 하였다는군"이라고도 덧붙이셨다. 나는 거기는 아직도 총독부 시대구나 생각하였다. 그래서 "선생님, 저는 차멀미를 많이 해서 여행을 못 합니다. 선생님만 다녀오십시오" 하고 사양하였다. 다른 한 번은 여러 사람이 있는 가운데, "……김 선생, 우리 이제 민족사학 그만하자"고 하시는 것이었다. 이것이 여러 말씀 가운데 핵심이었다. 말씀은 부드러웠지만, 논조는 강하였다. 명령이었다.

—김용섭, 《역사의 오솔길을 가면서》, 지식산업사, 2011, 770~771쪽

"김 선생 민족주의는 내 민족주의와 다른 것 같아." "우리 민족사학 그만하자." 이 말은 무슨 의미인가? 해방 이후 한국 역사학계를 장악

한 이들은 자신들의 역사학을 신민족주의 사학이라고 자칭했다. 서울대학교 국사학과 교수들의 신민족주의 사학과 김용섭의 민족사학은 어떻게 다른가? 바로 이 부분이 김용섭과 다른 교수들이 부딪힌 갈등의 핵심이다. 김용섭의 민족사학은 간단히 말해 대한민국 보통 사람들이 생각하는 민족주의 역사학이다. 그러나 서울대학교 국사학과 교수들이 주창한 신민족주의 사학은 대한민국 보통 사람들이 생각하는 민족주의 역사학이 아니다. 그들의 신민족주의 역사학은 조선총독부 산하 조선사편수회가 만든 일본 극우파 역사학이다.

김용섭의 증언에서 이○○ 선생에 대한 글을 두고 김철준은 "무슨 글을 그렇게 써!"라고 하며 노발대발했다. 여기서 이○○ 선생은 누구일까? 그는 바로 국사학계의 태두로 불리는 서울대학교 국사학과 교수 이병도를 말한다. 김철준과 한우근은 이병도가 아끼는 제자로서 역시 한국 역사학계의 원로들이 되었다. 김용섭 교수의 이러한 증언은 과연 무엇을 의미하는가?

일본 나라奈良 현 덴리天理 시에 있는 덴리 대학교는 일본의 신도神道 종교단체인 덴리교에서 운영하는 대학이다. 덴리교 본부가 있는 덴리 시는 종교도시이며, 덴리교는 "모든 일본 국민이 한마음으로 덴노天皇의 뜻을 받들어 충성과 효도의 미덕을 발휘한다"는 황국皇國 사관을 신봉한다. 황국은 '천황이 지배하는 국가'라는 뜻이다. 일본은 천황제라는 왕권신수설의 나라다. "대일본제국은 만세일계萬世一系 덴노조의 계시를 받들어 영원히 통치한다. 이것이 만고불변의 우리 국체다" 하는 일본의 지배이념은 절대적인 권위를 갖고 일체의 비판을 용납하지 않는다.

일본의 국가이념은 '팔굉일우八紘一宇'다. 즉, 지상 여덟 모퉁이에 기둥을 세워 지붕을 이고, 온 지구를 그 밑에 덮은 다음, 그 지붕 아래에 있는 모든 민족을 일본이 지배한다는 뜻이다. 일본 군국주의 시대에 창안되어 지금껏 이어지고 있는 국가 통치이념이다. 성스러운 존재인 천황이 있고, 다수의 비천한 존재가 그 대극에서 절대 복종해야 하는 시스템이다.

황국사관은 일본 국민을 효과적으로 통제하고, 제국주의적 침략과 타민족에 대한 식민지배를 합리화하는 수단으로 만들어졌다. 덴리교는 일제군국주의를 적극 지원했고, 한국의 수많은 문화재를 약탈해 간 대표적인 황국신민조직이다. 또한 신도는 천황 숭배를 떠받드는 뿌리요, 기둥이다. 황국사관에 기초한 제국주의로 조선을 멸시하고, 조선 정벌은 불가피하다고 굳힌 주역이 바로 일본 신도였다.

이병도가 광복 후 서울대학교 국사학과 교수로 재직할 때, 일본에서 신도를 대표하는 대학으로 유명한 덴리 대학교에 가서 신도의 도복을 입고 예식에 참석했다는 김용섭의 증언은 충격적이다. 이는 당시 서울대학교 국사학과 내부자만 알 수 있는 내밀한 사실이다. 신도는 일본 고유의 민족종교로 출발했으나, 천황교가 되면서 국가신도가 되었다. 신사는 신도의 사원이다. 즉, 신사참배는 천황 이데올로기를 주입하기 위한 일제의 민족말살 정책이었다.

일제는 신사참배를 거부하면 민족주의자로 몰아서 치안유지법·보안법·불경죄로 탄압했다. 한민족의 역사와 언어, 전통을 없애 일본에 부속된 인종으로 만들려고 한 일제에게 민족주의자는 치안과 보안을 위협하는 가장 불경한 존재였다. 그 당시 신사참배를 거부한 수천 명이 투옥되었고, 주기철·조용학·최봉석 등 기독교인 50여 명이 처참하게 순교했다. 1945년, 광복이 되자 민중은 대부분의 신사를 불태우고 파괴했다. 가혹한 신사참배에 대한 한민족의 분노와 저항은 거셌다. 그런데 한국사의 태두라는 이병도는 광복 후에도 일본 극우단체의 황국신민 의식에 성실하게 참석했다. 일제 침략을 반대했거나 친일 행위를 반성하는 사람이라면 절대 나올 수 없는 행위다.

신사참배는 천황의 충실한 신민이 되겠다고 맹세하는 행위다. 일본 천황을 신으로 받들고 모두를 그의 신민으로 만들기 위한 침략주의를 찬양하는 의식이다. 누구보다도 신사참배의 의미를 잘 아는 역사학자, 그것도 한국 역사학계 최고 원로가 생명의 위협을 받거나 치안유지법으로 구속되는 상황이 아닌데도 자발적으로 나서서 신도 예식에 참석한 사실을 우리는 주목해야 한다. 또한 그는 서울대학교 국사학과 교수들을 덴리 대학교에 보내는 역할도 주도했다. 이병도는 광복전이나 광복 후에도 극우 일본인의 삶을 살았다. 자신의 극우 숭일崇日 행적을 단 한 번도 뉘우치지 않고 평생을 산 셈이다.

잘못된 역사의 정설을 만들다

세계에서 한국만큼 자국 역사를 소홀히 여기고, 의미나 흥미를 잃게 하고, 암기해야 할 지겨운 교과서 과목으로 전락시킨 나라도 없다. 자신의 역사를 아는 것보다 영어 단어 하나 아는 것을 훨씬 소중하게 여기는 풍토다. 역사 전공자도 마찬가지다. "내 전공은 한국사가 아니다", "한국사를 전공하지만 시대가 다르다, 주제가 다르다"고 둘러대면 그만이다. 지식인들은 "나는 한국사를 잘 모른다"고 당연히 자연스럽게 말한다. 하지만 가장 위대한 지식은 스스로를 아는 것이다. 인간의 가장 근원적인 질문은 '나는 누구인가'와 '어떻게 살 것인가'이다. 모든 인간은 관계의 존재, 역사의 존재다. 자신이 속한 공동체의 역사를 모르면 자신을 알 수 없고, 어떤 가치를 추구해야 하는지 알 수 없는데도, 그들은 아무런 부끄러움이 없다.

"답답하다, 옹색하다, 무미건조하다, 재미없다, 뭐가 뭔지 모르겠다, 이해하기 어렵다, 지겹다, 꼭 알아야 할 이유가 있나." 한국사를 떠올릴 때 일반적으로 드는 생각일 것이다. 역사는 이야기다. 대부분의 사람들은 이야기에 푹 빠져든다. 동서고금을 막론하고 이야기를 싫어하는 사람은 거의 없다. 이야기 속에는 과거와 현재, 미래가 한데 얽혀 있으며, 삶을 풍성하게 하고 깊은 공감과 감동, 깨달음을 준다. 인간은 이야기로 사는 존재다. 이야기는 기억이며 개인과 집단의 정체성을 담고 있다. 이야기 없는 인간은 없으며 거기에 자신과 조상, 민족과 공동체가 있어 삶의 원동력이 된다. 그런데 한국사에는 이야기가 없고 죽은 단어들이 박제되어 있다. 단편적인 사실이 앞뒤 연결 없이 조각조각 나열되어 있다. 이렇게 한국사는 죽어 있다.

왜 그럴까, 언제부터 그랬을까? 한국사만 유독 태생적으로 이런 성격을 가졌을 리 없다. 역사적으로 어떤 시점과 계기, 그리고 여기에 개입한 누군가가 반드시 있을 것이다.

바로 이 지점에 일제 식민사관이라는 큰 독사가 똬리를 틀고 앉아 있다. 한국사는 일제 식민사관으로 인해 원형을 잃고 심각한 손상을 입었다. 그래서 식민사관을 척결해야 한다고 이구동성으로 목소리를 높인다. "역사학계의 주류냐, 비주류냐", "어떤 역사관을 갖고 있느냐"를 떠나서 식민사관 문제는 한국사 최대의 관건이었고 지금도 그렇다. 마치 폐쇄된 공간에서 범죄가 발생했는데, 모두가 범인을 빨리 잡아야 한다고 소리만 치는 상황과도 같다. 살해당한 사람은 있는데, 살해한 사람은 없다. 범죄는 계속되는데, 범인의 실체는 오리무중이다. 이런 상황에서 정상적인 삶은 영위될 수 없다.

식민사관 논란은 단순히 역사학계에만 국한되는 문제가 아니다. 역사관은 그 시대의 세계관을 함축한 것이어서, 정치·경제·사회·문화·종교·젠더·교육·법·예술 등 사회 전 영역에 결정적인 영향을 미친다. 한국사회의 모든 문제가 식민사관에서 비롯되지는 않겠지만, 그로부터 자유로운 것도 없다. 식민사관은 오늘도 우리의 일상을 지배하고 있다. 그래서 한국사가 죽어야 한국이 산다는 말이 성립하는 것이다.

우리나라에서 "우리는 식민사관을 추구한다", "나는 식민사학자다"라고 말하는 사람은 단 한 명도 없다. '식민지 근대화론'을 주장하는 이들도 당연히 그렇게 말한다. 앞으로도 그럴 것이다. 백여 년 전 식민사관을 창안한 일제 식민사학자들도 마찬가지다. 제아무리 정당성이 없는 주장이라 할지라도 겉으로는 그럴듯한 명분과 논리를 갖추게 마련이다. 인권과 민주주의를 억압하고, 추악한 고문과 테러, 전쟁을 자행하는 세력도 '평화'와 '인권'을 앞세우지, '폭력'과 '살상'을 앞세우는 경우는 없다.

어떤 주제에 접근하는 가장 효과적인 방법은 역사적 시각이다. 그 중에서도 "누가, 왜, 어떻게"라는 의문이 핵심이다. 한국사를 보는 관점과 이론을 과연 "누가, 왜, 어떻게" 만들었는지 끝까지 추적하면 식민사관의 실체가 드러나게 되어 있다. 한국 주류 역사학계가 외면하는 부분이 바로 이것이다. 역사 분석의 가장 유력한 문제인식은 "누가"다. 그리고 "왜, 언제, 무엇을, 어디서, 어떻게" 등의 질문을 하나하나 짚어가며 실체에 접근한다.

어떤 이론이든 그 이론이 발생한 사회적 맥락과 배경이 있다. 더구나 역사이론은 특정한 세계관과 역사관에 바로 직결되어 생산된다. 따라서 사론史論이 처음 발생했던 시기의 사회적 배경과 맥락, 사론 생산자들의 세계관과 역사관을 분석하면 그 사론을 객관적으로 이해할 수 있게 된다.

입으로는 모두 "식민사관을 청산하자"고 외치지만 식민사관이 견고한 까닭이 있다. 그로부터 이득을 얻고, 자신의 현실과 입지를 정당화하는 세력이 있기 때문이다. 한국 주류 역사학계는 이런 질문을 금기시한다. "왜 그럴까?" 한국사가 태생부터 식민사관이거나 어느 날 갑자기 식민사관이 되었을 리 없는데도 말이다. 분명 누군가 식민사관을 창안하고 재생산해왔다. 그렇다면 이러한 사실을 호도하거나 은폐해서 지속적으로 이득을 누리는 세력은 누구일까?

한국사를 보는 시각과 이론에는 이른바 '정설'이란 것이 있다. 다양한 주장이 존재하고 현재의 시각에서 늘 새롭게 쓰이는 것이 역사인데, 한국 주류 역사학계는 정설이란 것을 만들어, 다른 해석을 철저하게 배제하고 이단시한다. 역사 해석의 문제가 아니라 사실을 무시하거나 은폐하고 왜곡하는 풍토가 뿌리 깊다. 그 뿌리를 캐보면 결국 한국사의 태두 이병도가 등장한다. 한국현대사를 이해하기 위해 초대 대통령 이승만을 연구하듯이, 한국역사학을 분석하려면 먼저 이병도를 알아야 한다. 한국 역사학계를 장악한 서울대학교 국사학과 출신들은 스승 이병도의 학설을 정설로 삼았고, 이병도는 자신의 스승들, 즉 대표적인 일제 어용학자들의 견해를 정설로 받들었기 때문이다.

이병도가 어떤 인물이고 그의 스승들이 주창한 한국사관이 무엇을 목적으로, 어떻게 만들어졌는가를 파헤치면, 유령이 되어버린 식민사관도 더 이상 몸을 숨기기 어렵게 된다. 물론 그들이 순수하게 학구적인 태도로 한국사를 객관적으로 연구했다는 시각도 있다. 한국 주류 역사학계의 견해가 그렇다. 같은 사실을 두고 다양한 해석이 있는 것이니 독자들이 판단할 몫이다. 다만 역사적 사실까지 부정하거나 곡해하는 것은 명백한 역사왜곡일 뿐이라는 점을 우선 밝혀둔다.

식민사관을 만든 핵심 인물들

한편 반민족문제연구소는 한국현대사를 움직인 친일파 60명의 행적을 기록한 학술서적을 발간했는데, 교육·학술분야 첫 번째 인물로 이병도를 선정했다. 이병도가 역사학계는 물론 한국사회 전반에 미친 영향력이 실로 막대하다는 사실을 반영한 것이다. 이병도는 조선사편수회에서 식민사관을 만드는 데 중추적 역할을 담당했던 이마니시 류今西龍의 수사관보修史官補로 활약했다. 먼저 그의 이력을 간략히 소개하고자 한다.

- 1896년: 경기도 용인에서 태어남.
- 1912년: 보성전문학교 법학과 입학.
- 1916년~19년: 일본 와세다 대학교 사학과 및 사회학과 졸업. 일선 동화론을 주창한 와세다 대학교 요시다 도고吉田東伍에게 영향을 받아 한국사에 관심을 갖기 시작함. 황국사관의 권위자인 쓰다 소키치津田左右吉와 이케우치 히로시池內宏에게 역사 수업을 받음.
- 1925년: 조선총독부 산하 조선사편수회에서 이마니시 류의 수사

관보가 되어 한국사 연구 시작. 식민사관 총서 《조선사》 편찬에 적극 참여.

- 1934년: 진단학회를 창설하고 대표를 맡음.
- 1945~62년: 광복을 맞아 경성제국대학 교수를 거쳐 서울대학교 문리대학 교수로 취임함. 이후 서울대학교 중앙도서관장, 박물관장, 대학원장과 학술원·시사편찬위원회·국사편찬위원회 위원 역임. 진단학회의 친일파 제명운동대상자가 되고, 반민족 특별조사위원회 활동으로 위축되기도 하나, 이승만의 친일파 우대 정책과 6·25 이후 반공국시에 편승하면서 한국 역사학계 최고 원로가 됨.
- 1954년: 진단학회 이사장으로 복귀하고, 서울대학교 대학원장을 역임.
- 1955~82년: 국사편찬위원회 위원을 역임.
- 1960년: 문교부 장관, 학술원 원장을 역임.
- 1961년: 대학교수 정년제 실시로 서울대학교에서 퇴임한 후, 국민대학교 학장, 성균관대학교 교수 및 교육·문화 분야의 단체이사를 역임.
- 1970년: 박정희 정권에서 국토통일원 고문을 역임.
- 1980년: 전두환 정권에서 국정자문위원을 역임.
- 충무공훈장, 문화훈장대한민국장, 학술원상, 국민훈장무궁화장, 인촌문화상, 5·16 민족상을 받음.

여기서 그가 맡았던 서울대학교 국사학과 교수 외에 주목해야 할 자리가 하나 더 있다. 바로 대한민국 학술원 원장이라는 자리다. 이는 대한민국 학술원의 성격을 그대로 보여준다. 일제 극우파 사관을 신봉하는 사람이 서울대학교 대학원장으로 일하고, 문교부 장관과 학술원 원장을 역임했다. 제대로 된 학문이 있을 수 없는 구조다.

　이병도는 대표적인 노론老論 명가 출신으로 마지막 노론 당수였던 이완용의 손자뻘 일가친척이다. 그는 일본 와세다 대학교에서 역사학을 전공해 조선인 최초로 대학 사학과를 졸업했으며, 와세다 대학교의 요시다 도고가 주창한 일선동화론 등에 영향을 받아 한국사에 관심을 갖기 시작했다. 또한 가장 치밀한 황국사관 이론가로 평가받는 쓰다 소키치를 만나 역사 전공을 결심했고, 그에게 본격적으로 역사 수업을 받았다. 또한 쓰다 소키치의 소개로 도쿄 제국대학 이케우치 히로시에게 개인적인 역사 지도를 받았다.

　이병도는 이케우치 히로시의 권유와 추천으로 조선총독부 산하 조선사편수회 편수관이 되어 그곳의 핵심인물인 이마니시 류, 이나바 이와키치稻葉岩吉, 스에마쓰 야스카즈末松保和(한국 고고학계의 태두인 김원룡의 스승) 등과 함께 일했다. 이때부터 그는 본격적으로 역사 연구를 시작했다. 이병도의 조선사편수회 행적은 1945년 광복이 될 때까지 20년 동안 이어졌다. 이병도의 스승들은 모두 황국사관에 충실한 신민으로서, 일제 식민사관을 창안하고 체계화한 대표적인 일제 어용학자들이다. 즉, 그들이 식민사관의 핵심이론을 주창한 주역들이었다.

　이병도에게 가장 큰 영향을 미친 쓰다 소키치를 비롯해 이케우치 히로시, 이나바 이와키치는 도쿄 제국대학의 시라토리 구라키치白鳥庫吉에게 지도를 받았다. 시라토리 구라키치는 당시 황국사관으로 가장 명성이 높았던 인물이다. 이들이 만든《만선지리역사연구보고滿鮮地理歷史研究報告》(한국사의 주체성을 부정하고 한국을 만주에 부속된 역사로 봄으로써 한국 침략을 합리화한 이론)에 그는 깊은 영향을 받았다. 이병도는

1975년 이기백 교수와의 인터뷰에서 《만선지리역사연구보고》에 영향을 많이 받았다며, 자신의 스승들에 대해 다음과 같이 발언했다.

쓰다 씨가 《조선역사지리》를 발표한 후, 시라토리를 위시한 이나바, 마쓰이松井 등이 만주역사지리를 연구했지요. 이때 《조선역사지리》가 2권, 《만주역사지리》가 2권 나왔고, 그다음 보고서인 《만선지리역사연구보고》가 나왔지요. 이 책은 주로 이케우치가 편집책임을 맡고 했기 때문에 그의 논문들이 많이 발표되었는데, 아마 전쟁 전까지 계속 나와서 16권인가 되지요.

그 영향을 나도 많이 받았어요. 특히 도쿄 대의 이케우치 박사는 나를 위하여 일부러 자기가 저술한 책자, 논문 등을 보내주곤 해서 그의 영향을 많이 받았습니다. 또 쿄토 대 교수로 있으면서 경성제국대학에 오래 있었던 이마니시 박사와도 퍽 친하게 지냈어요. 그분은 노력가였고 세밀한 이였지만 문장이나 창의력에 있어서는 이케우치 씨에게는 따르지 못했지요. 창의적이고 논리적인 면에서는 이케우치 씨가 월등 나았지요. 이케우치의 나이는 이마니시와 한두 살 차이로 거의 동년배로 볼 수 있었지만, 한국사 연구에서는 이마니시가 훨씬 앞섰지요. 이케우치는 가끔 이마니시를 비평하면서 그가 노력가이기는 하지만 그의 저술을 읽어 보면 무어가 무엇인지 통 요령을 알 수가 없다고 나에게 말한 적이 있습니다. 좌우간 이마니시도 학술적으로 무언가를 해보려고 애를 썼지요. 이케우치는 실증학파로 유명했던 사람이에요. 그래서 좀 더 날카롭게 올바르게 한국사를 다루었지만 역시 결점은 있었어. 그 자신이 나에게 말한 적이 있어요. 자기가 한창 세밀하게 논문을 쓸 때 어떤 때는 자신도 무엇을 썼는지 잘 모를 때가 있다더군.

그래서 논리적으로 한 귀퉁이가 틀려지면 전체가 무너지는 약점을 갖고 있다고 하더군요.

—진단학회, 《역사가의 유향》, 일조각, 1991, 221~223쪽

세상을 살면서 가장 중요한 것이 '누구를 만났는가'다. 누구를 언제, 어떻게 만났는가에 따라 삶이 바뀐다. 이병도는 스승들, 즉 식민사학자들을 "노력가였고 세밀한" "창의적이고 논리적인" "학술적으로 애를 쓴" "실증학파로 유명했던" "좀 더 날카롭고 올바르게 한국사를 다루었던" 인물들로 높게 평가했다. 이병도의 이런 평을 우리는 어떻게 봐야 할까? 모든 사물에는 반드시 이면이 있다는 점을 잊지 말아야 할 것이다.

식민사학을 비판하는 이들이 가장 경계하는 인물은 쓰다 소키치다. 이병도는 쓰다 소키치를 통해 역사를 전공하기로 결심했고, 그에게 역사를 배웠으며, 그를 가장 존경하고 따랐다. 그러니 일본뿐 아니라 일제 식민사학을 추종하는 한국 주류 역사학계에서도 존경받는다. 그러나 식민사학을 비판하는 학자들은 그를 "일본 고대 사학자 가운데 가장 일본 고대사의 진실을 은폐하고 지능적으로 조작하여 한국사 왜곡의 기틀을 마련한 사람"(사회학자 최재석), "한국의 역사를 날조한 장본인이자 한국의 역사를 정복한 출발자"(역사학자 이종욱)라고 강하게 비판한다. 이병도의 식민사학은 상당 부분 쓰다 소키치의 논리를 그대로 가져온 것이기 때문에 이 책에서도 그는 주요 인물로 등장한다.

이병도를 위해 일부러 자신이 저술한 책자, 논문 등을 보내주던 이케우치 히로시는 "한국사는 중국과 일본의 식민지에서 출발했다"는

침략논리를 체계화하면서 한국 역사서 기록을 모두 조작했고, 전설로 왜곡해 한국사의 주체성을 부정했다. 그의 이론은 후에 고대 일본이 한국을 식민지배했다는 임나일본부설로 발전하는 토대가 되었다. 그는 도쿄 제국대학 교수이면서도 쓰다 소키치의 소개로 이병도를 지도했으며, 조선사편수회에 그를 추천한 인물이다. 그에 대한 이병도의 증언을 다시 곱씹을 필요가 있다. "한창 세밀하게 논문을 쓸 때 어떤 때는 자신도 무엇을 썼는지 잘 모를 때가 있다더군. 그래서 논리적으로 한 귀퉁이가 틀리면 전체가 무너지는 약점을 갖고 있다고 하더군요." 일제가 내세운 실증사학의 성격, 황국사관에 충실했던 어용학자들의 근본적인 한계가 엿보이는 대목이다. 그런데 이 말은 이병도 자신에게 돌리면 더욱 정확한 말이다. "나는 한창 세밀하게 논문을 쓸 때 어떤 때는 나도 무엇을 썼는지 잘 모를 때가 있어요. 그래서 논리적으로 한 귀퉁이가 틀리면 전체가 무너지는 약점을 갖고 있습니다"라고 말이다.

이마니시 류는 조선사편수회 핵심인물로 맹활약하기 때문에 앞으로도 자주 언급될 것이다. 그는 한국사의 출발인 단군조선의 역사를 체계적으로 말살한 주역이다. 한국은 초기에는 중국의 식민지였으나 삼국시대에 일본의 식민지가 되었다. 《삼국사기》 초기 기록은 조작되었다고 봤다. 이병도는 조선사편수회에서 그를 보좌하며 본격적인 한국사 왜곡에 나서기 시작한다.

한국사를 만주에 부속된 비주체적인 역사로 보는 만선사관을 가장 강력하게 주창한 사람은 이나바 이와키치였다. 그는 한국의 정치·경제·문화는 자주성과 독자성이 없다면서 고조선의 역사를 부정하고 임나일본부설을 주장했다. 그 역시 이병도에게 많은 영향을 미쳤다.

1982년, 한 대담에서 이병도는 "대학 졸업 후 어떤 방법으로 논문을 쓰고 발표했느냐"는 질문에 다음과 같이 답했다.

대학 3학년 때의 강사(그 후에는 교수)인 쓰다 소키치와 또 그의 친구인 이케우치 히로시(도쿄 대학교 조선사 교수)의 사랑을 받아 졸업 후에도 이 두 분이 자신들의 논문이나 저서들을 보내주어 내 연구에 많은 도움이 되었어요. 원래 남의 논문이나 저서를 많이 보아야 연구방법이나 학식의 향상을 보게 되는데, 그 당시 일본 학계의 최첨단을 걷는 이 분들의 논문이나 저서들을 통하여 많은 영향을 받았습니다. 일본인이지만 매우 존경할 만한 인격자였고, 그 연구방법이 실증적이고 비판적인 만큼 날카로운 점이 많았습니다. 그때 중앙학교(현 중앙중고등학교)에서 교직생활을 하고 있다가 이케우치 씨의 추천으로 조선사편수회에 일시 취직해 일본인 학자들과 많이 접촉을 하였고, 그 후부터 비로소 논문을 쓰기 시작했습니다.

―진단학회, 《역사가의 유향》, 일조각, 1991, 225쪽

자신을 향한 일본 학자들의 사랑이 이병도는 너무 자랑스럽다. 그들이 왜 식민지 청년을 그렇게 사랑했을지 의문을 갖지도 않았다. 자신 같은 인물을 사랑해줘서 그저 감격해 눈물이 날 지경이었을 것이다. 이병도는 자신의 말대로 당시 일본 학계의 최첨단을 걷는 두 사람의 사랑을 받으며, 그들에게서 역사를 배웠다. "당시 일본 학계의 최첨단"은 무엇을 의미할까? 현재에도 일본의 비판적 지식인은 일왕을 학문적으로 다루거나 거론하는 것을 피한다. 목숨의 위협을 받기 때문이다. 일왕을 건드리는 것은 금기다. 천황을 신격화하기 위해 신도라

는 원시신앙을 동원한 이래 천황은 일본을 통합하는 상징이자 유일신이 되었다. 천황제국주의에 입각해 침략 전쟁을 벌이던 시기에 황국사관에 충성하지 않는 이가 일본 학계의 최첨단을 걸을 수는 없다.

조선총독부는 이 땅을 점령하고 보니 통치가 쉽지 않다는 것을 느끼게 되었다. 한국인들이 단군에서 시작하는 자국사에 큰 자부심을 갖고 있었고, 백제 등이 일본에 문화를 전파해주었다는 사실을 대부분의 지식인들이 알고 있었기 때문이다. 일제는 한국사를 식민지에서 시작하는 것으로 변조하기 위해 조선사편수회를 만들었다. 그러고 나서 한반도 북부에는 중국의 식민지인 '한사군'이 있었고, 남부에는 일본의 식민지인 '임나일본부'가 있었다고 서술하기 시작했다. 이런 목적으로 조선총독부는 1915년 이후 《조선사》 편찬 계획을 세워 준비해오다가 1925년, 조선사편수회를 조선총독부 직할 독립관청으로 승격시켰다.

이때 이완용, 권중현, 박영효, 구로이타 가쓰미黑板勝美 등의 일제 어용학자들이 고문으로 위촉되었다. 구로이타 가쓰미는 황국사관의 기초를 다져 침략 논리로 발전시킨 장본인이다. 그는 쓰다 소키치와 더불어 일본 고대사의 기초를 세웠고, 이마니시 류와 함께 고대 조선과 단군 관련 기록을 샅샅이 강탈해 없애버린 인물이다. 여기서 이병도는 고려 이전의 고대사 연구를 맡았다. 조선총독부가 침략을 합리화하고 한국사를 말살하기 위해 가장 심혈을 기울인 부분이 고대사다. 한국사의 뿌리를 말살하기 위해 단군조선을 부정하고, 중국 식민정권인 한사군이 한국을 발전시켰다는 논리를 세웠다. 바로 이 부분에서 이병도가 식민사학의 전사로 나서며 한국사를 난도질하기 시작했다.

서울대학교 법학대학 초대학장을 역임하고, 한국 상고사 연구에 매진한 최태영 박사의 증언이다.

내가 젊었을 때만 해도 한국 땅에서 단군을 부정하는 사람은 거의 없었습니다. 실증사학을 내세워 단군을 가상인물로 보기 시작한 것은 이승만 정권 때부터이지요. 그리고 이미 세상을 떠난 친구이지만 이병도 박사도 잘못이 크다고 생각합니다. 이 박사는 말년에 건강이 나빴는데, 어느 날 병실에 찾아갔더니 죽기 전에 옳은 소리를 하겠다며 단군을 실존인물로 인정했어요. 그 사실을 후학들이 모르고 이 박사의 기존 학설에만 매달려온 것입니다. 그리고 한민족이면 누구나 어린 아이 때부터 배웠던 《동몽선습童蒙先習》이나 《세종실록世宗實錄》 등 각 고전에도 단군기록이 나옵니다. 수백 년 전 기록을 어떻게 믿겠느냐고 할지도 모르지만, 역사 기록이란 그렇게 만만한 것이 아닙니다. 판소리할 때도 그 긴 내용을 한 자도 바꾸지 않고 노래하지 않습니까. 그러니 역사 기록은 더욱 정확할 수밖에 없는 것이지요.

-《문화일보》, 2000년 1월 3일

이승만 정권 때부터 단군을 가상인물로 보기 시작했다는 중요한 증언이다. 일본인들이 식민사학을 전파했지만 크게 먹히지 않았다는 이야기다. 해방 후 한국인 식민사학자들이 신민족주의 사학이라고 위장하면서 일제 극우파 사관을 전파하자 먹혀들기 시작했다는 것이다. 설마 한국 역사학자들이 일본인 못지않게 한국사를 왜곡할 것이라고는 생각하지 못했을 것이다. 단군조선을 부정하게 된 것은 이병도가 한국사의 태두로 등장하는 때와 정확하게 일치한다. 최태영이 말했듯이 그의 제자들은 이병도의 단군부정학설에만 매달렸다.

이병도의 국사 연구는 고대사와 고려시대 풍수지리사상, 그리고 조선시대 유학사 세 분야로 크게 압축된다. 이 중에서 가장 역작으로 꼽히는 것은 고대사 연구로서 학계에 미친 영향도 가장 크다. 이병도의 고대사 연구에서 가장 주목되는 것은 한사군의 위치와 삼한 문제에 대한 일련의 연구다. 〔…〕 이병도의 한사군 연구는 당시 신채호·정인보 등 민족주의 역사가들이 한사군의 허구성을 주장하면서 그 위치를 만주지방에 비정하던 것과는 대조적이며, 결과적으로 한사군의 중심지가 한반도에 있음을 재확인하는 것이 되었다. 어쨌든 그의 학설은 오늘까지도 우리 학계의 통설로 받아들여지고 있다.

―조동걸 외 엮음, 《한국의 역사가와 역사학》 하권, 창작과비평사, 1994, 262쪽

이병도는 고대사 중에서도 한사군의 위치와 삼한 문제에 가장 큰 심혈을 기울였다. 조선총독부에서 가장 공들인 부분이기 때문이다. 그는 단군조선의 독자성을 부인하고 한국사는 중국 식민지가 되면서 본격적으로 발전했다고 서술했다. 민족주의 사학자들은 한사군의 위치를 만주로 봤지만, 그는 한반도에 있었다고 주장했다. 그러면서 중국의 식민정권인 한사군 이전의 고조선 역사를 미개사회로 규정했다. 신채호, 정인보 등의 민족주의 사학자들의 견해와 정면으로 대립하는 주장이었다. 이병도의 학설은 한마디로 조선사편수회 학설의 복사판이었다.

광복 후, 한국 주류 역사학계는 이병도와 그의 일본인 스승들은 과학적이고 근대적인 역사학을 추구한 반면, 민족주의 사학자들은 그렇지 못했다고 격하했다. 하지만 앞으로 이야기하겠지만 1차 사료적 근거가 박약한 것은 식민사학자들이었고, 1차 사료적 근거가 충분했

던 것이 민족주의 사학자들이었다. 일제는 실증주의를 내세웠지만, 정작 자신에게 불리한 1차 사료는 무시하거나 왜곡하거나 날조했다. 반면 민족주의 사학자들은 1차 사료에 바탕을 두고 자신의 견해를 피력했다. 일제 어용학자와 독립운동가는 세계관과 역사관, 학문관과 학문방법에서 근본적으로 대립했다. 이는 지금도 마찬가지다.

한 예로 2012년 8월 27일, 일본의 노다 요시히코野田佳彦 총리는 "위안부를 강제 연행했다는 사실이 문서로 확인되지 않았다"고 주장했다. 올해 85세인 피해자 강일출 할머니는 "나 이상의 증거가 어딨나? 그들이 사람인가?"라고 분노했다. 일본군 성노예(위안부)로 끌려갔던 장본인이 온몸으로 입증하는데, 일본의 극우파 총리는 문서가 없으면 위안부는 없는 것이라고 우겨댄다. 내가 폭행당했다고 주장하는데, 폭행당했다는 문서가 없으면 사실이 아니라는 격이다. 일제 식민사학의 주장이 딱 이와 같았다. 그 추종자인 한국 주류 역사학계도 마찬가지다.

권위적인 스승이 되길 자처하다

누구에게 처음 역사를 배우고 영향을 받았는지에 따라 우리의 역사의식과 역사관이 형성된다. 이때 굳어진 역사관은 웬만해서 변하지 않는다. 이병도는 일제 어용학자들에게 역사를 배웠고, 그것으로 일관한 삶을 살았다. 그는 스승들의 역사의식과 역사관은 물론, 학문태도와 방법, 그들의 성향과 성품까지 따르려고 했다.

1984년, 한 인터뷰에서 "해방 후 우리 역사학계의 연구를 어떻게 생각하느냐"는 질문에 대한 이병도의 답변이다.

> 뭐 내가 주제넘게 나설 일은 아닙니다. 내 제자인 이기백, 한우근, 김철준 등이 잘하고 있어요. 물론 그들 나름의 입장에서 잘하고 있지요. 그런데 그들은 내 학설을 좇기도 하고 안 좇기도 하는데 내 개인 생각에서는 내 학설을 안 좇는 데는 좀 미흡한 점이 있다고 봅니다. 그들의 연구가 심각하게 깊이 파고들면 결국 내 소리인데, 인습에 말려 재래설在來說을 따라가는 데는 안 좋다고 생각합니다. 예를 들면 진한 문제인데 내가 다 밝혀 놓았는데 굳이 재래설을 들먹인다는 것은 좋지 않은 것이죠.
>
> ─진단학회, 《역사가의 유향》, 일조각, 1991, 271쪽

"내가 다 밝혀 놓았으니 그저 따르면 된다"는 권위적인 모습이 역력하다. 조금이라도 내 학설에서 벗어나면 안 된다는 안하무인식 태도다. "내 학설을 안 좇는 것은 문제가 있다", "연구가 깊어지면 결국 내가 한 말들이니 다른 해석은 할 필요가 없다"는 입장이다. 학문은 열려 있어야 하고 다양한 학설이 공존하고 충돌해야 발전한다. 그렇지 않으면 학문이 아니다.

백범 김구는 〈나의 소원〉에서 "대개 사람이란 전지전능할 수가 없고, 학설이란 완전무결할 수 없는 것이므로 한 사람의 생각, 한 학설의 원리로 국민을 통제하는 것은 일시 빠른 진보를 보이는 듯해도 필경은 병통이 생겨서 그야말로 변증법적인 폭력의 혁명을 부르게 되는 것이다"라고 했다. 이 말처럼 일제 식민지배체제와 맞서 싸웠던 사람들은 다양성을 추구했다. 일제 식민지배에 충성했던 사람들은 이병도처럼

획일성을 추구한다. 그러나 어떤 학설이든 절대화되면 진리에서 멀어진다.

이병도의 제자들도 스승의 견해를 정설로 떠받들었다. 그러다 정설을 사수하기 위한 궁여지책으로 불가피하게 각론에서 몇 마디 보탰다. 이병도는 그것도 못마땅했다. 일제 식민사학의 학풍이 그러했다. 황국사관은 절대적인 역사관이자 폐쇄적인 도그마였다. 천황을 정점으로 한 상명하복上命下服 체제에서 스승의 학설은 정설이고 불가침의 영역이다. 지금도 한국의 교수와 제자 관계는 일제 때 만들어진 풍토에 따라 주인과 노예의식이 여전하다. 그런데 그 노예가 주인이 되면 똑같다. 사회 다른 분야에 비해 학문이 퇴보하는 이유가 바로 여기에 있다.

이병도는 자신의 고대사 연구가 조금이라도 시비 대상이 된다는 사실을 용납할 수 없었다.

> 시비라는 것은 말도 안 되는 것이라고 난 생각하고 있어요. 지금 교과서에도 내 학설을 좇고 있는 것으로 알고 있는데, 나는 일제시대 총독부 관리들이 독립사상에 관계된 것이 아니면 그렇게 탄압을 하지 않았기 때문에 안심하고 고대사를 연구할 수 있었고, 그 때문에 많은 사료를 바탕으로 내 나름대로 선인들이 해결하지 못한 고대사 문제를 해결할 수 있었던 것입니다.
>
> ─진단학회, 《역사가의 유향》, 일조각, 1991, 277쪽

이 말은 중요한 대목이다. 첫째, 시비는 말도 안 된다. 둘째, 교과서가 내 학설을 좇고 있다. 셋째, 총독부는 독립사상에 관계된 것이 아

니면 그렇게 탄압하지 않아 안심하고 고대사를 연구했다. 조선총독부의 지원을 받으면서 그들의 지침에 따라 한국사를 연구했던 이병도에게 역사 탄압은 남의 일, 즉 독립운동가의 일일 뿐이었다. 총독부에게 이병도는 그저 사랑스럽고 안심할 수 있는 대상이었다.

반면 조선총독부와 대척점에 섰던 단재 신채호는 당시 어떻게 역사를 연구했는지 살펴보자. 1931년 11월 16일, 중국 여순旅順 관동형무소에 수감되어 있던 신채호를 면회한《조선일보》신영우 기자와 나눈 대화다.

"옥중에서도 다소간 책자를 보실 수 있습니까?"

"될 수 있는 대로 책을 봅니다. 노역에 종사하느라 시간은 없지만, 한 10분씩 쉬는 동안에 될 수 있는 대로 귀중한 시간을 그대로 보내기 아까워서 조금씩이라도 책 보는 데 힘씁니다."

"선생님께서 오랫동안 노력하여 저작한 역사가《조선일보》지상에 매일 계속 발표되고 있음을 아십니까?"

"네, 알기는 알았습니다만, 그 발표를 중지시켜주었으면 좋겠습니다. 그것은 비록 내가 지금까지 비록 큰 노력을 하여서 쓴 것이기는 하나 그것이 단정적 연구가 되어서 도저히 자신이 없고, 완벽한 것이라고는 믿지 않습니다. 만일 내가 10년의 고역을 무사히 마치고 나가게 된다면 다시 정정하여 발표하고자 합니다."

"그와 같이 겸손하게 말씀하시지만, 그것이 한 번 발표되자 조선에서는 큰 환영을 받고 있습니다."

—신채호, 《조선상고사》, 박기봉 옮김, 비봉출판사, 2006, 554쪽

"선생님의 글은 게재되자마자 조선에서 큰 반향을 불러일으키고 있습니다." 이 증언처럼 조선인은 단재를 통해 역사의 진실을 봤고, 열렬히 지지했다. 이어서 신영우 기자는 다음과 같은 증언을 남겼다.

최근 수개월 전부터 우리 신문지상에 그가 30여 년간의 깊은 연구와, 세밀하고 넓은 조사와, 꾸준하고 절륜한 노력을 경주한 《조선상고사》와 《조선상고문화사》가 비로소 대중적으로 계속 발표, 소개됨에 따라 그 심오한 내용, 풍부한 예증, 정확한 사실, 그 단아하고 첨예하고 웅혼한 필치가 과연 조선 역사의 대가로서 추앙받던 까닭을 바로 나타내 보이면서 수십 만 독자들로부터 절대적인 환영과 지지를 받고 있다.

심오한 연구, 정연한 체계, 투철한 관찰, 풍부한 예증은 현대의 사가史家로서 그 누구의 추종도 불허하는 바이며, 절대적이고 열광적인 환영을 받고 있음에도 불구하고, 단재는 결코 그것으로써 조금이라도 자만하거나 만족함이 없이 불만족을 느끼고, 다시 완벽을 기하려고 생각하고 있으니 이 얼마나 귀중한 태도이며, 학자로서 얼마나 경건한 태도인가.

조선으로 돌아가는 신영우 기자에게 역사 문헌과 에스페란토어 책과 사전을 보내달라고 신신당부한 단재 신채호는 결국 1936년 2월 21일, 유언 한마디 남기지 못하고 옥사했다.

그에 비해 이병도는 "혹시 선생님 사관에 대해 '식민지 사관' 운운하는 것에 대해선 어떻게 생각하십니까?" 하는 질문에 다음과 같이 답했다.

식민지 사관이요? 난 개의치 않지만 나도 따진다면 민족사관입니다. 내 자찬인지 모르나 내 공로가 커요. 난 오로지 역사가의 양심대로 연구를 해왔습니다.(1984년 대담)

−진단학회, 《역사가의 유향》, 일조각, 1991, 275쪽

이병도가 말한 민족은 어떤 민족인지, 역사가의 양심은 과연 무엇을 말하는지 살펴보자.

앞서 말했듯이 일본 근대사학을 대표하는 최고 인물로 꼽히는 사람이 쓰다 소키치다. 그는 황국사관을 정밀하게 체계화한 핵심인물이다. 이병도에게 가장 큰 영향을 줬고, 식민사관 정립에 지대한 역할을 한 그를 자세히 살펴볼 필요가 있다. '쓰다 사학' 또는 '쓰다 사상사학'이라는 말도 있듯이, 그는 일본과 한국 주류 역사학계에서 가장 높은 평가를 받고 있는 인물이다. 한국에 신채호가 있었다면 일본에는 쓰다 소키치가 있었다. 그러나 역사관과 사상, 학문방법이 완전히 달랐고, 삶도 180도 달랐다. 한 사람은 진실을 죽이는 길을 택했고, 한 사람은 진실을 지키려다 죽음을 당했다. 그런데도 쓰다 소키치는 한국 주류 역사학계에서 최고의 근대적 역사학자라 칭송하고, 단재는 독립이라는 민족감정이 앞서 역사를 제대로 연구하지 못한 편벽한 인물로 폄하한다.

쓰다 소키치는 일본 고대사학자 중 가장 지능적으로 일본사와 한국사를 조작하고 날조한 황국사관의 거물이다. 쓰다 소키치와 신채호에 대한 김용섭의 평가를 보자.

일제하에서는 최량最良의 역사가였다고 하는 쓰다 소키치조차도, 해

방 후에 한민족을 논하되, "한민족의 민족성은 강자에 대해서는 굴종적이고 약자에 대해서는 그 반대이며, 거기서 그들의 부리비도不理非道의 악질적인 행동이 나왔다. 일본이 한국을 병합하게 된 것도, 반도인의 그러한 심리가 악질 행동으로 나타난 데 이유가 있었던 것으로 생각할 수 있다"고, 거의 이성을 잃은 발언을 하여, 뜻있는 사가史家들을 개탄케 하였다. 그들의 한국인관에 변함이 없는데, 그 한국사관이 달라질 수는 없었다.

—김용섭, 《역사의 오솔길을 가면서》, 지식산업사, 2011, 528∼529쪽

쓰다 소키치는 한국인을 이성과 도덕이 없는 악질적인 행동을 하는 사람들로 규정했다. 김용섭은 쓰다 소키치를 거의 이성을 잃은 인물로 봤지만, 지금도 한국 주류 사학계는 그를 최고의 역사학자로 칭송한다. 신채호에 대한 평가도 한번 살펴보자.

박은식과 같은 시기에 그의 역사학을 이어서, 그의 역사의식에서 볼 수 있었던 한계를 극복하고, 이론적으로 우리의 근대 역사학을 완성시킨 학자는 신채호였다. 우리나라 근대 역사학은 그 역사의식에서 중세체제의 지양과 근대사회의 건설이라는 전체 조건이 필요한 것인데, 박은식의 역사학에선 이러한 점에서 아직 일정한 거리가 있었다. 신채호의 역사학에서는 이러한 점이 극복되면서, 근대 역사학으로서의, 우리 역사학의 이론체계가 체계화된 것이었다. 그의 역사학은 우리나라의 전통적 역사학으로서 실학과 역사학, 그리고 개혁기 역사학의 비판적 계승과 박은식의 역사학을 계승·발전시킨 것으로서, 우리 역사학의 정통을 계승하여, 그것을 근대 역사학으로 훌륭하게 성취시킨

것이었다.

−김용섭, 《역사의 오솔길을 가면서》, 지식산업사, 2011, 613~614쪽

그(신채호)의 사학사적인 비판은 철저하여서, 최선의 사서로 알려진 사서에 대해서도 비판을 가하고 있었다. 〔…〕 그의 역사학은 사료수집에서나, 역사서술의 방법 및 입장에서, 그리고 역사의 주체 등이 모두 바르게 세워져야만 하는 것이었다.

−김용섭, 《역사의 오솔길을 가면서》, 지식산업사, 2011, 620~621쪽

신채호는 한국 전통 역사학을 계승하면서도 근대 역사학의 이론 체계를 확립했다. 쓰다 소키치는 황국사관을 체계적으로 정립하고 설득을 높이기 위해 《일본서기》 앞부분을 허구로 봤다. 그런데도 한국 주류 역사학계에서는 그를 한국사 근대화의 교주로 떠받든다.

쓰다 소키치에 대한 역사학자 이종욱의 평가도 한번 살펴보자.

우리 역사가들은 쓰다 소키치를 양심적인 연구자로 보며 대단한 역사가로 인정해 그가 날조한 역사를 따랐다. 그와 달리 필자가 그를 한국사에 대한 식민사학을 발명한 장본인이라고 하면 문제가 될까? 그는 위에서 본 것과 같이 신라사, 나아가 한국사 자체를 위하여 《삼국사기》를 사료 비판한 것이 아니었다. 제국 일본의 역사를 발명하면서 걸림돌이 되는 《삼국사기》〈신라본기〉 상대 부분의 기록이 모두 허구라고 왜곡하여 주장한 것이다. 쓰다 소키치는 당시 일본사학이 발명하고 그가 신봉한 임나일본부설을 지키기 위해 〈신라본기〉를 허구로 몰아갔다. 여기서 역사에 대한 쓰다 소키치의 악랄함을 볼 수 있다. 쓰

다 소키치는 한국의 역사를 날조한 장본인이자 한국의 역사를 정복한
출발자이다.

-이종욱,《민족인가, 국가인가》, 소나무, 2006, 54쪽

이종욱은 "역사에 대한 쓰다 소키치의 악랄함을 볼 수" 있었지만
한국 주류 역사학자들은 그를 마치 역사의 신처럼 떠받든다. 또한
"한국의 역사를 날조한 장본인이자 한국 역사를 정복한 출발자"를 교
주로 떠받든다.

이병도가 존경하는 그의 위대한 스승들의 학문 수준을 신채호는
우습게 봤다. 당시 일제 최고 석학을 평가한 신채호의 말이다.

아, 슬프다. 조선과 중국, 일본 등 동양 문헌에 대한 큰 도서관이 없으
면 조선사를 연구하기 어려울 것이다. 일본의 학자들은 국내에 아직
충분히 만족할 만한 도서관은 없다고 해도 그러나 동양에서는 제일이
고, 또 지금에 와서는 조선의 소유가 거의 모두 그곳에 동양에서는 제
일이고, 또 지금에 와서는 조선의 소유가 거의 모두 그곳에 저장되어
있으며, 또 서적의 구입 및 열람과 각종 사료의 수집이 우리처럼 떠돌
아다니며 생활하고 있는 가난한 서생들보다는 훨씬 나을 것이고, 게
다가 신사학新史學에 상당한 소양까지 있다고 자랑하면서도, 지금까지
동양학 분야에서 위대한 인물이 나오지 못한 것은 무슨 까닭인가.
저들 중에서 가장 명성이 자자한 자가 시라토리 구라기치라 하지만,
그가 저술한 신라사를 보면, 사료를 배열하고 정리하는 데 새로운 방
식도 볼 수 없고, 한두 가지의 새로운 발명도 없음은 무슨 까닭인가.

-신채호,《조선상고사》, 비봉출판사, 2006, 67~68쪽

시라토리 구라기치는 한국사의 주체성을 부정하고, 한국사는 만주 부속사라고 주장했던 이른바 '만선사관' 주창자이자, 쓰다 소키치, 이마니시 류, 이나바 이와키치의 스승이다. "지금까지 동양학 분야에서 위대한 인물이 나오지 못한 것은 무슨 까닭인가"라는 단재의 분석은 지금도 유효하다. 특히 한국에서는 더욱 그렇다. 식민사학자들을 추종하는 사람들이 현재 주류 역사학자로 있는 상황에서 큰 학자가 나오기는 불가능한 것이다.

일본뿐 아니라 중국에서도 단재의 역사학 수준을 따라갈 수 있는 인물은 거의 없었다. 단재는 북경 망명 시절, 《북경신문》에 기고한 글에서 편집자 임의로 '어조사 의矣' 자를 뺐다는 이유로 기고를 거부할 정도로 연구와 발표에 엄격했다. 이미 발표한 연구결과도 미진한 부분이 발견되면 철회 의사를 밝혔다. 이런 사례들은 광복 후 친일파들에 의해 단재를 고루하고 편벽한 인물로 각색하는 데 활용되었지만, 철저하고 엄격한 그의 학문태도와 사상을 보여주는 일화였을 뿐이다. 어떤 글과 말, 행위는 이렇듯 전체적인 시각과 맥락에서 살피지 않으면 쉽게 왜곡된다. 성균관 최고의 유학자가 아나키스트가 되었다는 사실만으로도 그가 얼마나 열린 사람이었는지 거론할 필요가 없었다고 본다.

독립기념관장을 역임한 김삼웅은 《단재 신채호 평전》〈서문〉에서 다음과 같이 고백한다.

단재 평전을 쓰면서 '고민'에 빠질 때가 한두 번이 아니었다. '평전評傳'이라면 생애의 정사곡직正邪曲直과 후대의 평가를 공정하게 쓰고, 사생활이나 스캔들까지 기록하는 것이 마땅할 터인데, 그에게서는 어느 구석에서도 '흠결'을 찾기가 쉽지 않았다.

-김삼웅, 《단재 신채호 평전》, 시대의 창, 2005, 7쪽

한국 사학계가 단재의 고대사만 제대로 연구하고 고증에 충실해왔다
면 감히 중국이 요즘과 같이 황당무계한 역사 왜곡의 망설을 들고 나
오지는 못하였을 터이다. 이런 의미에서도 단재의 고대사에 대한 인식
과 100년 앞을 내다보는 혜안은 진정한 사가의 진면목을 보인다.

-김삼웅, 《단재 신채호 평전》, 시대의 창, 2005, 167쪽

그런데 한국 주류 식민사학자들은 단재를 죽이지 못해 안달이다.
그들과 단재는 양립할 수 없다. 식민사학자들은 조선총독부의 시각
으로 한국사를 본다. 즉, 일본 극우파의 시각으로 한국사를 본다. 그
러니 양립할 수 없는 것이다.

아래의 글은 쓰다 소키치에 대한 역사학자 이도상의 평가다.

한국고대사는 일본고대사와 무관하게 독자적으로 발전되어왔지만,
일본고대사는 한국고대사와 분리하면 성립되지 않는다는 데 일본 역
사학자들의 고민이 있는 것 같다. 한국의 역사를 논하지 않고는 일본
의 역사를 설명할 수 없을 만큼 일본 쪽에서 보는 한국사는 중요한 비
중을 차지한다. 따라서 일본인에 의한 한국고대사 연구는 바로 일본
고대사 연구의 일부가 된다. 그런데 일본고대사는 한국고대사와 밀접
하게 서로 맞물려 있으면서 모순된 내용을 담고 있기 때문에, 둘 중에
서 어느 한쪽이 진실이 아닌 경우가 많다. 그중 일본고대사 쪽이 편찬
동기나 연대, 사실기록, 정치적 이데올로기와 접합된 연구 성향 면에

서 조작 개연성이 훨씬 많은 것이 사실임에도 쓰다 소키치는 이를 외면하였다.

−이도상, 《일제의 역사침략 120년》, 경인문화사, 2003, 89쪽

남의 나라를 침략하려니 거짓이 필요하다. 나를 위해 네가 죽어야 하는 것이 침략주의다. 내 것을 진실로 만들기 위해 남의 것을 거짓으로 만들어야 한다. 결국 둘 다 거짓이 된다. 쓰다 소키치는 황국을 위해, 한국 침략을 위해 역사를 공부한 황국신민이었다. 그의 말대로 부리부도한 악질 행동을 한국에 가한 인물이었다.

제대로 된 과거사 청산을 하지 못한 일본 학계가 쓰다 소키치를 일본이 낳은 가장 위대한 학자라고 칭송하는 것은 이해할 만하다. 그러나 그가 한국고대사를 근대적인 실증사학으로 연구한 인물이라고 치켜세우는 한국 역사학계는 어떻게 봐야 하는가? 쓰다 소키치가 《일본서기日本書紀》 앞부분을 비판한 것은 전반적인 역사왜곡을 위한 부분적인 손질이 필요했기 때문이었다. 지나치게 허구적인 부분을 손보면서 황국사관의 설득력을 높이려는 의도였다. 이들에게 순수학문은 애초에 존재하지 않았다. 당시 일본 석학들이 쓴 잡지(이시모타 쇼石母田正가 1963년 《역사평론》에 실은 글)를 예로 들며 김용섭은 일본인 역사가의 말을 소개한다.

여기에 집필한 사람들은 현대 일본의 석학 대가들이었고, 일본 관학 아카데미즘의 학풍을 수립한 실증사가들이었다. 그들의 논고는 오늘날 일본인 역사가 이시모타 쇼에 의해서 이미 지적되고 있듯이, "농담濃淡의 차는 있었지만, 어느 것이나 조선이라고 하는 독립국가를 멸망

시켜 영토를 뺏고, 압박 민족으로서 조선인을 예속시키려고 하는 정당성을, 역사학에 의해서 기초지으려는 의도와 연결되고 있었다. 일본의 국내 문제에서는 비교적 자유롭고 진보적이었던 학자들도, 중국이나 조선 문제에 이르러서는 노골적이고 경박한 사가史家가 되고 있었다. 역사가들이 그렇게 될 수 있었던 것은 제국주의 지배민족의 역사학의 기본적인 특징이었다."

−김용섭, 《역사의 오솔길을 가면서》, 지식산업사, 2011, 507쪽

이시모타 쇼는 "비교적 자유롭고 진보적이었던 학자들도, 중국이나 조선 문제에 이르러서는 노골적이고 경박한 사가가 되고 있었다. 제국주의 지배민족의 역사학의 기본적인 특징이었다"라고 말했다. 평화로운 시기에도 순수한 행위가 정치적인 영향을 미친다. 하물며 둘 중 하나는 죽어야 하는 전쟁 중에는 같은 편 아니면 적이다.

20세기에 가장 위대한 과학자로 추앙받는 알버트 아인슈타인Albert Einstein은 "다시 태어나면 과학자가 되지 않고, 시계수리공이 되고 싶다"는 유명한 말을 남겼다. 그의 과학이 원자폭탄을 만드는 데 쓰였기 때문이다. 시계수리는 사람들에게 구체적인 도움을 주지만, 과학은 자칫하면 원래 의도와는 달리 인류에게 막대한 피해를 입힐 수도 있다. 그러나 제국주의시대 대부분의 일본 학자들은 처음부터 자국의 침략을 합리화하고 옹호했다. 그것을 지금도 한국 주류 식민사학자들은 그대로 따르고 있다.

일제는 박은식을 비롯한 민족주의 사학자들, 특히 박은식을 넘어 역사학을 비약적으로 발전시킨 단재 신채호의 근대적인 역사학에 위기를 느꼈다. 단재의 역사학은 한국 민중에게 큰 반향을 일으켰고,

1919년 3·1 민중항쟁은 일제에게 두려움을 안겼다. 민족주의 역사학이 민족의 독립의식을 고취하는 것을 막기 위해 조선총독부는 1910년부터 조선사 인멸작업에 착수했고, 1915년부터는 조선사 편찬사업을 시작했으며, 1919년 이후 본격적으로 추진해 1922년~1938년에 걸쳐 거대한 예산을 들여 《조선사》 37권을 발행했다. 이렇게 탄생한 조선총독부의 《조선사》는 한국사를 근원적으로 파괴한 원형이 되었다.

여기서 이병도가 참여한 《조선사》에 대한 김용섭의 평가를 보자.

《조선사》는 단순한 통사가 아니고 하나의 사료집이었다. 그것도 조선의 전통적인 사서 체계를 따라 편년체 사서로 편찬한 것이다. 일제시기에는 논문이나 단행본을 저술하는데, 왕왕 이 책을 자료로서 인용하였고, 기본 사료에 애로를 느끼는 사람은 지금도 이것을 사료로서 이용한다. 많은 사람이 제대로 사료를 볼 수 없는 입장에서, 이것만이 보급되어 있다면, 이것은 유일한 자료가 될 것이다. 식민지 당국이나 조선사편수회의 일본인 고문 위원들은 이런 점에 착안하였다.

그리하여 외관상으로는, 모든 사료를 망라하여 편찬한 것으로 되었지만, 실제로는 많은 취사선택이 있었다. 그들에게 유리하고 필요한 것은 되도록 많이 채록하고, 한국사의 본질적인 문제나 민족문제, 그리고 그들에게 불리한 것은 수록하지 않았다. 청일전쟁 이후의 그들의 침략사는 아예 다루지 않았다. 《조선사》가 그들의 식민지 통치에 기여하는 바는 실로 크고 원대한 것이었다. 이러한 자료를 통해서 한국사를 서술한다면, 그것은 한국사의 주체성·발전성을 살리는 역사가 될 수는 없을 것이다.

식민지 당국에서 서술·편찬하는 역사가 한국과 한국인을 위한 역사

가 될 수는 없었다. 그런 점은 연구논문에서도 마찬가지였다. 조선사
편수회가 발족하면서, 그 회의 직원이 중심이 되어 발간한 논문집《조
선사학》에서는, "우리가 조선사를 연구하는 것은, 첫째 국사(일본사)를
위해서이고, 이미 국사의 일부가 된 조선사를 위해서이고, 또 동양사
연구상에서 볼 때, 가장 필요한 것으로 생각하는 까닭이다"고 하였다.
그들의 한국사 연구와 서술은, 기본적으로 일본의 역사라고 하는 테
두리 안에서만, 그 의미가 있는 것이었다.

—김용섭, 《역사의 오솔길을 가면서》, 지식산업사, 2011, 510~511쪽

김용섭은 "이러한 자료를 통해서 한국사를 서술한다면, 그것은 한
국사의 주체성·발전성을 살리는 역사가 될 수는 없을 것이다"라고 말
했다. 그러나 불행하게도 한국의 주류 식민사학자들은 아직도 조선
총독부의 관점으로 한국사를 서술하고 있다. "식민지 당국에서 서술
·편찬하는 역사가 한국과 한국인을 위한 역사가 될 수는 없었다"는
당연한 언명은 철저하게 무시되고 있다. 조선총독부는 한국을 영원히
식민지배하려는 천황제국주의를 위해 역사를 편찬했다는 평이다.

이는 정확한 지적이다. 이렇듯 어떤 주제를 다루려면 전체적인 시
각에서 누가, 왜, 어떻게 만들었는가를 밝히며 분석해야 한다. 한국의
주류 역사학계는 거꾸로 단편적인 사실만 나열하거나 불리한 사실은
거론하지 않거나 곡해하는 식으로 기존 식민사학설을 유지해나간다.
지리산의 산세를 논하는 자리에서 나무와 물을 보니 설악산이 틀림
없다고 우기는 격이다.

조선총독부는 조선사 편찬에 심혈을 기울인 이유를《조선반도사》
〈편찬요지〉에서 다음과 같이 밝혔다.

만약 이와 같은 새로운 사서를 편찬하지 않는다면 조선인은 함부로 합병과 관련이 없는 사서史書, 또는 합병을 저주하는 서적을 읽을 뿐이며, 이리하여 풀이 무성하여지듯이 몇 해를 지나면 언제나 눈앞에 보던 습성에 젖어 오늘날의 밝은 세상이 합병의 은혜에 기인된다는 것을 망각하고 함부로 구태를 회상하고 도리어 개진의 기력을 상실할 우려가 없다고 할 수 없다. 이와 같이 된다면 어떻게 동화의 목적을 달성할 수 있을 것인가.

—이도상, 《일제의 역사침략 120년》, 경인문화사, 2003, 102쪽에서 재인용

합병의 은혜를 망각하지 않는 한국인으로 만들기 위해 《조선사》를 편찬한다고 조선총독부는 분명하게 밝혔다. 현재도 한국 주류 사학계는 그 은혜를 잊지 않고 식민사학을 정설로 떠받들고 있다. 그 원조인 이병도는 해방 직후 너무나 현저했던 친일행적 때문에 위기에 몰렸지만, 이승만이 반민특위를 강제로 해체하면서 되살아났다. 그리고 6·25를 거치면서 한국사의 태두로 등장했다. 이병도를 사랑하는 제자로 여겼던 쓰다 소키치나 이케우치 히로시가 이를 보고 어떤 감정을 느꼈을까? 역시 "한민족의 민족성은 강자에 대해서는 굴종적이고 약자에 대해서는 그 반대이며, 거기서 그들의 부리비도의 악질적인 행동이 나왔다"고 흐뭇하게 여기지 않을까?

더욱이 1950년 한국전쟁 이후 민족주의와 사회주의 계열의 학인들이 자취를 감춘 상황에서 이병도의 사학만이 독보적인 위치를 차지하고, 막강한 영향력을 과시했다. 식민사학은 항상 잘못된 정치의 열매를 먹고 성장했다. 그래서 1960년 4·19 혁명 이후로 이병도의 영향력은 한때 급속히 줄어들기 시작했다. 일제가 패망했을 때, 그리고 이승

만 독재정권이 무너졌을 때 이병도의 식민사학도 위기를 맞았다. 식민 사관을 청산해야 한다는 열망이 고조되었기 때문이다. 그러나 이병도 사학은 박정희의 5·16 쿠데타 이후 다시 부활한다. 또한 1965년 한일협정이 이루어지면서 일제청산 문제는 위축되었다. 이병도는 한국사의 부침浮沈을 보여주는 바로미터인 셈이다.

> 국가의 제도 및 기구가 아직 정비되지 않은 조건에서 등장한 억압적인 권력은 그것에 편승한 많은 기회주의자를 양산하였다. 특히 일제강점기에 떳떳하지 못한 경력을 가진 자들이 과거를 은폐하고 그것을 만회하기 위하여 좌우를 가리지 않고 무조건 권력의 앞잡이를 자원했다.
>
> —김동춘, 《전쟁과 사회》, 돌베개, 2008, 267쪽

노론당수 이완용이 희대의 기회주의자로서 당대 최고의 권력을 누렸듯이, 이병도는 이완용의 전철을 밟았다. 이완용의 후손들과 왕래가 있느냐는 질문에 이병도는 이렇게 답했다.

> 전혀 없어요. 다만 내가 서울대학교 교수로 있을 때 그의 아들 이병길이 "형님, 형님" 하고 찾아왔기에 꼴이 안 되어 점심을 몇 번 사준 적이 있지요. 그 후 이병길은 전쟁 때 죽었어요. 〔…〕 그 후손들은 미국에 가 있다고 얘기 들었어요. 그리고 한 번은 원광대학교 박물관에 간 일이 있는데 아, 글쎄 그곳에 이완용의 관 뚜껑이 있지 않아요. 이완용이 죽자 나중에 그 후손들이 망국의 주역이라 하여 화가 나 무덤을 파헤쳐서 관을 다 불태웠다는 얘기는 들어서 알고 있었는데 그 관 뚜껑이 거기에 있지 않겠어요? 그래 "아, 우리나라의 창피한 매국노의

관 뚜껑을 왜 박물관에 두냐고" 하고, 문중 사람 사업가인 이모 씨와 의논하여 그 관을 10만 원을 주고 샀어요. 그래 서울에 가져와 불태워 버렸습니다.(1984년 대담)

—진단학회, 《역사가의 유향》, 일조각, 1991, 275~276쪽

이완용이 고문으로 있는 조선총독부 산하 조선사편수회에서 충성을 다해 한국사를 왜곡한 이병도가 이완용의 관 뚜껑을 불태운 이유는 무엇일까? 이는 마치 도마뱀이 꼬리를 자르고 도망가는 수법이다. 오히려 자신과 이완용의 깊은 연관성을 숨기려는 의도가 명확하게 드러날 뿐이다.

이병도의 한 손자가 21세기에 국립 서울대학교 총장을 하고, 그의 동생은 문화재청장을 지냈으며, 이완용의 손자인 이윤형은 이완용이 나라를 팔아먹은 대가로 받은 재산 반환 소송에서 승소한 바 있다. 이런 세상을 지금도 우리는 살아내야 한다. '역사의 비극'이란 바로 이런 것이다. 이병도에게 우리 역사의 실체를 인정하고, 죽기 전에 죄과를 씻으라고 끈질기게 노력한 최태영은 이병도보다 그의 제자들에게 더 분통을 터트렸다. 그들은 이병도를 끊임없이 복제하면서 제2의 이병도, 제3의 이병도로 퍼져 나가 한국 역사학계의 지배 권력을 향유하면서, 스승을 능가하는 식민사관 청출어람이 되었기 때문이다.

이렇게 만들어진 것이 바로 '이병도 사관'이다. 이른바 '이병도 사단'은 한국사를 마음껏 휘두르는 무소불위의 역사 권력이 되었다.

왜 그들은 식민사학을 받아들였나

김용섭은 서울대학교에서 강의하던 시절에 겪었던 또 다른 일화를 아래와 같이 증언하고 있다.

> 다른 한 번은, 분명치는 않으나, 민족주의 역사학인가, 실증주의 역사학인가에 관하여 검토하는 시간이었던 것 같은데, 교학부장 고윤석 교수도 포함된 네댓 명의 중년·노년의 교수가 내방하였다. 노크를 하기에 문을 열었더니, 김원룡 교수께서 말씀하시기를, "일제 때 경성제국대학에서 내가 배운 스에마쓰 야스카즈 선생님인데, 김 선생 강의를 참관코자 하시기에 모시고 왔어요. 김 선생, 되겠지?" 하는 것이었다.
>
> —김용섭, 《역사의 오솔길을 가면서》, 지식산업사, 2011, 768쪽

이 사실도 참으로 놀랍다. 조선사편수회의 핵심인물이었던 스에마쓰 야스카즈가 해방 후에 예고도 없이 서울대학교 강의실을 찾아왔다. 교학부장을 포함한 네댓 명의 보직교수와 한국 고고학의 태두인 김원룡은 그를 극진히 모시고 나타났다. 경성제국대학에서 스에마쓰 야스카즈에게 일제 식민사학을 전수한 김원룡은 서울대학교 고고미술과 교수, 같은 대학교 대학원장을 지냈고, 역사학회 회장, 한국고고연구회 회장 등을 역임했다.

서울대학교 국사학과는 해방 이후에도 조선총독부 한국 지부의 역할을 충실하게 수행했다. 스에마쓰 야스카즈는 "고대부터 한국은 중국과 일본의 지배를 받았다"는 침략 이론을 만든 황국사관의 선봉장

이었다. 한국 역사는 한반도에서만 전개되었는데, 한반도 북쪽은 중국의 한사군이, 한반도 남쪽은 일본의 임나일본부가 지배한 역사였다고 강변한 인물이다. 또한 일본 천황을 신으로 떠받들면서 고대 일본이 한국을 지배했다는 설을 체계화한 인물 역시 스에마쓰 야스카즈다.

그는 그의 대표작 《임나흥망사任那興亡史》에서 "일본의 한반도 영유(임나)는 그 자체만으로도 일본의 자랑이며, 구한말의 일본에 의한 한국 병합은 고대의 복현復現이다. 이는 앞으로 영원히 일본이 한국에 대한 예속을 주장할 수 있는 정신을 인도해준다"고 말했는데, 김원룡은 이런 그를 하늘처럼 떠받들며 충성을 다했다.

한반도 남부에 고대 일본의 식민통치 기관이 있으려면 삼국이 일찍이 고대국가로 발전했다는 내용을 담고 있는 《삼국사기》의 앞부분, 즉 《삼국사기》 초기 기록을 가짜로 몰아야 했다. 이것이 《삼국사기》 초기 기록 불신론이 나온 이유다. 하지만 《삼국사기》 초기 기록이 사실임을 증명하는 고고학적 유물과 유적은 계속 쏟아져 나왔다. 수백 년 뒤에 발견된 광개토대왕비문과 무령왕릉의 기록을 통해서도 《삼국사기》 초기 기록의 신빙성은 검증되었다. 그러자 김원룡은 '원삼국原三國 시대'라는 해괴한 개념을 들고 나와 《삼국사기》 초기 기록 불신론을 계속 유일한 정설로 만들었다.

김원룡이 발명한 원삼국시대에 대해 역사학자 이종욱은 다음과 같이 평했다.

원삼국시대라는 구분은 고고학적으로 이룬 시대 구분이다. 그러나 그 밑바탕에는 쓰다 소키치가 발명한 식민사학이 자리 잡고 있다는 사실은 부인하기 어렵다. 《삼국지》〈한韓〉 조를 중시한 역사체계가 작동하여 300년 무렵에야 신라와 백제가 정복 사업을 벌여 왕국이 되었다는 견해는 바로 식민사학의 역사체계가 아니면 나올 수 없는 주장이다. 실제로 그는 신라와 백제의 초기 국가 형성과 발전에 대한《삼국사기》 기록을 무시한다. 그런데 이러한 원삼국시대론이 한국 고고학계에서 지금도 통용되고 있어 문제다. 특히 국가기관인 국립중앙박물관이 지금도 그러한 시대 구분을 따른다는 사실에 주목해야 한다.

《삼국사기》에 나오는 기록들을 보면 신라와 백제는 일찍부터 초기 국가 형성·발전 과정을 거쳤다고 나온다. 신라의 경우 기원후 1세기 중반 무렵부터 이웃한 소국을 병합하기 시작해, 2백 년 정도 지난 뒤에는 진한의 소국을 모두 병합했다. 결국 원삼국시대론은 그러한 정치 발전에 대한 이해를 가로막는 시대 구분이 아닐 수 없다. 백제 왕성인 풍납토성과 신라 건국신화의 현장인 나정을 발굴한 지금, 원삼국론은 사학사의 무대로 넘어가야 한다.

―이종욱,《민족인가, 국가인가》, 소나무, 2006, 170~171쪽

김원룡은 한국 고고학을 일제 식민사관에 꿰맞추려고 부단히 노력했다. 그는 신라 유물이 나오면 신라 유물, 백제 유물이 나오면 백제 유물이라 하지 않고, 원삼국시대 유물이라고 하면서 세계에서도 그 유래가 없는 희한한 고고학을 창안했다. 고대 일본의 식민통치기구인 임나일본부가 존재할 수 있으려면 삼국은 원시상태에 있어야 했기 때문이다.

김원룡은 한국 고고학과 미술사 분야의 개척자로서 그가 이룬 학문적 업적은 대단히 높이 평가된다. 특히 그는 1970년대 초에 '원삼국시

대원三國時代, Proto-Three Kingdoms Period'라는 용어를 주창하였다.

—한국민족문화대백과

'원原'이란 영어로 '프로토proto'(원시, 원형)라는 뜻이다. 이에 따르면 서기 300년까지 한반도에는 국가가 존재하지 않았다는 논리다. 문헌사학에서는 이병도가, 고고학에서는 김원룡이 식민사학을 든든하게 지키는 쌍두마차였다. 김원룡이 만든 원삼국시대는 지금도 한국 역사학계, 즉 식민사학계의 정설로 이어오고 있다.

우리는 어떤 텍스트도 글자 그대로 읽어서는 안 된다. 각자 나름대로 문장의 맥락context를 해석해야 한다. 위에서 보듯 한국 국민들이 낸 세금으로 편찬한 사전에서도 김원룡을 극찬하고 있다. 문제는 이런 식민사학이 사학사 무대로 넘어가기는커녕 아직도 한국 사학계를 장악하고 있다는 데 있다.

김원룡은 한국 고고학계의 주역이다. 지금도 고고학자가 학술원 회원이 되려면 김원룡의 식민사학을 충실히 따라야 한다. 고고학자 이선복의 말을 들어보자.

일본 고고학에 대한 한국 고고학의 예속은 사실상 그냥 간과할 수 없는 문제이다. 특히 식민지 종주국으로서 고고학을 이식하였으며 해방 이후에도 여러 경로를 통하여 한국 학계 전반에 강력한 영향을 미치고 있는 일본 고고학은 오히려 시간이 가면 갈수록 한국 고고학에 대하여 더욱 큰 영향을 주고 있는 느낌이다. 해방 이후 현재에 이르기까지 사실 우리 학계는 일본을 제외한 외국에서의 고고학의 발전추세를 제대로 흡수할 수 없었으며, 대학에서의 교육은 따라서 상당부분 일제의 시각을 전수하는 과정이었다.

– 이선복,《고고학 개론》, 이론과실천, 1988, 238~239쪽

　김원룡을 태두로 한 한국 주류 고고학은 강고하다. 문헌사학자는 이병도가 만들어 놓은 틀, 고고학자는 김원룡이 세운 정설을 따라야 한다. 제국주의 역사학, 제국주의 고고학을 태생적으로 견지한 한국 주류 역사학계는 '대일본제국 산하 한국지부 학술원'인 격이다.

　앞서 말했듯이 국문학자 이숭녕은 국사학과로 부임하는 김용섭에게 "특히 사학과는 어려운 과다. 조심하라"는 처세술을 전했다. 학문에 정진하길 독려하지 않고, 서울대학교 국사학과의 학풍인 식민사관을 그대로 따르라는 충고를 한 것이다. 식민사관을 비판하는 김용섭은 선배 교수로부터 "무슨 역사를 그렇게 해!" "김 선생 민족주의는 내 민족주의와 다른 것 같아" 하는 질타를 받아야 했다. 그동안 한국 역사학계를 대표했던 서울대학교 국사학과 교수들은 황국사관에서 한 치도 벗어나지 못했고, 아예 벗어날 생각도 없었다. 김용섭은 '여기는 아직도 총독부 아래에 있구나'라고 생각하며 서울대학교를 떠나야 했다.

　한국 주류 역사학계는 이병도를 필두로 김철준, 김원룡, 한우근, 이기백, 이기동, 노태돈, 송호정 등 서울대학교 국사학과 제자들로 대를 이으며 역사학계의 권력을 거머쥐고 있다. 대한민국 법조계의 고위직을 서울대학교 법학과 출신이 싹쓸이 한 것과 같다. 서울대학교가 경성제국대학을 이은 관학으로 한국의 대학 가운데 최고 지위에 군림하면서, 한국을 마치 '서울대학교 공화국'으로 만들어 온 맥락과 완전히 일치한다고도 볼 수 있다. 그들의 역사관과 '학문 아닌 학문'은 홉

사 폭력적인 이데올로기임에도 한국 역사학계를 손에 틀어줘었다.

일제는 한국을 침략한 이래 한국사를 자신의 필요에 따라 재구성했고, 한국의 교육 전반을 장악했다. 일제 식민사관과 교육 시스템은 식민지배를 영구화하는 가장 강력한 수단이요 무기였다. 일제는 경성제국대학을 설립해 조선의 상류층 일부를 조선총독부 하급관리로 편입하는 시스템을 만들었다. 일부 한국인들은 총독부에 들어가기 위해 경쟁하며 일제에 충성했다. 일제는 황국사관에 입각해서 주어진 지배가치에 맹목적으로 복종하고 순종하는 일부 엘리트를 만들어냈다. 바로 경성제국대학 출신들이다. 이들은 한국의 전통과 역사, 사상과 문화를 저급하게 여기고 민족을 부정하거나 열등감을 조장하는 교육을 시켰다. 자연과 인간, 사물에 대한 주체적인 회의와 사유를 거세했다. 여기서 주입식 교육이 만들어진 것이다. "요컨대, 조선 교육은 이치를 캐는 자를 되도록 줄여야 한다." 이것이 조선총독부의 교육방침이었다. 한마디로 천황에 대한 노예 의식을 가슴깊이 새기는 교육이었다.

철학자 에릭 호퍼Eric Hoffer는 "언어는 질문을 하기 위해 창안되었다. 대답은 투덜대거나 제스처로 할 수 있지만 질문은 반드시 말로 해야 한다. 사람이 사람다운 것은 첫 질문을 던졌을 때부터였다. 사회적 정체는 답이 없어서가 아니라 질문할 충동이 없는 데에서 비롯된다"고 말했다. 일제는 사람이 사람답게 살지 못하는 사회적 정체를 야기한 체제였던 셈이다.

서울대학교 법대를 나온 공무원은 지금도 출세가도를 달린다. 서울대학교를 정점으로 하는 학벌신분사회는 해방 이후 해체되기는커녕 더욱 기승을 부리고 있다. 온 국민은 이 시스템에서 탈락하지 않기 위해, 학생들은 이 시스템의 부속물처럼 암기하기에만 매달린다.

대한민국 교육을 긍정적으로 말하는 사람은 거의 없다. 그럼에도 대안을 제시하지 못한다. 서로 피해자이자 가해자가 되어 어쩔 수 없다는 자괴감을 토로한다. 이 시스템의 상층부에 있는 사람들은 교육의 혁신을 원하지 않는다. 이 교육 시스템을 통해 이득을 보고 있기 때문이다. 교육 시스템은 지배체제의 정수다. 아마도 한국사회에서 가장 늦게 바뀔 부분이 바로 교육이 아닐까? 일제가 패망한 지 68년에 접어든 지금까지도 일제가 만든 교육 시스템이 대한민국을 옥죄고 있다는 현실이 이를 증명한다. 일제가 역사를 왜곡하고 이를 교육 시스템을 통해 주입해왔는데도, 광복 후 한국은 이를 해체하지 못했다. 게다가 서울대학교는 일제가 경성제국대학에 부여한 사명을 완벽하게 수행해왔다. 서울대학교 공화국은 이렇게 한국을 지배하고 있다.

일제로부터 광복한 그날, 한국 민중은 환희에 겨워 얼싸안고 감격의 눈물을 흘렸다. 어린아이도 목이 터져라 만세를 외쳤다. 일제에 빌붙은 친일파들은 "우리는 죽었다"는 공포에 휩싸였다. 그런데 역사는 친일파 청산이 아니라, 거꾸로 친일파가 독립운동가를 청산하는 방향으로 전개됐다. 해방 직후엔 "소련 놈에게 속지 말고, 미국 놈 믿지 말고, 일본은 돌아온다"는 말이 유행했다. 물론 이 말은 친일파들이 지은 것이다. "반드시 돌아오겠다"며 분한 눈물을 삼킨 일본인의 예언은 그들이 돌아오기도 전에 곧바로 현실이 되었다. 일제에 나라를 빼앗긴 것 못지않은, 한국 현대사의 뼈아픈 대목이다.

식민사관을
관통하는 프레임

역사를 보는 주체적 관점이 없다

네덜란드의 역사학자 요한 하위징아Johan Huizinga는 이렇게 말했다. "역사란 어차피 불확실하고 애매한 것이기에 자그마한 사실에만 도전하지 말고 전체를 보는 역사 서술에 뜻을 두어야 한다." 우물을 깊게 파려면 우선 땅을 넓게 파야 하듯, 역사 또한 전체를 보는 시야가 필요하다. 모자이크로 된 미술 작품을 가까이 보면 전체 그림을 보기가 힘들다. 이처럼 우리는 식민사관을 꿰뚫기 위해 우선 세세한 각론에 얽매이지 말아야 한다. 또한 나무를 살펴보기 전에 숲을 먼저 보고, 산을 보기 전에 산맥을 조망하듯 넓은 시야를 가져야 한다.

    지구의 위성사진을 한번 떠올려 보자. 한반도의 전체적인 지형을 훤히 한눈에 파악할 수 있지만 내가 살고 있는 곳의 모습은 보이지 않는다. 위성고도를 낮춰야만 내가 사는 동네의 모습이 구체적으로 보인다. 그렇다고 처음에 봤던 한반도의 윤곽이 사라지거나 잘못된 것은 아니다. 어느 곳을 여행하려면 그 위치를 알아야 한다. 보통 소축적 지도를 통해 대략적인 방향과 위치를 파악한 후, 여행지 곳곳을 세세하게 안내한 대축적지도를 본다. 지금부터 소축적지도를 보듯, 식민사관이라는 유령을 추적해보자.

> 만일 시어미의 역정과 며느리의 푸닥거리와 같은 종류의 일에 일일이 재판관을 불러와서 그 곡직曲直을 판결하려 한다면, 이는 스펜서의 말처럼 "이웃집 고양이가 새끼를 낳았다는 보고와도 같아서, 도리어 이로써 사학계의 다른 중대한 문제를 놓쳐버릴 염려가 있으니 내버려 두는 것이 옳다. 그리고 빨리 지리 관계나, 사상계의 변동이나, 국민 생활과 관련된 것이나, 민족의 성쇠소장盛衰消長 등 큰 문제에 관심을 기울여 잘못을 바로잡고 진실을 구하여 조선사학의 표준을 세우는 것이 급무 중의 급무라 할 것이다.
>
> —신채호, 《조선상고사》, 박기봉 옮김, 비봉출판사, 2006, 47쪽

신채호는 역사를 보는 주체적 관점을 무엇보다 강조했다. 주체적 관점이란 누가, 어떤 시각으로 역사를 바라보는가의 문제다. 그는 역사를 중화주의나 일제 식민주의의 관점에서 보는 것을 가장 먼저 경계했다. 침략과 지배의 관점에 서면 반드시 역사를 왜곡하기 때문이다. 우리는 이웃집 고양이가 새끼 낳은 것에 정신이 팔려, 정작 이웃 사람이 죽어가는 상황을 놓치는 꼴을 배워서는 안 된다.

모든 학문과 사유는 "왜"라는 물음에서 시작한다. 식민사관을 누

가, 왜, 어떻게 만들었는지 추적하면 그 실체가 모습을 드러낸다. "요컨대, 조선교육은 이치를 캐는 자를 되도록 적게 해야 한다"는 조선총독부의 방침은 학문과 사유를 원천봉쇄하기 위한 지배자의 논리였다. 한국 주류 역사학계는 이른바 '정설'을 사수하기 위해 기초적인 질문들을 금기시하고, 다른 시각을 용인하지 않는다. 누가, 왜, 어떻게, 언제부터 이런 부조리한 원칙과 풍토를 만들었는지, 어떻게 그것이 가능했는지 하나하나 따져보도록 하자.

식민사관을 분석하기 위해서는 다음과 같은 질문이 필요하다.

1. 무엇이 식민사관인가?
2. 식민사관의 핵심 프레임은 무엇인가?
3. 누가, 왜, 어떻게 식민사관을 만들었는가?
4. 누가, 왜, 어떻게 식민사관을 재생산하는가?
5. 식민사관의 폐해는 어떤 것들이 있는가?
6. 어떻게 식민사관을 청산할 것인가?

그럼 먼저 무엇이 식민사관인지 살펴보자. 원로 사학자인 숙명여자대학교 이만열 명예교수는 〈식민사관은 어떻게 생겨났나〉라는 글에서 식민사관을 다음과 같이 정리했다.

이렇게 일제 어용학자들은 한국사 연구를 '한국 침략'이라는 그들의 정책에 맞춰 진행시켰다. 따라서 식민주의 사관은 일제가 한국 침략과 지배를 한국의 역사로 정당화·합리화하기 위해 고안해낸 역사관임을 알 수 있다. 한국을 강점한 후 그들은 총독부 내에 조선사편수회' 등을 설치하고 어용사가들을 동원해 그들의 식민정책을 정당화하기 위한 《조선사》를 편찬했다. 이때 한국사 관련 책들이 꽤 쏟아져 나왔는데, 약간씩의 차이는 있지만 그들의 서술에는 기본적으로 다음과 같은 공통점이 있다.

첫째, 한국사의 상한 연대를 삭감했다. 이는 한국이 일본보다 더 오랜 역사를 가져서는 안 된다는 기본적인 편견이 깔려 있었기 때문이다. 이런 판국이고 보니 1930년대에 한반도 북단에서 구석기 시대의 유물이 발견되었다는 사실은 빛을 볼 수 없었다. 4천여 년 전에 단군이 나라를 창건했다는 것도 한갓 신화일 뿐 근대적 학문의 대상이 되지 못한다고 배척해버렸다. 결국 그들의 입맛대로 한국의 국가기원은 삼국시대, 그것도 서기 4세기경에야 이루어졌다고 주장하게 되었다.

둘째, 한국사는 이미 고대 때부터 외세의 지배를 받았다고 주장했다. 단군을 부인해버린 그들은 기자와 위만이 중국에서 이주한 자들임을 들어 한국사가 중국인 이주자들에 의해 성립되었다고 주장하고, 이어서 한사군에 의한 지배와 임나일본부에 의한 고대 일본의 한국 지배를 강변했다. 당시 일제는 이렇게 한국 침략의 현재적 명분을 찾으려고 했던 것이다.

셋째, 한국사는 줄곧 외세의 지배를 받았고, 수많은 외세의 침략 때문에 자주적인 역사를 전개할 수 없었다고 주장했다. 이를 논증하기 위해 그들은 우리 역사에 나타난 침략 전쟁을 열거하기에 바빴고, 그 과정에서 외세의 침략만을 강조했을 뿐 그것을 물리칠 수 있었던 한국인의 역량과 문화능력 등은 거의 무시해버렸다.

넷째, 우리 문화가 외국의 것을 모방했고, 외국에서 들어왔다는 전파설을 강력하게 주장했다. 이는 한국문화의 창조성과 자주성을 부인함으로써 한국사의 독자성을 말살하려는 것이었다. 이밖에도 우리 역사에서 수치스럽고 어두운 면을 강조하는 대신, 밝고 영광스러운 점은 의도적으로 은폐했다.

그리하여 식민주의 사관으로 구성된 수치스럽고 어두운 한국사는 그것을 읽는 사람들에게 좌절과 실의를 안겨주었고, 민족냉소주의에 물들게 했다. 식민주의 사관으로 편집된 역사책들이 본격적으로 출간된 1920년대 말부터 한국의 많은 젊은이들과 지식인들이 자기 민족에 대해 자신감을 잃고 자포자기하거나, 민족 멸시 감정을 노골적으로 드러내면서 민족 허무주의에 빠져들었다. 잘못된 역사관에 의한 편향된 역사 인식은 이같이 그 폐해가 심각하다.

-이만열, 《우리 역사 5천 년을 어떻게 볼 것인가》, 바다출판사, 2000년, 18~20쪽

이만열은 일제 식민사관의 개념과 속성을 일목요연하게 통찰했다. "일제 어용학자들은 한국사 연구를 '한국 침략'이라는 그들의 정책에 맞춰 진행시켰다. 따라서 식민주의사관은 일제가 한국 침략과 지배를 한국의 역사로 정당화·합리화하기 위해 고안해낸 역사관이다"라는 이만열의 분석은 정확하다. 침략과 지배를 위해 고안한 역사가 제대로 된 역사일 수는 없다. 학문이 아니라 정치이고, 이론이 아니라 폭력이다.

천황 이데올로기는 신성한 천황 아래 수직적인 상하질서를 세워 민중을 천황 지배에 복종하는 노예로 전락시킨다. 그 중간 자리는 천황을 빙자한 침략주의자들이 차지한다. 일제는 한국사를 말살하기 위해 단군조선의 역사부터 부정하고, 고대로부터 한국은 타 민족의 지배를 받았다고 날조하는 데 주력했다. 일제의 지배를 합리화하고 한

민족에게 열패감과 노예의식을 심으려는 의도였다.

인간은 기억으로 산다. 기억은 정체성의 핵심이다. 언어력을 상실한 사람도 자신의 정체성을 잃지는 않는다. 하지만 기억을 상실한 사람은 자신의 정체성을 그대로 잃는다. 기억상실증에 걸린 사람의 정체성은 마음대로 조작하고 지배할 수 있다. 그러므로 역사는 곧 기억이다. 일제가 한국을 영구히 식민지로 지배하기 위해 역사를 치밀하게 왜곡한 이유다. 사람은 과거의 기억으로 현재를 살아가지 과거에서 현재를 살지 않는다.

모든 역사는 현재의 역사다. 이만열은 식민사관이 단지 역사를 보는 관점일 뿐 아니라 우리의 일상적인 생각과 행동을 규정한다는 점을 특히 경계했다. 김용섭은 식민사관에 대해 "그것은 정당한 한국사가 아니었다. 그들이 제공한 한국사는 황국사관이 반영된, 일본사에 부속된 왜곡된 한국사였으며, 일본의 한국침략을 합리화한 한국사였다"고 정리했다.

식민사관의 핵심 명제

한편 단일한 '서양' 식민주의는 없고, 미국을 제외한다고 해도 명백하게 정의된 '유럽' 식민주의 역시 없다고 본 독일의 역사학자 위르겐 오스터함멜Jrgen Osterhammel은 그의 저서 《식민주의Kolonialismus》에서 다음과 같이 말했다.

식민지는 식민 이전 상태와 결부된 상태에서 침입(정복/ 혹은 정착식민화)

을 통해 새로이 만들어진 정치체로서, 지역적으로 격리되어 있으며, 식민지에 대한 배타적 소유권을 주장할 수 있는 '모국' 혹은 제국의 중심에 대해 외부 '지배자'들이 지속적으로 의존성을 띠는 정치체이다.

—위르겐 오스터함멜, 《식민주의》, 박은영 외 옮김, 역사비평사, 2009, 27쪽

한편으로 일본 식민주의는 1914년 이전 '정점에 이른 제국주의'의 분위기에 뿌리를 두고 있다. 그러나 다른 한편으로 일본의 식민주의는 파시스트 이탈리아와 나치 독일이 식민지 자유성의 모든 흔적을 지워버린 새로운 유형의 제국을 건설하고자 했던 바로 그 시기에 가장 극단적 형태에 도달했다.

—위르겐 오스터함멜, 《식민주의》, 박은영 외 옮김, 역사비평사, 2009, 8쪽

일제는 식민지배 형태 중 가장 가혹한 식민정책을 실행했다는 역사적 평가를 받는다. 아돌프 히틀러Adolf Hitler가 소련을 침공하기 위해 파죽지세로 동쪽으로 쳐들어가던 1941년 6월, 당시 일본의 법무대신 야나가와 헤이스케柳川平助는 기자회견에서 다음과 같이 언급했다.

문제는 조선인이다. 조선인은 겉으로는 복종하고 있는 척하면서 속으로는 저항하고 있다. 〔…〕 나는 히틀러 총통의 유태인에 대한 정책과 마찬가지로 불령선인不逞鮮人은 깡그리 어느 외딴 섬에 격리시켜 한 놈 빠짐없이 거세해버리는 것이 좋다고 생각한다. 그렇게 하면 불령선인은 없어지고, 앞으로도 못 나올 것이다. 이제부터 대동아 10억의 백성들을 통치해가지 않으면 안 될 황국 일본이 고작 3천만 정도의 조선인을 제멋대로 굴게 내버려둘 수는 없지 않은가. 그래서 나는 우선 조

선인 사상범을 모조리 거세해버리는 것이 가장 좋다고 생각한다.
히틀러 총통은 이미 유태인 거세를 실행하고 있다고 하지 않는가. 서
쪽에서는 독일·이탈리아 양 민족, 동쪽에서는 야마토大和 민족이 다
른 민족을 통치하는 것은 하늘이 정한 이치이기도 한 것이다.

—정경모, 《일본의 본질을 묻는다》, 이호철 옮김, 창작과비평사, 1992, 128~129쪽

일본의 법무대신이 기자회견에서 "불령선인은 한 놈 빠짐없이 거세
해야 한다"고 강하게 말한다. 일본의 제국주의와 독일의 나치가 똑같
은 세력이라는 사실을 말해주는 기록이다.

이때가 1941년이라는 것도 주목해야 한다. "고작 3천만 정도의 조
선인을 제멋대로 굴게 내버려둘 수는 없지 않은가" 일제 통치가 막바
지로 치닫는 시점에서도 민중의 저항의식은 강렬했다는 반증이다. 군
사정권이 민중항쟁이 거셀 때마다 "싹쓸이해야 한다" "발본색원하겠
다"고 한 것을 상기시키는 대목이다.

한편 1960년대에 어느 일본인 학자가 일제강점기에 주요 역할을 했
던 일본인 수십 명을 대상으로 취재했더니, 그들은 모두 이렇게 대답
했다고 한다.

일본의 한국지배에 대하여: "일본의 조선지배는 구미歐美류의 식민지
배가 아니다. 조선을 일본으로 만든 것이다. 조선 사람을 일본 사람과
같이 천황의 적자로 삼았던 것이다. 도대체 어째서 식민지인가."
창씨 개명 강요에 대하여: "황기皇紀 2600년의 기원절에 천황의 따뜻
한 은소恩沼에 의해 조선인에게도 일본의 씨를 붙이는 게 허용되었다."
징병제 시행에 대하여: "징병제 시행도 황민이 되려는 조선인의 노력을

천황이 인정함으로써 조선인도 황군에 들어가는 영광을 얻게 되었다.

–이도상, 《일제의 역사침략 120년》, 경인문화사, 2003, 165쪽

세계대전이 끝난 이후 유럽에서는 나치 체제가 철저하게 청산되었지만, 일제는 한국과 일본에서 청산되지 못했다. 김용섭은 식민사관이 가치관 문제이기 때문에 왜곡된 사실의 부분적 시정은 그리 큰 의미가 없다면서 다음과 같이 말한다.

> 왜곡된 사실의 부분적인 시정이, 한국사의 정당한 인식을 가능케 할 수는 없다. 근본적으로는 식민주의 역사관을 극복한 위에서, 새로운 한국사관의 수립이 있지 않으면 안 된다. 그러기 위해서는 역사를 대하는 자세, 문제를 설정하는 데서 가치관을 달리해야 한다.
>
> –김용섭, 《역사의 오솔길을 가면서》, 지식산업사, 2011, 536~537쪽

식민주의 역사관을 극복하고 새로운 한국사관을 세우는 일은 가치관을 설정하는 작업이다. 신채호가 강조했듯이, 일본이나 중국의 관점이 아니라 한국의 주체적 관점에 서면 새로운 사실이 보이고, 전혀 다른 의미와 가치를 발견할 수 있다는 뜻이다. 식민사관의 가장 큰 폐해는 주체성을 상실하게 만든다는 점이다. 지배자가 주입한 가치에 따라 차별과 억압을 감내하고 체념하게 만든다.

식민사관은 황국사관의 한 부분이다. "대일본제국은 만세일계萬世一系 천황의 계시를 받들어 영원히 통치한다. 이것이 만고불변의 우리 국체國體다." 모든 일본 국민은 한마음으로 천황의 뜻을 받들고 충성과 효도의 미덕을 발휘해야 한다는 것이 황국사관이다. 천황 통치의

정통성과 영원성, 가족국가관에 따라 국민은 무조건 왕 아래 귀속되고, 통합되어야 한다는 논리다. 식민사관은 일제가 식민지배를 합리화하고 항일민족의식을 말살하기 위해 황국사관에 따라 창조한 한국사 왜곡 이데올로기다. 타민족에 대한 침략적 관점에서 역사를 보기 때문에 식민사관이라고 하는 것이다.

일본 제국주의가 창조한 천황 이데올로기는 아직도 일본을 지배하고 있다. 이렇게 그들의 역사관은 한 번도 변한 적이 없다. 일본은 엄연한 천황제 국가다. 독도 문제, 자학사관 극복을 위한 교과서 개정, 일본군 성노예 문제, 강제징용 문제가 반복적으로 나올 수밖에 없는 배경이다. 경제 대국인 일본이 인류사회의 보편적 이상과 양립하지 못하는 한계도 여기에서 나온다.

일본 우익들은 아직도 역사를 조작한다. 일본은 당대 최고의 학자나 지식인들을 침략전쟁을 합리화하는 도구로 이용했다. 그들은 역사적 사실을 임의로 조작하거나 왜곡하면서 역사를 서술했다. 그러면서 이를 실증사학이라고 강변했다. 이 전통이 한국 역사학계에 그대로 전수되었다.

위에서 본 것처럼 "한국은 고대로부터 중국과 일본의 식민지배를 받았다"는 식민사관은 '지배'라는 침략주의, 즉, 타민족의 주체성을 부정하고 말살하는 것에서 출발한다. 식민사관 양대 기둥은 '타율성론'과 '정체성론'이다. 이 두 가지는 이름만 달랐지 같은 내용을 가진 양면이다.

'타율성론'이란 한국사의 주체적인 발전과 한반도 지역의 독립된 역사성 및 문화성을 인정하지 않는 이론이다. 그 요지는 한반도의 역사가 그 주민의 자발적인 노력에 의해 발전된 것이 아니라 중국, 만주, 일본 등 주변 민족의 자극과 지배에 의해서만 유지되어 왔다는 것이다. 고대사회의 경우 소위 일본의 '남한경영설' 및 '임나일본부설'을 조작하여 한반도의 일부가 일본의 지배 아래 있었다 하고, 중세시대에는 당·명·청 등 중국 측 여러 나라들의 지배를 번갈아 받았으나 소위 한일 '합방'으로 다시 일본의 지배를 받게 된 것이며, 따라서 '합방'은 조선이 망한 것이 아니라 고대사회의 한·일 관계로 되돌아갔다고 하는 궤변으로 '합방'을 합리화하려 한 것이다.

−반민족문제연구소,《청산하지 못한 역사》, 청년사, 1994, 22쪽

사람은 누군가의 노예가 되어 살게 될 때 가장 불행하다. 그래서 사람은 배부른 돼지보다 배고픈 철학자가 되기를 원한다. 타자를 지배하려는 자는 항상 폭력에 기초하기 때문에 누군가에 의해 지배당하는 사람이나 민족은 불행할 수밖에 없다.

여기서 교육사상가 이오덕의 말을 들어보자.

무릇 한 나라가 다른 나라를 점령하여 아무리 좋은 정치를 한다고 하더라도 그것은 침략밖에 아무것도 될 것이 없다. 더구나 점령당한 나라 사람들이 자기들 나라의 말글이 아닌 남의 말글을 본의 아니게 익혀야 한다면 거기서는 벌써 참담한 문화의 종속과 지배의 관계가 이뤄지는 것이다. 이런 상태에서는 지배당하는 쪽이 아무리 좋은 대우를 받는다고 하더라도 결국 그것은 속임수요, 그 겨레의 앞날은 죽음밖에 없다.

−이오덕,《우리글 바로쓰기》, 한길사, 1995, 393~394쪽

일제 식민사관은 한국사의 타율성론과 정체성론을 양쪽 기둥으로 세운다. 한국사는 중국과 몽골, 만주와 일본의 지배와 영향에 의해 타율적으로 전개돼왔다는 것이 타율성론의 골자다. 이 이론은 한국사의 주체성을 부정하고 일제의 침략과 지배를 합리화하기 위해 발명된 것으로서 식민사관의 핵심이다. 단군조선 말살, 한사군 한반도 정착설, 고조선·부여·고구려·백제·신라·가야 등 모든 건국 사화史話의 역사성 부정, 《삼국사기》 초기 기록 불신론, 만선사관, 반도적 성격론, 사대주의론, 당파성론, 내선일체, 창씨개명 등이 모두 한국사 타율성론에서 나온 허구적인 논리들이다.

한국은 근 천 년 동안 사회적·경제적으로 아무런 발전이 없었다는 것, 20세기 초 한국은 10세기 말 일본 고대에 해당한다고 보는 것이 정체성론이다. 이 논리는 단순히 한국의 사회적·경제적 낙후성을 왜곡하는 데 목적이 있는 게 아니다. 이 또한 일본 지배의 필연성을 정당화하기 위한 침략논리다. 정체성을 극복하게 해주었으니 한국은 일본에 감사해야 한다는 것이 정체성론의 골자다. 한마디로 한국의 근대화를 위해 일본의 역할이 불가피하다는 입장인데, 현재도 한국 내 극우파들에 의해 식민지 근대화론으로 계승되고 있다. 특히 이병도는 그의 스승들 견해에 따라 한국사를 정체의 역사로 봤다.

국사의 특수성은 무엇이라 할 수 있을까. 〔…〕 첫째, 우리 과거의 사회생활이 대가족제와 농업자연경제를 주로 하여 오랫동안 거기에 안정자족安定自足하고, 현실에 집착·감내하여 온 만큼 일면 평화성(유순성)과 아울러 강인성·정체성을 띠우고 있음을 부인치 못할 사실이다. 〔…〕 이것이 한편으로 참신한 발달을 저해케한 일인一因이었던 것이다.

한국 대학의 사학과 강의는 모두 총론에서는 식민사학의 정체성론을 비판한다. 그러나 각론으로 가면 정체성론을 반복한다. "정체성을 띠고 있음은 부인하지 못할 사실이다"라고 말한 사람이 국사학계의 태두였으니 그렇지 않을 이유가 없다.

일제는 단군조선부터 말살했다. 건국 시조인 단군과 단군조선을 신화로 만들어 부정하고, 중국에서 온 위만과 중국의 한漢나라가 설치한 한사군에서 한국 역사가 시작했다고 날조했다. 단군조선을 역사로 인정하면 한국사가 일본보다 장구하기 때문이다. 일본에 문명을 전달한 한국과의 역사를 인정하면 식민사학은 존립할 수 없었다. 그래서 거꾸로 일본 식민정권인 임나일본부가 신라, 백제, 가야를 지배했다고 날조했다. 그들은 새로운 역사를 발명한 것이다. 그렇게 일제는 한국의 모든 고대국가 건국 사화를 신화라고 날조했다.

과거 일제의 침략에 고통을 겪었던 중국이 '동북공정'이라는 이름으로 일제 식민사학을 복사하면서 주창하고 있는 것은 중국의 자기 부정이다. 그만큼 중국 지배층의 정신세계는 깊이가 없고 황폐한 것이다. 침략 당한 역사는 잊어버리고, 한국을 침략하려고만 하다보니 일본 제국주의자들과 같은 시각을 갖게 된 것이다. 이는 아시아 전체의 불행이다. 동북공정은 중화패권주의를 일본식으로 변주한 침략사상이다. 황국의 논리와 중화의 논리는 침략과 지배라는 동일한 사상적 기반을 갖게 되었다. 고조선과 고구려의 역사를 중국 소수민족의 지방정권으로 보는 중화패권주의는 황국사관의 또 다른 이름이다. 일제는 한국침략을 위해 고조선의 역사부터 훼손했다. 그러자 부여, 고구려, 백제, 신라, 가야, 통일신라, 발해, 고려, 조선으로 이어진 한국사의 원형이 줄줄이 파괴되었다.

식민사관의 대전제, 핵심 명제를 정리하면 다음과 같다.

1. 한국 역사는 짧았고, 영역은 좁았다.

2. 한국은 고대부터 중국과 일본의 식민지배를 받았다.

3. 한국 민족은 주체성이 없어 타민족의 영향과 지배를 받아야 발전했다.

4. 한국은 천여 년간 사회적·경제적으로 정체된 사회였다.

5. 한국 민족은 열등하고, 사대성과 당파성이 심하다.

6. 일본의 한국 지배는 필연이고 당연하다.

7. 한국은 일본 통치에 감사해야 한다.

이것이 일제 식민주의 사관의 대전제요, 핵심명제다. 물론 한국 주류 역사학계는 절대 이를 명시적으로 표현하지 않는다. 현란하고 교묘한 방식으로 이런 전제를 바탕에 깔아두고 은근슬쩍 논리를 전개한다. 그러면서 식민사관을 극복해야 한다고 말한다. 이는 표리부동이다. 식민사학이라 말하지만, 학문의 범위에 들어가는 것이 아니라 침략 이데올로기다. 자의적으로 '학' 자를 붙여 학문인 것처럼 위장했을 뿐이다.

결국 식민사관의 핵심문제는 가치관과 사상에 있다. "어떤 가치관으로 세상을 바라보고 어떤 삶을 살겠는가"라는 선택의 문제다. 이 전제로부터 다음과 같은 한국 주류 역사학계 '부동의 정설'이 수립된다.

1. 단군조선은 역사가 아니라 신화다.

2. 위만이 고조선을 통치하면서 고조선은 비로소 국가로 성장했다.

3. 한나라가 고조선을 정복하고 세운 한사군은 한반도에 있었다.

4. 중국과 일본의 지배로 한국은 발전했다.

5. 《삼국사기》 초기 기록은 역사적 사실이 아니다.

한국 주류 역사학계는 서기전 24세기에 고조선이 건국되었다는 《삼국유사》의 기록을 허구적인 신화라고 부정한다. 주류 역사학계의 말에 따르면 고조선은 위만이 지배하면서 획기적인 발전을 이루며 하나의 국가로서 형성됐다고 본다. 중국이 적어도 서기전 1500년부터 은나라, 주나라, 춘추전국시대를 거치는 동안, 고조선은 원시적인 종족집단이었을 뿐이라는 주장이다. 원시 상태를 겨우 벗어난 고조선은 국가를 형성했으나 곧바로 망하고, 한나라가 한사군을 설치하면서 고대 한국에 선진적인 문물을 도입했다고 본다.

한국 주류 역사학계의 모든 이론과 견해가 이런 대전제에 입각해 있다. 절대 그들은 이 견해를 벗어나는 경우가 없다. 이 이론과 견해에 맞춰 고조선, 부여, 고구려, 옥저, 백제, 신라, 가야, 통일신라, 발해, 고려, 조선의 역사를 구성한다. 고구려·백제·신라의 역사를 이미 정해진 프레임에 맞추느라 《삼국사기》 초기 기록의 사실史實을 부정하고, 중국과 일본의 관점에서 한국사를 말한다.

한국 주류 역사학계는 비학문적 수단까지 동원해 정설을 사수해왔다. 정설이 무너지면 모든 것이 끝장난다는 것을 잘 알고 있기 때문이다. 이른바 정설의 논리를 역사학적 방법으로 검토해보면 놀라운 사실들이 드러난다. 가장 큰 문제는 그들의 논리와 주장에 1차 사료적 근거가 전혀 없다는 점이다.

　우리가 알아야 할 식민사관의 핵심 키워드는 단군조선과 한사군, 그리고 《삼국사기》 초기 기록 불신론이다. 이 부분에 대한 정설의 논리와 그 근거를 추적하면 한국 주류 역사학계의 참담한 실상 또한 그대로 드러난다.

제 2 부

그들이 바꾼
우리 역사를
되돌려야 한다

고조선 건국을 왜곡하는
역사학계의 정설

동북아역사재단은 왜 진실을 부정하는가

고조선 개국 신화는 여전히 신화적 범주에 속하며 역사적 사실이 아
닌 것이 자명하다. 신화가 전하는 내용과 역사적 배경은 엄격히 분리
해 서술하는 것이 바람직하다.

—《중앙일보》, 2012년 9월 18일

윗글은 누구의 주장일까? 조선총독부일까, 동북공정을 추진하는
중국사회과학원일까? 답은 한국의 동북아역사재단이다. 동북아역사
재단의 주장을 주요 언론에서 그대로 보도한 것이다. 혹자는 동북아
역사재단이 동북공정을 추진하는 단체냐고 묻기도 한다. 하지만 동
북아역사재단은 중국과 일본의 역사왜곡에 대응한다는 명목으로 만

든 우리나라 정부기관이다. 이 조직에는 한국 국민의 혈세가 매년 수
백 억씩 들어간다.

　위의 신문기사 내용은 경기도 교육청 소속 17명의 역사교사들이
만든 중·고등학교 참고용 자료에 대해 시정하라고 권고하는 과정에서
나왔다. 이 참고자료의 내용에 반대하기 위해서 동북아역사재단은 신
속하게 움직였고. 《중앙일보》는 이 재단의 주장을 대서특필했다. 신
문기사에 따르면 동북아역사재단 관계자가 "이 교재가 외교적으로 민
감한 내용을 담고 있다고 판단해 정밀분석을 진행했다. 교육 현장에
서 자료로 사용되기엔 문제가 있다고 결론을 내리고 수정을 권고했
다"고 한다.

　그렇다면 경기도 교육청 소속 역사교사들이 만든 자료집 가운데
〈살아 있는 우리 역사, 고조선〉 부분을 한번 살펴보자.

　우리 민족은 단군의 자손이고 최초의 국가는 고조선이라고 알고 있
　습니다. 그런데 중국 측에서는 느닷없이 고조선도 중국의 역사라고
　주장하면서 학생들에게 잘못된 역사를 가르치고 있습니다. 중국과 일
　본이 고조선과 우리 역사를 왜곡한 이유와 내용을 찾아볼까요?

　고조선은 우리 민족사에 최초로 등장하는 국가로서, 그 건국에 관한
　내용은 고려시대의 《삼국유사》, 《제왕운기帝王韻紀》와 조선시대의 《동
　국통감東國通鑑》 등에 나타난다. 고조선의 건국 연대는 《삼국유사》의
　기록을 바탕으로 하여 단군왕검이 서기전 2333년경에 건국하였다는
　견해가 널리 받아들여지고 있다. 고조선은 요령지방과 대동강 유역을
　중심으로 성장하였으며, 그 영역은 비파형 동검과 고인돌의 출토 범위

를 통하여 요하 유역을 포함한 넓은 지역이었음을 알 수 있다.

-《동북아 평화를 꿈꾸다》, 경기도교육청, 2012, 21쪽

식민주의 사관에 입각한 일본 역사가들은 단군조선의 존재 자체를 부정하였다. 왜냐하면 한국사에서 청동기 시대의 존재를 인정하지 않았고, 중국인인 위만 집단의 이주와 정복, 그리고 이어서 한 군현의 설치에 의해 비로소 한반도는 금속기 문명의 세례를 받게 되었다고 보았기 때문이다. 따라서 한 군현 설치 이전 시기는 석기시대이므로 국가의 존재를 거론할 필요가 없다는 논리였다. 왜 일본은 고조선을 왜곡하려고 하였는가?

그들은 한국사가 그 고유한 특성으로 주변성, 종속성, 모방성, 당파성 등과 같은 것을 띠고 있다고 하면서, 그렇게 될 수밖에 없는 근본 원인을 한국사의 전개 무대가 반도라는 데에서 찾았던 것이다. 이른바 지정학적 숙명론이 그것이다. 그리고 이 논리를 뒷받침하는 구체적인 역사적 사례로서 위만조선과 한 군현의 경우를 들었던 것이다. 즉 한국사의 여명기는 중국 세력의 정복에 의한 식민지로 시작되었다고 보는 것이다. 이러한 식민주의 사관에 입각한 일본 역사학자들의 주장들은 한국의 식민지 상태를 역사적으로 합리화하고 이를 영속화하기 위한 목적에서 행하였던 것이었다. 이러한 식민사관은 해방 후에도 영향을 미쳐 단군 조선에 대한 부정적인 시각이 나타나기도 하였다.

-《동북아 평화를 꿈꾸다》, 경기도교육청, 2012, 30쪽

자료집은 고조선의 역사, 중국의 역사침탈, 일본 역사학자들의 식민주의 사관에 의한 한국사 왜곡을 서술하고 있다. 동북아역사재단이

자신의 설립 취지에 충실했다면 "우리는 왜 이런 자료집을 생각하지 못했을까?" 하고 반성할 일이었다. 그러나 동북아역사재단은 "고조선 개국 신화는 역사적 사실이 아닌 것이 자명하다"며 시정권고를 내렸다.

일제는 한국 침략과 지배를 위해 고조선 역사부터 훼손했고, 한국은 예로부터 식민지 역사, 주체성이 없는 타율적 한국사라는 역사상을 세웠다. 자립성이 없어 외세의 영향과 지배를 통해서만 발전하는 정체의 역사, 이런 '허구의 역사', '집단 기억 왜곡'으로 일제는 한국인에게 모멸감과 열등감, 상실감과 체념, 무기력한 숙명론을 심으려고 했다. 식민지 근대화론이 끊임없이 고개를 드는 배경이다. 동북아역사재단은 조선사편수회의 지침대로 한국사를 근원부터 거세한다. 동북아역사재단 논리대로라면, 우리는 중화민족이 되고, 한국사는 뿌리를 잃게 된다. 중국사회과학원의 입장에서는 이보다 더 좋은 주장이 없다. "너희 나라 역사학계의 견해 아니냐"고 하며 그들은 거침없이 역사를 침탈하고 있다.

한국사는 단군조선부터 시작해 통상 '반만년 역사'라고 말한다. 그러나 한국 주류 역사학계는 이를 잘못된 역사왜곡으로 단정한다. 단군은 역사가 아니라 허황된 신화일 뿐이고, 단군이 세운 고조선은 역사상 존재하지 않았다고 본다. 그들은 우리나라가 생긴 지 반만년이 아니라 2천 년도 채 안 되었다고 주장한다.

한국 주류 사학계는 왜 중국과 일본의 눈치를 보면서 한국사를 왜곡해야만 하는가? 과연 진실은 무엇일까? 이제부터 그 전모를 알아보자.

우리 민족이 세운 최초의 국가는 '조선'이었다. 고조선이라는 명칭은 일연一然의 《삼국유사》〈고조선〉 조에 최초로 등장한다. 단군조

선에 관한 가장 오래된 기록으로 현재 전하고 있는 사료 또한 일연의
《삼국유사三國遺事》다. 일연은 고조선을 "왕검조선王儉朝鮮"이라 부른
다고도 했다. 일연은 이성계李成桂가 세운 '조선朝鮮'과 구분하기 위해
'고조선古朝鮮'이라는 명칭을 쓴 것이 아니다. 고려시대 인물인 그가
향후 조선이 건국될 것이라는 사실을 알 수는 없었다. 일연은 단군조
선을 고조선이라 쓰고, 기자箕子를 언급하면서 위만의 조선과 구분지
어 별도로 기록했다. 즉, '오래전 조선'이라는 의미로 고조선이라 부른
것이다. 아래에서 《삼국유사》를 자세히 살펴보자.

〈왕력王曆〉 편은 신라·고구려·백제·가락국 등 역대 왕들의 세계와 연
대에 관한 기록이고, 〈기이紀異〉 편은 고조선 이후의 여러 부족국가와
신라·고구려·백제 삼국에 대한 기록이다. 〈흥법興法〉 편에서 〈효선孝
善〉 편까지는 모두 불교의 홍포弘布와 승력의 행적에 관한 기록이다.

김부식의 《삼국사기》는 유학자의 시각에서 우리 측 사료는 물론 중
국의 사료들도 취사선택해서 서술한 반면, 《삼국유사》는 우리나라의
고문서와 민간 기록을 많이 인용했다. 또한 민족 기원의 원형 보존에
노력을 기울이면서, 의문이 있는 곳에는 반드시 주를 달아 그 출전을
인증했다. 이렇게 일연은 주관적인 논단을 배제하고 객관성 확보에 주
력했다.

위에서 살펴보았듯, 일연은 《삼국유사》 〈기이〉 편이 분량도 가장 많
고, 그 의의가 커서 다른 편과 달리 서문에 글을 쓴 목적을 명시했다.

서술해 말한다. 대체로 옛날 성인이 예악禮樂으로써 나라를 일으키고,

인의로써 가르침을 베푸는 데 있어 괴이함과 용력勇力과 패란悖亂과 귀신은 말하지 않는 일이었다. 그러나 제왕이 장차 일어날 때는 부명符命과 도록圖籙을 받게 되므로, 반드시 남보다 다른 점이 있었다. 그래야만 능히 큰 변화를 타서 제왕의 지위를 얻고 큰일을 이룰 수 있는 것이다.

그런 까닭으로 하수에서 그림이 나오고 낙수洛水에서 글이 나옴으로써 성인이 일어났던 것이다. 무지개가 신모를 둘러서 복희를 낳았고, 용이 여등에게 교감하여 염제를 낳았으며, 황아가 궁상들에서 놀 때, 스스로 백제白帝의 아들이라는 신동이 황아와 사귀어 소호를 낳았고, 간적은 알을 삼켜 설을 낳았으며, 강원은 거인의 발자취를 밟아 기를 낳았고, 요의 어머니는 잉태한 지 14개월 만에 요를 낳았으며, 패공의 어머니는 용과 큰 못에서 교접하여 한나라 고조 패공을 낳았던 것이다. 이후의 일은 어찌 다 기록할 수 있으랴! 그렇다면 삼국의 시조가 모두 신비스러운 데서 탄생했다는 것이 무엇이 괴이하랴. 이것이 이 책 첫머리에 〈기이〉 편이 실린 까닭이며, 그 의도도 여기에 있는 것이다.

−일연, 《삼국유사》, 이재호 옮김, 솔, 1997, 61∼63쪽

"삼국의 시조가 모두 신비스러운 데서 탄생했다는 것이 무엇이 괴이하랴." 《삼국사기》가 유가의 합리주의 역사 서술방식으로 우리나라 상고시대의 신화 전설을 깎아내리기 위해 고쳐 썼다면, 《삼국유사》는 신화 전설의 원형을 그대로 보존해 썼다. 《삼국사기》는 삼국의 건국 시조로 시작하지만, 《삼국유사》 〈기이〉 편은 국조 단군이 중국 상고시대 요임금과 거의 같은 시기에 건국했다. 이 사실을 중국 역사서인 《위서魏書》와 우리나라 사료인 《고기古記》에 근거해 단군의 건국 사

화를 원형대로 서술했다. 고조선, 즉, 단군조선을 필두로 위만조선, 마한, 진한, 변한, 발해, 5가야, 북부여, 고구려, 신라, 백제, 가락국 등의 건국 시말을 차례대로 기술했다. 단군을 우리 민족의 시조로 삼고, 나머지 왕국을 단군의 후손으로 삼았다. 한편 《삼국유사》〈고조선〉조는 이렇게 시작한다.

> 《위서》에 이런 말이 있다. 지금으로부터 2천 년 전에 단군왕검이 계셔 아사달(경에는 무엽산이라 했고, 또는 백악이라고도 했는데, 백주에 있다. 혹 개성 동쪽에 있다고도 하는데 지금의 백악궁이 바로 이것이다-원주)에 도읍을 정하고 새로 나라를 세워 조선이라 불렀는데 요와 같은 때였다고 한다.
> 《고기》에 이런 말이 있다. 옛날에 환인(제석帝釋을 이른다-원주)의 서자 환웅이 계셔 천하에 자주 뜻을 두고, 인간 세상을 탐내어 구했다. 아버지는 아들의 뜻을 알고, 삼위 태백산을 내려다보니 인간 세계를 널리 이롭게 할 만했다. 이에 천부인 세 개를 주어, 내려가서 세상 사람을 다스리게 했다
>
> —일연, 《삼국유사》〈기이〉 편, 이재호 옮김, 솔, 1997, 64~66쪽

고조선은 단군조선을 지칭했다. 위만조선이 아니라 옛날의 조선이라는 의미로 단군조선을 말하고 여기에 기자도 병렬해 언급했다. 그러나 주류 사학계는 단군을 터무니없는 신화로 격하시켜 역사적 사실이 아니라고 주장하고 있다. 그 의도는 분명하다. 단군조선의 역사적 실체를 부정하고 중국 연나라에서 온 위만조선부터 우리 역사를 시작하기 위해서였다. 이는 일제 식민사학과 같은 논리다. 일제의 역사 침략도 한국 상고사, 즉 단군과 그가 건국한 고조선 역사를 부인

하는 것에서부터 시작했다.

일제는 1911년 이후 총독부의 취조국과 뒤를 이은 참사관실 주도하에 《반도사》 편찬을 추진하였으나 소관 업무를 중추원으로 이관할 때까지 별다른 진전을 보지 못하였다. 취조국은 조선의 관습과 제도조사라는 명목으로 1910년 11월 전국의 각 도·군 경찰서를 동원하여 그들이 지목한 불온서적 압수에 나섰다. 서울에서는 종로 일대 서점을 샅샅이 뒤졌고, 지방에서는 서점, 향교, 서원, 반가班家(양반가), 세가勢家(세도가)를 뒤졌다. 압수대상 서적은 단군에 관한 기록을 포함한 조선고사서, 조선지리, 애국충정을 고취하는 위인전기, 열전류 등이었고, 《미국의 독립사》, 장지연의 《대한신지지》, 이채병의 《애국정신》, 신채호의 《을지문덕》 등이 집중적인 수난을 받았다. 자신들의 한국 지배에 필요한 일부 서적만을 남기고 모두 분서焚書하였다. 〔…〕 다음 해 12월까지 1년 2개월 동안 계속된 1차 전국 서적 색출에서 얼마나 압수하였는지는 정확히 알 수 없다. 다만 조선총독부 관보를 근거로 판매금지한 서적과 수거된 서적은 총 51종 20여만 권이라고 문정창은 광복 후 발간된 《제헌국회사》와 《군국일본 조선강점 36년사》에서 밝히고 있다.

−이도상, 《일제의 역사침략 120년》, 경인문화사, 2003, 103〜104쪽

이때는 단군에 관한 기록이 가장 중요한 압수 수색 대상이었다. 조선총독부는 1916년 7월 《조선반도사》 편찬요지를 발표하며, 편찬을 담당한 이들에게 다음과 같은 편사지침을 하달했다.

1. 《조선반도사》는 편년체로 한다.

2. 전편에는 상고삼한上古三韓, 즉 삼국통일 후의 신라, 고려, 조선, 조선최근사 등 여섯 편으로 한다.

3. 민족국가를 이룩하기까지 민족의 기원과 그 발달에 관한 조선 고유의 사화, 사설 등은 일체 무시하고, 오로지 기록에 있는 사료에만 의존한다.

이 지침의 의도는 아래와 같다.

1. 단군에 대한 기록을 말살하고 연도별 기록이 확실해야 하는 편년체 형식을 취했다.

2. 고조선, 즉 단군조선을 없애고 한사군 식민지배로 한국사가 시작한다고 조작했다. 《일본서기》의 허황한 기록에 근거해 임나일본부의 식민지배를 날조하고, 삼국 이외의 국가와 발해를 제외했다.

3. 조선총독부의 검열에 따라 민족의 기원과 한국 전래의 역사와 기록을 부정하고, 훼손했다.

일제의 구로이타 가쓰미는 우리나라 전역의 명족구가名族舊家를 뒤져 비장의 사료를 강탈해 이마니시 류와 함께 《조선사》 간행을 추진하며 단군과 고조선 관련 기록들을 없애버렸다. 《일본서기》를 근거로 황국사관의 기초를 닦아 침략 논리로 발전시킨 장본인이자 이완용과 함께 조선사편수회 고문을 맡았던 인물이 바로 구로이타 가쓰미다. 구로이타 가쓰미와 이마니시 류는 고조선을 부정하고 한국사는 중국 식민지로부터 출발했다고 주장했다. 또한 임나일본부가 일본의 통감부와 같다고 봤다. 한국은 고대부터 중국·일본의 식민지였고, 그를 통해 발전했으니 일본의 한국지배, 한국의 일본화는 필연이라는 역사관이다.

이마니시 류는 조선사편수회에서 '단군조선'을 곰과 호랑이의 허황된 이야기로 왜곡하는 데 앞장섰다. 이병도는 그의 밑에서 책임편찬을 맡았다. 일제 식민사학자들은 단군사화를 기록한 일연의 《삼국유사》가 고려 후기에 저술되었다는 이유로 단군의 역사적 실재를 부정했다. 즉, 이 책은 일연의 창작이라는 주장이었다. 몽골의 침략을 당한 고려가 국난을 극복하기 위한 구심점으로 단군 사적을 조작했다는 것이다. 후대에 기록했기에 '역사'가 될 수 없다는 논리는 성립할 수 없다. 모든 사실이 당대의 기록으로 전하는 것은 아니다. 그렇다고 그 역사가 없었다고 단정해서는 안 된다. 당대에 기록한 1차 사료는 무엇보다 소중한 가치를 지닌다. 2차 사료도 철저한 사료 검증을 통해 역사적 사실을 추출해야 한다. 그리고 역사의 실재 현장을 재차 확인해야 한다.

자식이 가장 위급한 순간에 부모를 찾듯이, 우리 민족은 시련을 당할 때 단군을 찾았다. 단군을 중심으로 운명공동체 의식을 가졌다. 단군이 우리 민족의 뿌리라는 인식이 깊었기에 가능한 일이다. 안타깝게도 《삼국유사》를 쓸 때 근거로 삼은 《위서》와 《고기》는 현재 전하지 않는다. 《삼국유사》, 《제왕운기》, 《조선왕조실록朝鮮王朝實錄》 기록에 의하면 조선 초까지만 하더라도 단군신화를 기록한 문헌이 상당히 많았음을 알 수 있다. 조선 세조世祖 3년(1457)에 8도 관찰사에게 내려진 서적수압령을 보면 "《고조선비사古朝鮮秘詞》, 《조대기朝代記》, 《삼성밀기三聖密記》, 《안함로원동중삼성기安含老元董仲三聖記》 등의 문서는 개인이 소장하기에 마땅하지 않으니 진상進上하라"는 기록이 있다. 이를 통해 세조 때에도 고조선과 관련된 서적들이 많이 남아 있었음을 알 수 있다.

　단재 신채호의 사관과 역사학을 계승하기 위해 설립한 한가람역사문화연구소는 정기적으로 중국을 답사한다. 현장에 가보면 고조선, 고구려, 부여, 발해 등 한국고대사를 중국의 지방사로 편입 중인 중국의 역사 훼손 범위는 상상을 초월한다. 중국은 한국고대사 현장을 중국 역사로 완전히 탈바꿈하기 위해 곳곳을 파헤치고 대대적인 공사를 하고 있다. 한가람역사문화연구소 답사 팀이 풍경사진을 찍기 위해 카메라를 들면 제지하거나, 이미 찍은 사진은 삭제하도록 했다. 어떤 역사 유적지에서는 현장이 봉쇄되었고, 감시원이 붙었다. 박물관 촬영도 금지다. 그래도 우리는 해마다 절박한 심정으로 한국사의 무대였던 중국 대륙을 찾는다. 조금이라도, 한 번이라도 더 실제 유적을 살펴보고 기록하기 위해서다. 신채호 또한 현지를 답사하며 우리 역사를 연구했다. 역사의 현장을 찾아갔던 그는 "아, 슬프다"라는 말로 시작하며 다음과 같은 감회를 남겼다.

"아, 슬프다. 이와 같이 하늘이 감추어둔 비사秘史의 보고寶庫를 만나서 나의 소득은 무엇이었는가. 인재와 물력이 없으면 재료가 있어도 나의 소유가 아님을 알았다. 그러나 하루 동안 그 외부에 대한 조잡하고 얕은 관찰밖에 못하였지만, 그것만으로도 고구려의 종교, 예술, 경제력 등이 어떠하였는지가 눈앞에 환히 되살아나서 "당지에 가서 집안현(고구려의 수도)을 한 번 본 것이 김부식이 고구려사를 만 번 읽는 것보다 낫다"는 단안을 내리게 되었다.

─신채호, 《조선상고사》, 박기봉 옮김, 비봉출판사, 2007, 50쪽

이렇듯 문헌 고증에 누구보다 철저했던 신채호는 김부식이 고구려 사를 만 번 읽는 것보다 현지를 한 번 보는 것이 더 낫다는 단안을 내렸다.

기자와 수사관이 하는 일은 역사학자와 비슷하다. 어떤 사실에 의문을 제기하고 추적하는 것이 일이다. 남들이 작성한 기록에 의지해서는 사건의 실체에 접근하지 못한다. 반드시 현장에 직접 가야 한다. 사건 현장은 다른 사람이 만든 보고서 만 번을 읽는 것보다도 중요하다. 그곳에는 분명 단서가 있기 마련이다.

한국 주류 역사학계는 스승의 이론을 반복할 뿐 역사 현장 연구에는 취약하다. 또한 스승의 견해가 맞는지 검토할 꿈조차 꾸지 못한다. 식민사학과 다른 새로운 사실이 밝혀지면 그들이 곤란하기 때문이다. 이병도를 비롯해 그의 제자들은 대부분의 국고 지원을 독점하면서도 중화사관과 황국사관을 뒤집을 현장 발굴을 얼마나 방기했는지 다 밝혀야 한다. 낙랑군 수성현이 있던 중국 하북성 창려昌黎현의 갈석산碣石山에 오르면, 한사군이 한반도에 있었다는 말은 누구도 할 수 없을 것이다.

한가람역사문화연구소는 고조선 현장 답사를 중간 결산하며 2006년 《고조선은 대륙의 지배자였다》를 펴냈다. 고조선 전반을 이해하는 데 도움을 줄 수 있는 이 책에서 단군과 관련된 부분을 자세히 소개하겠다.

일제 식민사학자들과 그 뒤를 이은 실증사학자들은 일연이 단군에 관

해서 기록할 때 인용한 《위서》와 《고기》가 현재 전하지 않는 것을 가지고 단군조선을 부인하는 근거로 삼았다. 《위서》와 《고기》는 원래 없던 것을 일연이 창작해낸 논리라는 주장이다.

그러나 일연이 《위서》나 《고기》를 인용하면서 그 서술의 신빙성에 대해 의문을 표시했다는 점은 일연이 두 자료를 창작했다는 비판이 억지임을 말해준다. 일연은 《고기》를 인용해 "왕검은 요 임금이 왕위에 오른 지 50년인 경인년庚寅年에 평양성에 도읍을 정하고 비로소 조선이라 불렀다"라고 쓰면서도 그 기록의 신빙성에 대해서 의문을 제기하는 자신의 견해를 옆에 적었다. 즉, "요임금의 즉위 원년은 무진戊辰년이니 즉위 50년은 정사丁巳년이지 경인년은 아니다. 아마 그것은 사실이 아닌 것 같다"라고 덧붙인 것이다.

—이덕일·김병기 《고조선은 대륙의 지배자였다》, 역사의아침, 2006, 41~42쪽

여기에서 단군조선의 건국 연대와 관련된 세 개의 편년이 나오는 것을 알 수 있다. 바로 정사년과 경인년과 무진년이다. 서기로 환산하면 정사년은 서기전 2284년, 경인년은 서기전 2311년, 무진년은 서기전 2333년이다. 일연이 《고기》의 기록에 의문을 표시했다는 것 자체가 바로 그가 《위서》를 보았다는 강력한 증거다.

일연이 본 《고기》는 조선시대에는 남아 있었다. 조선 초에 서거정徐居正 등이 왕명으로 편찬해 성종成宗 16년(1485)에 올린 《동국통감》에 그 단서가 남아 있다. 《동국통감》은 국가 차원에서 우리 민족의 역대 역사를 정리한 책인데, 이 책에서 단군조선을 우리 역사의 시작으로 삼았다는 점이 주목된다. 여기서 《동국통감》〈단군조선〉 조를 잠시 살펴보자.

동방에는 최초에 군장君長이 없었는데, 신인神人이 단목檀木 아래로 내려오자 국인國人이 세워서 임금으로 삼았다. 이가 단군이며 국호는 조선이었는데, 바로 당요唐堯 무진戊辰년이었다.

-서거정, 《동국통감》, 〈단군조선〉

서거정은 《고기古紀》에 근거해 단군조선을 우리 역사의 시작으로 보았던 것이다.

선배 학자(前輩)들이 이르기를, "그 1048년이라고 한 것은 곧 단씨檀氏가 대代로 전하여 지나온 햇수이고, 단군의 수명이 아니다"라고 하였으니, 이 말이 이치가 있는 것입니다.

-서거정, 《동국통감》, 〈단군조선〉

일연이 본 《고기》에는 단군이 "1500년 동안 여기서 나라를 다스렸다"라고 서술되어 있었으나 서거정이 본 《고기》에는 "단군이 1048년 동안 나라를 다스렸다"라고 보다 구체적으로 기록되어 있었다. 서거정은 자신이 본 《고기》에서 "무진년(서기전 2333)에 건국했다"라고 기록되어 있는 것을 단군조선의 개국년으로 삼았는데, 이것이 현재의 단기檀紀다. 일반적인 예상과는 달리 일연이 본 《고기》가 아니라 서거정이 본 《고기》가 단군조선의 건국년으로 통용된 것이다. 이처럼 조선 초만 해도 단군이 서기전 24세기에 조선을 건국했다는 것은 국가의 공식적인 역사관이었다. 이때까지 개국 시조였던 단군은 조선 후기 사대주의가 심해지면서 부인되기 시작해, 일제가 대한제국을 점령하면서부터는 아예 말살되었다.

단군은 고려 후기의 창작물이 아니다

단군이 몽고의 침략을 당한 고려 후기의 창작물이라는 일본인들의 논리는 고려 이전에도 단군이 존재했다는 여러 가지 역사적 증거들을 토대로 반박할 수 있다.

첫째, 무씨사당석武氏祠堂石이 있다. 중국 산동성 가상嘉祥현에 전한前漢(서기전 202~25) 때 만들어진 무씨사당이 있는데, 석실石室 화상석畵像石의 그림 내용은 단군 사화와 흡사하다. 이 화상석을 군신軍神 치우蚩尤의 전투도라고 보기도 하는데, 치우 역시 동이족의 조상이라는 점에서 단군을 부인하는 내용으로 해석할 수는 없다. 치우의 전투도든 단군사화든, 일연이 《삼국유사》를 저술하기 1천 2백여 년 전에 이러한 사실이 산둥반도에 알려졌던 것이다.

둘째, 만주 길림성 집안集安현 여산如山에 있는 고구려의 각저총角抵塚 고분은 1935년 발견되었는데, 이 벽화에는 씨름하는 두 명의 역사力士 곁에 있는 큰 나무 밑둥 좌우에 곰과 범이 짝을 이루며 등장하고 있다. 이는 고구려인들이 단군 사적의 주요 내용을 알고 있었음을 뜻한다.

셋째, 《구당서舊唐書》〈고구려〉조에서는 "영성신靈星神·일신日神·가한신可汗神·기자신箕子神을 섬긴다"고 기록되어 있는데, 여기서 '가한신'은 바로 단군을 뜻하는 것이다.

넷째, 고려 목종 9년(1006) 이전, 구월산에 환인·환웅·단군에게 제사를 지내는 삼성사三聖祠가 건립되었다는 사실에서도 단군은 일연이 《삼국유사》를 저술하기 전에 알려져 있었음을 뜻한다.

《삼국유사》〈왕력〉에서 보면, 고구려의 첫 번째 왕 '동명왕조'는 "성은 고高, 이름은 주몽朱蒙인데 추모鄒牟라고도 한다. 단군의 아들이다"
라고 기록하고 있다. 고구려 시조 추모왕이 단군의 아들이라는 것이
다. 그러나 고구려는 단군보다는 시조 추모왕을 더욱 숭배했다. 부여·
신라·백제·가야 등의 고대국가도 모두 자국의 직접적인 시조를 가장
추앙했다. 한 시기를 건너뛰는 단군은 그다음 추앙 대상이었다. 이들
고대국가의 시조들은 모두 단군처럼 하늘과 연결되는 개국 사적을 갖
고 있었기 때문이다.

단군이 민족 전체의 시조로 받들어진 때는 고려시대였다. 그 이전
의 다른 고대국가들은 모두 시조를 직접 하늘과 연결하고 있었기 때
문에 단군을 시조 이상으로 숭모할 수 없었다. 그러나 고려의 태조 왕
건王建은 태어날 때 용과 같은 신기한 광채와 자색 기운이 비쳤을 뿐,
하늘과 직접 연결되지는 않았다. 이런 이유로 고려에서 단군을 시조
로 받드는 것은 왕건의 건국 사적과 충돌하지 않았던 것이다.

다섯째, 인종仁宗 9년(1131), 묘청의 건의로 평양에 설치된 팔성당八
聖堂 중에 "구려평양선인駒麗平壤仙人"이란 표현이 있는데, 이 '선인'이 바
로 단군을 뜻하는 것이다. 이는 《삼국유사》〈고구려 동천왕〉 조의 "평
양성을 쌓고 백성과 종묘사직을 옮겼는데, 평양은 원래 선인왕검仙人
王儉의 택宅이다"라는 구절과 연결할 수 있는데, 여기서 '선인왕검'은
물론 단군을 뜻한다. 고려 시대에는 선인이 단군의 이칭異稱이었던 것
이다.

이규보의 《동국이상국집》〈동명왕〉 편에는 주몽과 싸우는 비류국
왕 송양松讓이 자신을 "선인의 후손"이라고 말하는 구절이 나오는데,
여기서 나오는 선인도 단군을 뜻하는 것이다. 비류국은 만주 혼渾 강
유역에 존재했던 국가인데, 이는 단군 사적이 단순히 평양지역에 국

한된 지역 전승이 아니라 만주지역에 광범위하게 퍼져 있던 사적임을 뜻한다. 이 무렵이 되어 우리 역사 최초의 국가인 고조선은 비로소 여러 고대국가의 공통 선조로 받들게 되었다. 이런 인식은 단군이 고려시대의 창작품이 아니라 고조선 이후에 존재했던 여러 고대국가가 고조선의 강역에서 나누어 일어났음을 인식하고 있었다는 것을 의미한다. 고조선은 단군조선의 지방 세력이었다가 동부여, 고구려, 읍루, 동옥저, 동예, 최씨낙랑, 한 등 여러 나라로 갈라졌다.

《삼국유사》가 저술되기 1천여 년보다 훨씬 전에 중국 측 문헌사료에 이미 고조선에 대한 기록이 등장하는 것도 고조선의 건국 시기와 관련해 주목할 만한 내용이다. 《사기史記》, 《한서漢書》 같은 정사는 물론, 서기전 8세기~서기전 1세기에 걸친 시대를 포괄하는 《산해경山海經》과 서기전 7세기경을 기록한 《관자管子》를 필두로 중국의 여러 문헌에 고조선이 등장하는 것이다.

또한 고고학의 발굴 성과도 고조선의 건국 시기에 대한 훌륭한 자료로 활용된다. 고조선의 표지유물標識遺物은 고인돌과 청동검, 미송리형 토기 등인데, 이중 청동검의 사용 연도는 큰 중요성을 갖는다. 청동기시대에 성립된 국가가 고조선이기 때문에 청동기의 사용 연도는 곧 고조선의 건국 시기가 되는 것이다.

최근까지 한반도의 청동기문화는 서기전 10세기를 넘을 수 없기 때문에 고조선의 건국 시기도 이 시기를 뛰어넘을 수 없다고 인식해왔다. 그러나 고조선은 한반도에서 시작된 것이 아니라 만주지역에서 먼저 시작되었기 때문에 이 지역의 청동기 사용 연도를 폭넓게 적용해야 할 것이다. 최근의 고고학 발굴 성과에 따르면 요동반도의 청동기문화는 서기전 1500~1300년까지 올라가는데, 이는 앞으로 더 많은 발굴 결과에 따라 그 시기가 올라갈 가능성이 있다. 중국 내몽골 지역의 청동기문화는 서기전 2000~1700년경까지 올라가며 그 이상 올라가는 것도 출토되는데, 이 또한 앞으로의 발굴 성과에 따라 더 올라갈 개연성이 충분하다.

서기전 2000여 년까지로 추정할 수 있는 현재까지의 청동기 발굴 성과만 가지고도 서기전 2300여 년이라는《삼국유사》의 단군조선 건국 연대와 큰 차이가 없게 된다. 따라서 서기전 2300여 년이라는 고조선의 건국 연대는《삼국지》〈위서동이전〉 등의 문헌사료는 물론 고고학적 발굴 성과로도 뒷받침될 수 있는 역사적 사실인 것이다. 이는 또한 단군조선의 실재를 부정하고 위만조선을 최초의 국가로 보고 있는, 한국 학계의 이른바 '통설'에 중대한 문제점을 제기하는 것이다.

우리 역사에서
사라진 단군조선

고조선이 없으면 한국사도 없다

우리가 제도권 국사교육을 통해 접한 고조선은 일제 식민사학자들이
만들어 놓은 역사였다. 이들이 만든 고조선은 평안남도에 있던 작은
소국에 불과했다. 그러다 1980년대에 들어와서 윤내현 등 몇몇 역사
학자가 1차 사료에 근거한 문헌고증을 주장하고, 만주나 내몽골 일대
에서 고조선 관련 유적·유물이 쏟아져 나오자 주류 사학계는 위기를
맞았다. 과연 주류 사학계는 이 위기를 어떻게 넘겼을까? 이번 장에
서는 주류 역사학계가 보는 고조선론을 다루고자 한다.

우리나라에서 고조선 연구로 박사학위를 받은 첫 번째 역사학자는
한국교원대학교 송호정 교수다. 그는 서울대학교 국사학과 스승인 노
태돈의 권유로 고조선을 연구했다. 《한국 고대사 속의 고조선사》, 《단

군, 만들어진 신화》가 그의 대표작이다. 특히 《단군, 만들어진 신화》
는 제목 자체에서도 송호정의 고조선관이 그대로 드러난다.

송호정의 고조선 연구는 조선사편수회 출신의 이병도, 신석호와
그 제자들인 이기백, 이기동, 김정배, 서영수, 노태돈, 서영대 등 한국
주류 식민사학계의 견해를 거의 그대로 반복하고 있다. 송호정은 식
민사학 스승들의 주장을 대변할 뿐 독창적인 견해가 없다. 그럼에도
그는 어린이와 청소년이 읽는 고대사 책의 대표적인 저자이며 동북아
역사재단의 총아다.

> 서기전 7세기를 전후한 시기의 고조선을 초기 고조선이라고 할 수 있
> 다. 이 당시 고조선은 일정한 정치체나 국가를 형성하지 못하고 지역
> 집단이나 종족집단에 불과한 상태였다.
>
> ―송호정, 《한국 고대사 속의 고조선사》, 푸른역사, 2003, 63쪽

이처럼 그는 자신의 저서를 통해 고조선은 서기전 7세기에나 등장
하는데, 그것도 일정한 정치체나 국가를 형성하지 못하고, 지역집단
이나 종족집단에 불과한 상태였다고 설명한다.

국제적으로 통용되는 국가 성립 기준 중의 하나는 법의 제정 여부
다. 서기전 24세기에 건국된 고조선은 중국 측 기록에 따르면 서기전
12세기 경, 상(은)나라 사람 기자가 망명한 나라다. 은나라 사람 기자
는 이미 동쪽에 조선이란 나라가 있었다는 사실을 알고 있었다. 이때
고조선에는 범금8조犯禁八條라는 법이 있었다고 《한서지리지漢書地理
志》는 전한다. 그러나 주류 식민사학자들은 이런 사료를 부인하고 서
기전 7세기 전후의 고조선을 초기 고조선으로 보는데, 그것도 국가를

형성하지 못한 지역 집단이나 종족 집단이었다고 본다.

이와 같은 견해는 역사학의 기초인 문헌기록을 무시하는 것이다. 그동안 국내 주류 식민사학계가 가장 많이 지적당한 부분이 바로 자신들에게 불리한 1차 사료를 무시한다는 점이다. 식민사학계는 1차 사료에 근거해 역사를 해석하라는 지극히 기초적인 요구를 무시한다. 그들의 주장에는 아무런 1차 사료적 근거가 없기 때문이다.

식민사학계는 단군조선을 부인하기 위해 고조선을 초기 고조선과 후기 고조선으로 나누어 놓고 위만조선부터 사실로 인정한다. 《삼국유사》는 분명히 고조선과 위만조선을 구분했다. 《삼국유사》는 일연이 창작한 것이 아니라, 그전까지 전해오던 《위서》와 《고기》에 근거함을 명확히 밝혔다. 그러나 주류 역사학계는 이를 무시한다. 여기에는 그럴 만한 이유가 있다. 송호정은 고조선을 언급하며 다음과 같은 주를 달았다.

> 고조선의 역사 발전단계는 서기전 4~3세기 철기가 보급되는 시기를 중심으로 전·후기로 구분할 수 있다.
>
> —송호정, 《한국 고대사 속의 고조선사》, 푸른역사, 2003, 18쪽

앞에서 본 부분에서는 서기전 7세기 전후를 고조선 초기라고 하더니 위의 부분에서는 고조선의 역사 발전단계는 서기전 4~3세기를 전·후기로 구분할 수 있다고 슬쩍 말한다. 중국에서 위만이 철기를 가져왔고, 비로소 조선은 국가로 형성되었다는 주장을 하기 위해 임의적으로 고조선을 전·후기로 구분한 것이다. 일제 어용학자들의 한국사 말살 출발점에서 한 치도 벗어나지 않고 있다. 그의 주장은 좀더

검토할수록 점입가경이다.

이 책에서는 단군조선 문제는 언급하지 않을 것이다. 단군조선은 고
조선이 국가체제를 갖추었을 때 지배세력이 자신들의 지배를 합리화
하기 위해 만들어낸 건국 신화이기 때문이다. 지금까지 많은 연구를
통해 단군 신화는 고조선의 지배자들이 자신들의 지배를 정당하고
신성한 것으로 만들기 위해 고대 신화의 요소를 빌려 만들어낸 지배
이데올로기임이 입증되었다. 따라서 단군조선은 단지 신화일 뿐, 역사
적 사실로서 그 증거를 찾는다는 것은 사실상 불가능하다.

—송호정, 《한국 고대사 속의 고조선사》, 푸른역사, 2003, 63~64쪽

고조선이 없다면 한국사 또한 없다. 단군이 없으면 고조선도 없다.
이것은 한국사의 진실이다. 그런데 고조선사를 다루면서 단군조선 문
제는 언급하지 않겠다고 한다. 단군조선에서 도피하는 것이다. 그래
야만 식민사학이 만든 정설이 살기 때문이다. 이것이 주류 식민사학
계의 대전제 제1원칙이다. 이 원칙이 무너지면 식민사학의 입론은 설
자리가 없다. 단군조선을 인정하면 지금껏 쌓은 업보가 깊고, 걸어온
길이 멀어 다시 돌아갈 수가 없기에 목숨을 걸고 단군을 부인한다.
학문은 물론 인간만사가 오류와 실패를 통해 발전하는데, 오랜 세월
권력을 독점하다보니 오류를 인정하지 않아도 아무런 문제가 없었고,
학문 외적으로도 얼마든지 자신들의 문제를 해결해왔다. 불리한 사
실에 대한 무대응, 그들과 다른 견해를 가진 학자들에 대한 집단적인
매도, 그들의 견해를 충실히 따르는 후학들에게 주어지는 학위와 일
자리, 거의 100퍼센트 독점하고 있는 국고연구비가 이들 식민사학자

들의 권력을 단단하게 지켜주었다.

위에서 나온 "많은 연구를 통해 단군신화는 하나의 지배 이데올로기임이 입증되었다"라는 말에서 송호정은 스승 노태돈의 논문을 주註로 달아 근거로 제시했다. '많은 연구'란 당연히 식민사학의 연구일 뿐이다. '스승이 입증한 결과'에 '따라서' 단군조선은 역사와 무관한 신화가 되었고, 송호정의 말처럼 "역사적 사실로서 그 증거를 찾는다는 것은 사실상 불가능한 일이 되어버렸다." 물론 이는 그의 견해일 뿐이다. 여기서 노태돈의 말을 직접 들어보자.

가령 단군이 고조선을 개국한 해가 서기전 2333년이라는 것은 실제 역사적 사실과는 무관한 것이다. 국가가 형성되려면, 최소한의 객관적인 조건으로 농업경제와 청동기문화가 어느 정도 성숙한 다음에야 가능하다. 그런데 한반도와 남만주지역에서 그런 객관적 조건이 마련되려면 빨라도 서기전 12세기를 올라갈 수 없다. 〔…〕 고려 후기인들에 의해 본격적으로 제기되었고, 그 뒤까지 이어지는 그러한 의식 자체에 의미가 있는 것이지, 실제 사실이 그러하였다는 것은 아니다.

—노태돈, 《단군과 고조선사》, 사계절, 2000, 16~17쪽

노태돈은 매우 노련한 표현을 구사하기 때문에 주의해서 읽지 않으면 그 진의를 파악하기가 힘들다. 그는 "단군이 고조선을 개국한 해가 서기전 2333년이라는 것은 실제 역사적 사실과는 무관한 것이다"라고 말했다. 수천 년 전의 개국 연도를 정확하게 고증하기는 어렵다. 그런데 노태돈은 그 점을 말하는 것이 아니다. 그의 의도는 다른 데 있다. 뒤에 이어지는 문장이 정말 그가 하고 싶은 말이다. "서기전 12

세기를 올라갈 수 없다." "실제 사실이 그러하였다는 것은 아니다." 한 마디로 단군조선은 역사가 아니라는 말이다.

송호정은 노태돈의 연구를 통해 단군조선은 역사가 아니라는 것이 입증되었다고 했다. 그렇다면 과연 노태돈은 이에 대해 어떻게 말한 것일까?

> 이렇게 볼 때 단군신화는 당시 사회에선 일종의 정치 이데올로기적인 성격을 지녔으며, 정치적·사회적 통합 기능을 수행하였다고 할 수 있 다. 삼국 및 부여·가야 등의 건국신화와 삼국 초기의 제의도 같은 면 을 지녔다.
>
> ―노태돈, 《단군과 고조선사》, 사계절, 2000, 19쪽

노태돈은 단군 신화뿐 아니라 고대의 신화들 모두 역사가 아닌 것 으로 정리해버렸는데, 그 근거를 단 것은 자신의 논문들이었다. 그런 데 노태돈이 근거로 삼은 사람은 그의 스승 이병도였고, 이병도가 근 거로 삼은 사람은 쓰다 소키치, 이마니시 류를 비롯한 일제 식민사학 자들이었다. 이미 스승들이 다 입증했기 때문에 제자는 스승의 이론 에 의문을 달아서는 안 된다. 새로운 사실이 나오면 이른바 '정설'에 입각해 묵살하거나 도태시키는 한국 주류 역사학계의 오랜 병폐를 송 호정은 반복한다.

"단군조선은 단지 신화일 뿐, 역사적 사실로서 그 증거를 찾는다는 것은 사실상 불가능하다." 송호정의 이 말은 이렇게 바꾸면 된다. "단군 조선은 단지 신화일 뿐, 우리 식민사학자들이 역사적 사실로서 그 증거 를 찾는다는 것은 사실상 불가능하다. 그러면 우리가 죽기 때문이다."

단군조선이 사실인지 아닌지를 역사학적으로 검토하면 안 된다. 그러면 일제 식민사학자들이 발명한 견해가 무너지기 때문이다. 그래서 역사적으로 검토하는 것은 불가능하다는 단정이 필요하다. 외국의 역사학자가 보면 이런 불가사의한 주장에 어리둥절할 것이다. 그들은 당연히 "당신의 주장은 1차 사료에 근거한 것인가"라고 물을 것이다. 그리고 진실을 알고 나면 벌어진 입을 다물지 못할 것이다. 이들 주장의 근거는 모두 일본 식민사학자들의 일방적인 주장에 불과하기 때문이다.

단군조선을 부인하는 고조선은 고조선 역사가 아니다. 단군은 고조선을 건국했고, 통치했기 때문이다. 왕건 없이 고려가 없고, 이성계 없이 조선이 없는 것과 마찬가지다. 아브라함이 없는 《구약성경》과 조지 워싱턴George Washington이 없는 미국사를 상상할 수 있을까? 고조선은 단군이 건립한 우리나라 최초의 국가다. 송호정도 고조선이 우리나라 최초의 국가라는 사실은 인정한다.

《아틀라스 한국사》〈고조선의 건국〉에서 그는 다음과 같은 말로 서술을 시작한다.

> 고조선은 서기전 7세기 무렵부터 서기전 108년 한나라에서 멸망할 때까지 존속한 우리 민족 최초의 나라를 가리킨다. 고조선의 역사는 중간에 철기를 사용하면서 나라의 모습이 크게 달라졌기 때문에 청동기를 주로 사용했던 시기인 전기 고조선과 철기를 주로 사용했던 후기 고조선으로 나눌 수 있다.
>
> ―한국교원대학교 역사교육과, 《아틀라스 한국사》, 사계절, 2004, 22쪽

송호정으로 대표되는 한국 주류 식민사학계의 고조선관은 이렇다.

"고조선은 서기전 7세기 무렵부터 존속했다. 서기전 7세기의 고조선은 아직 국가도 아니었다. 서기전 4세기경에 와서야 고조선은 국가가 된다." 이런 관점을 가진 송호정이 국민 세금으로 운영되는 교원대학교 교수로 있으면서 예비 교사들에게 일제 식민사관을 주입한다. 해방 직후 이병도와 신석호가 서울대학교를 비롯한 주요 대학과 국사편찬위원회의 전신인 국사관을 장악해 일제 식민사학을 계속 유지하면서 교원양성소를 통해 예비 교사들에게 식민사학을 주입시켰던 한국사 교육구조와 한 치도 달라지지 않았다. 이 부분에 관한 한 김용섭의 말대로 "여기는 아직도 총독부 세상"인 것이다.

"고조선의 역사는 중간에 철기를 사용하면서 나라의 모습이 크게 달라졌다"는 송호정의 주장은 1차 사료적 근거가 있는 것이 아니라 한국인은 독자적인 문명 창출 능력이 없다고 격하시키기 위해 조선사편수회가 창안한 이론에 불과하다. 이는 송호정의 스승들이 반복해온 이데올로기일 뿐이다. 천황 이데올로기에 한국 주류 역사학계가 근대적 학문이라는 외피를 입혀 지금까지 유지하고 있는 것이다. 즉, 중국에서 망명한 위만으로부터 고조선이 국가로 성장했다는 조작된 한국사 원형이다.

그의 또 다른 대표작 《단군, 만들어진 신화》를 살펴보겠다. 이 책 또한 단군과 고조선에 대한 주류 학계의 입장을 그대로 대변하기 때문에 보다 자세히 다루겠다. 송호정의 글을 검토하는 일은 매우 끈질긴 인내를 요한다. 그만큼 그의 글은 논리가 박약하다. 그래도 그의 글을 다루는 것은 주류 역사학계를 읽는 텍스트로는 손색 없기 때문이다.

고조선은 서기전 4세기 이래 중국 연燕 세력이 남만주지역으로 진출하자 그들의 선진적인 철기문화를 받아들여 중앙 왕실의 지배 권력을 다져나갔다. 어느덧 국가 단계로 성장하여 요동 일대의 예맥 족이 거주하던 지역까지 세력권에 포함시켜 연맹 상태의 국가 체제를 형성한 것으로 보인다.

후기 단계 고조선 사람들이 남긴 문화유산으로는 청동기시대의 고인돌 및 청동기 등과 달리 움무덤과 한국식 동검 및 각종 철제 무기들이 있다. 서기전 3세기를 지나면서는 중국 전국시대 철기문화가 남만주지역과 한반도 땅에도 영향을 미쳤다. 이전의 비파형 동검문화도 이른바 한국식 동검문화로 발전하는데, 서북한 청천강 이남지역이 중심지였다. 일찍이 청동기시대부터 서북한지역에서 성장하던 주민 집단들은 요령지역의 선진 청동기문화와 철기문화를 받아들여 한국식 동검문화를 새로이 창조해낸 것이다. 이 시기에 한반도 서북지방에서는 위만으로 대표되는 여러 중국 유이민 세력이 등장하여 서서히 국가체를 이루어갔다.

—송호정, 《단군, 만들어진 신화》, 산처럼, 2004, 21~22쪽

"고조선은 중국의 선진적인 철기문화를 받아들여 중앙 왕실의 지배 권력을 다지며 국가 단계로 성장했다." 이렇게 추론하고 서술한 1차 사료적 근거는 무엇인가? 송호정은 일제가 창작한 주장 말고 그렇게 판단하는 근거를 아마 밝히지 못할 것이다. 아무런 1차 사료적 근거 없이, 그의 주장은 그냥 주류 학계의 논법일 뿐이다. 그의 스승들이 주장한 것을 근거라고 제시하거나, 1차 사료가 아니라 후대에 편찬된 2차, 3차 자료를 근거로 들거나, 인신공격을 가하거나, 문제제기에

일체 대응을 하지 않는 행동이 그들이 취하는 전략이다. 원로석학들이 수십 년 전부터 공개적으로 문제제기한 주제들에 대해 주류 학계는 이와 같은 전략으로 자신들의 목숨을 부지하고 국민이 낸 세금을 독식해왔다.

일제 식민사학은 선진적인 문화는 모두 중국에서 왔고, 중국의 영향이 없었으면 국가 체제도 성립할 수 없었다고 주장한다. 세계 어느 민족, 어느 나라든 서로 교류하며 상호 간에 영향을 미친다. 어느 나라의 영향을 받았다는 것이 치부이거나 열등한 존재임을 나타내는 증거일 수는 없다. 그 영향을 주체적으로 어떻게 소화했느냐가 중요한 것이다. 그런데 한국 주류 사학계는 한국의 선진적인 문화는 무조건 외래에서 온 것으로 단정하고 본다. 그들에게는 절대적인 공식이다. 그에 대한 근거는 일체 제시하지 않는다. 그냥 그렇게 상상하고 추론하고 판단한다는 것이 근거라면 유일한 근거다.

비파형 동검문화의 중심지가 청천강 이남이라는 근거는 어디에도 없다. 고조선 강역을 평안남도 일대로 축소하기 위해 만든 식민사학의 주장일 뿐이다. 중국 내몽골 지역에서 비파형 동검이 다수 출토되고 있는데, 현재 중국이 비파형 동검을 없애버리고 싶어 하는 것처럼, 식민사학자들도 중국 내몽골 일대에서 출토되는 비파형 동검을 없애주기를 바라고 있을 것이다. 그래야 자신들이 살아남기 때문이다. 당연히 청천강 지역에서 성장하던 주민 집단이 요령지역의 선진 청동기문화와 철기문화를 받아들여 한국식 동검문화를 새로 창조했다는 근거도 없다. 한반도 서북지방에서 위만으로 대표되는 여러 중국 유이민 세력이 등장하여 서서히 국가체를 이루었다는 근거도 없다. 이병도와 그의 일제 스승들이 그렇게 상상하고 강변한 것들이다.

과거 기록에 남아 있는 고조선

주류 사학계는 역사학 제1원칙인 문헌고증을 백 년 전에 포기했다. 유적이나 출토 유물로 문헌을 보완한다는 역사학의 기본도 포기했다. 우리는 문자의 등장을 기준으로 역사시대와 선사시대로 구분한다. 역사는 기억이고, 기억은 구전과 기록으로 전하기 때문에 역사학에서 전래의 구전과 문헌고증은 제1원칙이다. 그러나 주류 사학계는 대대로 전해진 구전이나 문헌은 물론 고고학·사회학·인류학에도 근거하지 않는 이론을 너무나 당당하게 주장한다. 일제 식민사관의 '타율성 이론'은 이렇게 끈질긴 생명력으로 살아왔다. 일제의 학문적 관행과 풍토는 이런 식으로 한국 주류 학계의 고질적 병폐가 되었다.

주류 사학계는 과학적인 방법으로 밝혀진 새로운 학문적 근거들을 무시하거나 미리 정해진 입론에 맞춰 희한하게 변용해 해석하고 위기를 슬그머니 넘긴다. 그렇게 정설의 골간은 사수된다. 우리와 비슷한 문화가 다른 나라에서 발견되면 무조건 그것이 외부에서 우리나라로 왔다고 전제하고, 선진적인 문물은 그로부터 비롯되었다고 단정한다. 한국 주류 고고학의 실재가 이와 같다.

현재 한국 고고학이 하나의 학문체계로서 안고 있는 심각한 문제는 많은 학자가 한국 고대문화를 극단적 단순전파론의 입장에서만 바라보고 있다는 점이다. 즉, 문화 변화는 기본적으로 주민이동을 전제로 하는 문화 전파의 결과이며, 동시대의 상이한 문화적 양상이란 그 실체가 막연한 주민집단 혹은 문화의 차이를 반영한다는 단순한 생각이 한국의 고고학적 과거에 대한 설명을 지배하고 있다. 이러한 입장을 취할 때 고고학 연구란 유물의 형태적 특징에 대한 상호비교를 통하여 유적 혹은 유물 사이의 시간적 상관관계의 설정으로 족한 것이 된다. 그 결과 모든 보고서와 연구논문은 유물과 유적의 형식 분류의 제시에 그치고 있고, 거의 모든 형식 분류는 단지 유물의 외관과 형태적 속성만을 고려하는 분류로서, 그렇게 제시된 형식학적 결론의 의미는 스스로 자명한 것, 즉 문화전파의 증거로 치부된다. 따라서 한반도에서 발견된 유물과 형태적으로 유사한 것이 한반도 밖의 어디에선가 앞서거나 비슷한 시기에 보이기만 하면, 그러한 유물은 당연히 전파의 결과로 한반도에 등장하였다고 해석된다.

—이선복, 《고고학 개론》, 이론과실천, 1988, 236쪽

이런 식민문화론에 대해 이선복은 "아직 우리 학계가 일제에 의하여 강요된 고고학적 인식론의 한계를 벗어나지 못했기 때문이다. 일제 관학자들은 한국문화를 대륙문화의 철저한 아류로 파악했다"고 분석했다. 일제가 한국을 영구히 지배하기 위해 동원한 제국주의 역사학이 어떻게 한국을 지배하고 있는지 그 적나라한 실상을 보여주고 있는 것이다.

윗글에서 또 하나 주목할 부분은 고조선의 위치와 강역이다. 서기전 3세기를 지나면서 중국 전국시대 철기문화가 남만주지역과 한반도 땅에 영향을 미치는데, 그 중심지가 서북한 청천강 이남지역이라는 것이 식민사학의 주장이다. 이 지역에서 위만으로 대표되는 중국 유이민 세력은 서서히 국가체를 이루었다고 본다. 고조선의 중심지는 대륙이 아니라 청천강 이남지역이라는 전제다. 그러나 고조선의 유물과 유적이 중국 대륙에서 엄청나게 발굴되고, 1980년대에 윤내현

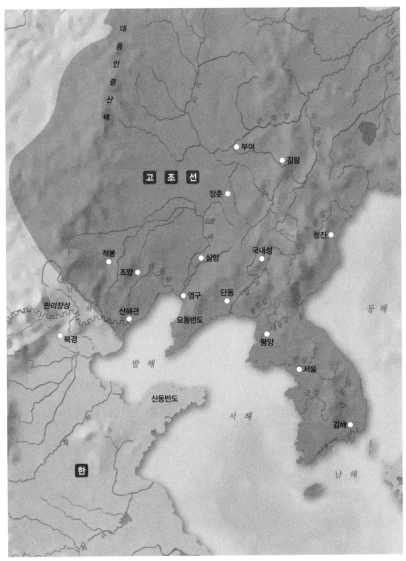

고조선의 위치와 강역

문헌사료와 고고학 자료에 근거해 고조선의 영토를 복원해보았다.

이 문헌고증을 통해 고조선의 위치와 영역을 밝히자 궁지에 몰린 주류 학계는 무대응으로 일관하다 '고조선 중심지 이동설'이라는 고육지책을 발표했다. 즉, 이는 변종된 식민사학이다. "고조선이 한때 대륙에 영향을 미친 것은 사실이지만, 결국 한반도로 중심지를 이동했다. 그래서 한사군은 한반도에 있었다"는 '고조선 한반도설의 변종이론'이다. 노태돈 등은 선봉에 서서 이 이론을 정설로 만들려고 했다. 단재 신채호가 민족사학 사수의 선봉에 섰다면, 21세기 대한민국에 사는 이들은 식민사학 사수의 선봉에 섰다.

> 고조선의 도읍지가 평남 일대라는 대동강 중심설은 이미 그 논거를 상실했지만, 고조선 멸망시의 도읍지가 평양이라는 중심지 이동설도 《후한서》의 기록과 《삼국유사》에 인용된 최치원崔致遠의 "마한은 고구려"라는 인식에 의해 설득력을 상실했다. 이는 고조선의 도읍지가 이동했을지라도 요동에서 한반도로 이동한 것이 아니라 만주지역 안에서 서로 이동한 것이 된다. 고조선을 멸망시키고 설치했다는 한사군의 유물이 한반도 내에서는 전혀 출토되지 않고 만주지역에서만 출토되는 것이 이를 입증한다. 평양지역에서 다수 출토되는 중국계 유물들은 한나라가 고조선을 멸망시킨 전한前漢 때의 유물이 아니라 고구려 시대인 후한後漢 때의 유물이다.
>
> ─이덕일, 《교양 한국사》 1권, 휴머니스트, 2005, 64~65쪽

평양이 고조선이 멸망할 때 도읍지라는 중심지 이동설에는 이를 입증할 사료나 고고학적인 증거가 전혀 없다. 노태돈은 희한한 논증과 판에 박은 대응 논리, 문헌사학을 무시하고 단정하고 보는 비학문적

인 태도로 일관했다. 이병도가 쓰다 소키치에게 배워 즐겨 쓴 방법을 노태돈이 반복하는 것이다. 그리고 송호정이 다시 이를 반복한다.

그들의 역사 철학은 일제 식민사학을 강철같이 지키겠다는 철의 원칙에 근거한 철학鐵學이다. 그들이 학문의 전당이 아니라 조선사편수회에서 만든 식민사학을 경성제국대학과 서울대학교 국사학과에서 확대·재생산했다. 이 철강소에서 생산된 다양한 버전들은 절대 철의 법칙을 넘어서지 않는다. 원칙은 결코 변함 없고, 변해서도 안 된다. 이 원칙이 흔들리면 자신들의 학문 권력이 무너진다고 생각하기 때문이다. 이 원칙에서 벗어나는 사람은 소설도 안 되는 소설을 쓰는 사람으로 매도된다. "대중감정에 영합해 혹세무민한다, 실증사학에서 벗어났다, 역사학자가 아니다, 사료를 오독·왜곡·조작했다"면서 집단적으로 무차별한 지식 폭력을 가한다. 그나마 점잖은 표현이 '재야사학자', '국수주의자'다.

여기서 잠시 윤내현의 증언을 들어보자.

필자는 1980년대 초부터 우리 고대사에 잘못된 점이 많음을 지적해 왔다. 그것은 객관적으로 연구한 결과였다. 잘못된 역사를 그대로 둘 수는 없다고 생각했다. 그래서 그것들을 지적했던 것이다. 필자는 그러한 발표를 하면서 학계에서 박수는 받지 못하더라도 함께 연구해 보자는 정도의 관심은 끌 수 있었을 것으로 기대했다. 그러나 그러한 생각은 너무 순진한 것이었다.

－윤내현, 《우리 고대사 상상에서 현실로》, 지식산업사, 2006, 226쪽

윤내현은 문헌고증에 따른 객관적 연구를 발표한 이유로 갖은 패악

을 당해야 했다. 역사학으로 박사학위를 취득하고, 하버드 대학교 객원교수를 지냈으며 단국대학교 교수였던 그는 단번에 형편없는 '재야 사학자', '국수주의자'로 전락했다. 그뿐 아니라 그를 학교에서 쫓아내라는 투서가 대학 총장에게 들어오고, 선배 학자의 모진 질타를 받고, 북한의 학설을 유포한다는 혐의로 주류 학계의 요청에 의해 정보 기관의 내사도 받게 된다. 자신의 이권을 절대 놓지 않으려는 주류 사학계의 학문권력과 카르텔이 강고한 만큼 그들은 학문에서 멀어졌고, 폭력성은 치밀하게 변했다.

이들의 이런 전략은 모두 일제 극우파에게 배운 것들이다. 내선일체內鮮一體, 한국을 일본으로 만들려한 일제가 가장 철저히 탄압해야 하는 것이 민족주의였다. 해방 후 친일파들이 가장 두려워한 것이 민족주의였고, "민족은 상상의 공동체"라며 뉴라이트가 거칠게 공세를 취하는 것도, 세계 금융자본을 주도하는 신자유주의가 해체하려는 것도 민족주의다.

민족주의는 크게 두 종류가 있다. 서구나 일본식의 침략 민족주의와 이런 침략에 대항했던 한국, 베트남식의 저항 민족주의가 있다. 내가 말하는 민족주의는 당연히 후자다. 일제 식민사학자들은 그간 자신들을 신민족주의 사학자라고 부르다가 매국 사학의 실체가 드러나자 민족주의 자체를 공격하는 전략으로 수정했다. 이후 독립운동계열 역사학자들의 견해는 민족주의 감정에서 나온 것이라고 폄훼했다. 여기에 일부 좌파까지 가세했다. 그래서 일제 식민사관 옹호에는 진보도 보수도 없다. 단군과 고조선의 역사를 원형 그대로 보자는 주장을 배타적인 민족주의라고 맹비난한다. 특히 박노자 같은 이는 민족의 역사를 말하면 계급 문제를 호도한다고 하면서 매도한다.

한편 송호정은 단군신화 연구는 《삼국유사》에 실려 있는 기록을 중심으로 이루어져야 한다고 하면서도, 다음과 같은 전제를 단다.

그렇다고 해서 《삼국유사》 유형을 고조선 당시의 전승 그대로라고 볼 수는 없다. 왜냐하면 단군의 조부를 불교적인 용어인 환인으로 표현하는 등 후대의 윤색이 보이기 때문이다. 이것은 과거 일제 식민사학자들이 단군 신화를 후대의 날조로 보는 근거이기도 했다. 그러나 단군 신화를 고려시대의 작품으로 보기는 어렵다. 천손강림 신화는 동북아시아 지역 고대 국가들의 건국 신화로서 널리 분포하고 있다. 그리고 단군 신화에 보이는 인간(환웅)과 짐승(곰)이 결합하는 내용은 고대 사회의 건국 신화에서나 나오는 것이다. 따라서 식민사학자들이 말하는 단군 신화 날조 주장은 성립 불가능한 것으로 판명됐다. 그럼에도 《삼국유사》에 후대의 윤색이 반영되어 있다는 점은 충분히 고려할 필요가 있다.

—송호정, 《단군, 만들어진 신화》, 산처럼, 2004, 120~121쪽

"식민사학자들이 말하는 단군 신화 날조 주장은 성립 불가능한 것으로 판명됐다." 송호정은 이렇게 말하면서 일제 식민사학을 비판하는 척한다. 그래야 자신이 살아남을 수 있다는 사실을 잘 알기 때문이다. 그럼 "단군은 신화일 뿐 역사와 별개다"는 자신의 지론을 철회하는 것일까? 절대 그럴 리가 없다. 식민사관과 식민사학자는 일종의 유령이다. 아무도 식민사학자라고 자칭하지 않지만 한국 주류 사학은 여전히 식민사학이다. 그야말로 귀신이 곡할 노릇이고 유령의 장난이라고 하지 않을 수 없다.

역사학은 사료비판에서 출발한다. 어떤 사료도 '완전한 사실', '원형 그대로의 객관성'을 담보하지 못한다. 역사서는 역사가의 주관이 반영되어 있고, 기록 당시의 역사적 배경과 맥락을 뛰어넘을 수 없다. 송호정은 말한다. "그렇다고 해서《삼국유사》유형을 고조신 당시의 전승 그대로라고 볼 수는 없다."《삼국유사》를 이렇게 보는 사람은 그 누구도 없다. "《사기》를 통해 중국사를 보자. 그렇다고 해서《사기》유형을 중국 당시의 전승 그대로라고 볼 수는 없다"고 말하는 사람 또한 없다. 그가 누구나 할 수 있는 하나마나한 말을 새로운 발견이라도 한 듯 천연덕스럽게 말하는 이유가 있다. 실제로 하고 싶은 말은《삼국유사》에 "후대의 윤색이 보인다"는 말이기 때문이다. 결국 그도 일제 식민사학자들과 같은 주장을 하는 것이다. 그가 고조선의 시작을 서기전 7세기로 본다는 사실은 이미 언급했다. 식민사학자들의 단군 신화 날조 주장은 성립 불가능한 것으로 판명됐다면서 "그럼에도《삼국유사》에 후대의 윤색이 반영되어 있다"고 강조한다. 그의 속내는 앞의 글과 이어지는 결론에서 드러난다.

단군 신화는 말 그대로 단군과 관계된 단군을 주인공으로 하는 신화이다. 그리고 신화와 역사는 별개의 것이다. 단군 신화의 내용대로 하늘에서 내려온 자(환웅)와 곰에서 변신한 여자와의 결합은 현실적으로 불가능하며 인간(단군)의 생존 연수가 1천 년을 훌쩍 넘을 수도 없다. 따라서 단군 신화를 말 그대로 받아들이는 것은 종교적 차원에서는 가능할지 몰라도, 과학적 연구 차원에서는 일정 부분 경계해야 한다.

—송호정, 《단군, 만들어진 신화》, 산처럼, 2004, 121쪽

여기서 그는 신화와 역사는 별개의 것이라고 단정한다. 단군 신화는 종교적 차원의 문제지 학문적 차원의 영역이 아니라는 주장이다. 일제 식민사학자들의 논리 그대로다. 하지만 신화와 역사는 별개의 것이 아니다. 신화의 뿌리는 역사이고, 역사의 원형은 신화다. 신화는 민족 고유의 세계관과 가치관, 우주관과 인생관, 삶의 원형이 함축적으로 담겨 있는 역사의 보고寶庫다.

신화와 역사를 이분법적으로 분리하는 논리는 19세기 유럽의 제국주의에서 시작되었다. 유럽은 19세기에 접어들면서 아시아와 아프리카를 침략했다. 유럽 학자들은 인종적으로 열등한 이집트나 오리엔트인들이 그리스 땅에 도래해 정복왕조를 세우고, 선진 오리엔트 문명을 일으켰다는 그리스 신화의 기록을 인정할 수 없었다. 그들은 실증주의를 내세워 그리스 신화를 허구로 몰았다. 하인리히 슐리만Heinrich Schliemann은 호메로스Homeros의 《일리아드Iliad》에 나오는 트로이와 미케네 유적을 발굴했고, 유럽 문명이 동양에서 오지 않으면 어디서 왔겠는가 의문을 품은 아서 에번스Arthur Evans는 그리스 신화의 무대였던 크레타 문명을 발견했다. 세계 모든 민족의 신화는 그들의 세계관과 역사, 그리고 간절한 소망과 꿈을 상징적·함축적으로 표현하고 있다. 깊고 풍부한 진실의 보고인 신화를 허구라고 규정하는 태도는 무지하거나 혹은 특정한 목적이 있기 때문이다.

"신화는 역사가 아니다"라는 사고를 버려라

단군 신화는 한국의 역사와 문화의 원형을 상징적이면서도 압축적으로 전하고 있기 때문에 역사적으로 해석할 때는 그 사실과 사건, 시간과 배경의 의미를 다양하게 접근해서 풀어내야 한다. "신화는 역사가 아니다"라는 닫힌 사고로는 신화에서 역사를 읽어낼 수 없다. 일제가 한국사를 왜곡하면서 제일 먼저 기도한 것이 단군조선의 역사 부정이었다. 일제는 단군조선의 실제 역사를 곰과 호랑이가 나오는 역사 없는 신화, 설화로 희화화했고, 이병도와 그의 제자들은 해방 후에도 한국인에게 이를 반복적으로 각인시켰다. 신화가 보유한 풍부한 역사의 상징과 실재를 원천적으로 부인했다. 역사적 사실을 허구적 신화라는 이유로 거세해버렸다. 단군이 설화가 되어야만 기자·위만 등 중국에서 온 이들의 절대적인 영향, 또는 중국의 식민지로 한국사가 발전하게 되었다고 호도할 수 있기 때문이다. 한국사에서 단군에 대한 역사 인식이 얼마나 중대하고 결정적인 문제인가를 절실히 인식해야 하는 이유가 바로 여기에 있다.

역사는 사실에 충실하면서도 상상력의 나래를 펼쳐야 한다. 사실과 사실 사이의 연관과 맥락을 씨줄과 날줄로 촘촘히 재구성할 수 있어야 한다. 상상력이야말로 신화를 푸는 핵심적인 열쇠다. 신화가 형성된 당시의 역사적 상황과 조건, 고대인의 관념과 정서, 그들의 논리에서 무한한 상상력을 발동해야만, 거기에 응축된 고도의 상징들을 이해할 수 있다. 단군조선의 역사는 신화의 형식을 취하고 있지만 역사적 사실의 반영이자 사화史話다. 신화와 역사는 상반된 개념이 아니다. 신화를 허구로 보는 폐쇄적 사고와 단정적인 태도를 우리는 경계해야 한다. 일제가 의도한 것도 이런 역사 인식이었고, 이런 가치체계를 주류 식민사학계는 한 번도 부정한 적이 없다.

단군이 1500년을 다스렸고, 1908년을 살았다고 믿는 사람은 없을 것이다. 신화와 상징의 의미를 알기 때문이다. 예를 들어 '연세대학교 독수리, 고려대학교 호랑이'라는 상징을 보고 독수리와 호랑이가 다니는 대학으로 믿는 사람은 없을 것이다. 앞서 소개한 대로 조선시대의 서거정도 신화의 시간에 대해서는 합리적인 견해를 밝혀놓았다. 단군조선이 탄생한 서기전 2333년은 《동국통감》에 따른 것이다. 이 시간을 역사적으로 환산해보려는 시도가 중요하지, 탄생 연도를 믿을 수 없다는 태도는 학문하는 자세가 아니다.

또한 단군은 한 개인의 이름이 아니라 고조선을 통치했던 통치자를 가리키는 칭호였다. 중국 칭호인 왕王이 들어오기 전, 고대 한국의 선조들은 통치자를 단군 또는 한이라고 칭했다. 《삼국유사》에는 고조선을 건국한 단군왕검檀君王儉 한 사람만 기록되어 있지만, 고조선에는 적어도 수십 명의 단군이 있었다. 《규원사화揆園史話》, 《단기고사檀奇古史》, 《단군세기檀君世記》 등에는 47명의 단군 이름이 기록되어 지금까지 전하고 있지만, 아직 이 책들은 서지학적인 검증을 충분히 거쳐야 하는 과제가 남아 있다. 그러나 한국 역사학계는 당연히 이를 연구하는 대신 매도하기에만 바쁘다. 왜 그럴까? 설혹 그 내용들이 사실로 드러나면 자신의 입론이 무너지기 때문이다.

그래서 나는 '단군신화'보다는 '단군사화檀君史話'라는 표현을 쓰는 것이 좋다고 본다. 모든 개념은 역사적 배경을 고려해 다시 규정할 필요가 있기 때문이다.

"신화가 정밀성을 추구하는 우리 시대에도 의미를 가질까"라는 질문에 세계적인 신화학자이자 인류학자, 역사학자인 클로드 레비스트로스Claude Lévi-Strauss는 다음과 같이 답했다.

물리적 현상, 화학적 현상, 기상학적 현상 등을 설명하려고 신화적 유산을 들먹이는 과학자는 이제 없습니다. 하지만 어떤 경우에나 고대사회에서 신화가 갖던 가치를 거의 그대로 갖는 영역이 있습니다. 바로 역사입니다. 우리가 역사를 어떻게 인식하고, 어떻게 평가하든 그 시각으로 우리는 과거를 재구성하고, 현재를 이해하며, 미래를 만들어 갑니다.

—콘스탄틴 폰 바를뢰벤 대담 및 편집, 《휴머니스트를 위하여》, 사계절, 2010, 75쪽

원시문화는 역사에 관심을 갖고 역사에서 교훈을 얻으려 한 반면에, 선진문화는 역사의 일부가 된 것을 한탄하며 어떻게든 역사의 굴레에서 벗어나려 한다는 점이 다를 뿐입니다.

—콘스탄틴 폰 바를뢰벤 대담 및 편집, 《휴머니스트를 위하여》, 사계절, 2010년, 72쪽

평생 신화를 연구한 레비스트로스는 자신이 역사학자로 불리기를 원했다고 한다. "고대사회에서 신화가 갖던 가치를 거의 그대로 갖는 영역이 있습니다. 바로 역사입니다"라는 말에서 보듯 그가 생각하는 신화는 역사의 원형이었기 때문이다. 그런데 주류 역사학계는 "단군조선은 단지 신화일 뿐, 역사적 사실로서 그 증거를 찾는다는 것은 사실상 불가능하다"면서 역사의 원형인 신화를 부정하고 있다. 이처럼 한국사회에서 황국사관이 갖던 가치를 거의 그대로 갖는 영역이 바로 주류 역사학계다.

《사기》를 살펴보면 상나라가 나온다. 사마천司馬遷은 상나라가 망한 뒤 1천 수백 년이나 지난 시대의 사람이었다. 상나라 유적은 오랜 세월 묻혀 있다가 20세기에 와서야 우연한 기회로 갑골문甲骨文이 한자

의 원형이란 사실이 밝혀지면서 전설 속의 상나라가 역사였음이 증명되었다. 갑골문이 대량 발견된 곳은 상나라 수도인 은이 있던 자리, 즉 은허殷墟였다. 하물며 단군조선을 증명하는 문헌과 고고학적 증거가 내몽골 일대에 널려 있는데도 한국 주류 역사학계는 인정하지 않는다. 더 아이러니한 점은 《삼국유사》의 다른 기록은 인정하면서 고조선조는 믿을 수 없다는 의도적인 이중 잣대를 들이댄다는 것이다.

여기서 〈단군조선은 역사가 아닌 신화일 뿐〉이라는 제목으로 인터뷰한 송호정의 말을 소개한다.

재야사학자들의 단군조선론에 맞서 주류 학계의 입장을 대변해온 신세대 학자 송호정 한국교원대 교수가 《한국 고대사 속의 고조선사》를 통해 또다시 고조선 논쟁에 불을 지폈다.

1998년 국내 최초로 고조선 연구로 박사학위를 받은 후 관련 연구에 매달려 온 송 교수는 "많은 사람들이 고조선을 단군조선으로 알고, 교과서에까지 버젓이 기록하고 있지만 이는 부정확한 기록과 상상에 의거한 몰상식이자 소설"이라며 재야사학자의 주장과 정부의 눈치보기를 통렬히 비판했다.

게다가 고대국가 성립시기는 청동기시대(서기전 10세기) 들어서라고 보는 것이 정설인데, 그보다 훨씬 전에 국가가 등장했다는 것은 있을 수 없어 고조선의 실제 성립시기는 선진先秦의 문헌인 《관자》의 관련 기록에 나오는 서기전 8~7세기로 봐야 한다는 것이다.

또 "제 주장에 대해 중국 학계의 시각에 기울었다거나 이병도 씨 등 식민사관의 아류라는 비판이 있다는 것도 알고 있다"며 "하지만 한국사도 동양사, 나아가 세계사라는 보편적 틀 속에서 보아야 제대로 의미가 사는 것 아니냐"고 되물었다.

송호정 교수는 "단군조선은 신화의 영역일 뿐 역사 연구의 대상은 아니다"고 잘라 말했다.

-《한국일보》, 2003년 2월 12일

이렇듯 송호정은 단군조선을 부정확한 기록과 상상에 의거한 몰상식이자 소설이라고 통렬히 비판한다. 또한 고대국가의 성립시기는 청동기시대라고 주장한다. 이것이 국내 식민사학계의 정설이다. 그들은 정설을 만들어 놓고, 새로운 사실이 발견되면 정설에 입각해 틀렸다고 판명한다. 이미 문헌고증은 물론 고고학적으로도 서기전 24세기 이전까지 올라가는 청동기 유적과 유물이 발굴되었다. 한국 고고학계에서는 한국의 청동기문화 개시 연대를 서기전 300년경으로 설정했다가 서기전 1000년으로 상향 조정했고, 계속 쏟아져 나오는 유물로 인해 다시 상향조정할 수밖에 없는 상황을 맞았다. 한국사의 상한 연대가 올라가는 사료가 발견되면 가장 기뻐해야 할 사람들이 한국사학자들이지만 현실은 정반대다. 이미 오래전에 밝혀진 다음 사실을 살펴보자.

만주지역에서 가장 이른 청동기문화는 요서지역의 하가점하층문화이다. 내몽골자치구 적봉시 지주산 유적은 서기전 2015±90년(3965±90 B.P)으로, 교정연대는 서기전 2410±140년(4360±140 B.P)으로서 이 연대는 지금가지 확인된 하가점하층문화 연대 가운데 가장 이른 것이다. 이 문화가 실제로 개시된 것은 유적의 연대보다는 다소 앞설 것이므로 서기전 2500년경으로 잡을 수 있을 것이다. 하가점하층문화유적은 길림성 서부에도 많이 분포되어 있는데 이 지역은 아직 발굴되지 않았다.

한반도에서도 서기전 25세기로 올라가는 청동기 유적이 두 곳이나 발굴되었다. 하나는 문화재관리국 발굴단에 의하여 발굴된 경기도 양평군 양수리의 고인돌 유적이다. 다섯 기의 고인돌이 발굴된 이 유적에서 채집한 숯에 대한 방사성탄소연대 측정결과는 서기전 1950±200년으로 나왔는데 교정연대는 서기전 2325년경이 된다. 이 유적에서 청동 유물은 출토되지 않았으나 고인돌은 청동기시대 유물이라는 것이 학계의 정설이므로, 이 연대를 청동기시대 연대로 볼 수 있는 것이다. 다른 하나는 목포대학교 박물관에 의해서 발굴된 전남 영암군 장천리 주거지 유적이다. 이 청동기시대 유적은 수집된 숯에 대한 방사성탄소 측정결과 그 연대는 서기전 2190±120년(4140±120 B.P)으로 나왔는데 교정연대는 서기전 2630년~2365년경이 된다. 고조선지역의 청동기 개시가 황하 유역보다 앞섰다면 다른 문화수준도 그만큼 앞섰을 가능성이 있으며, 국가사회로의 진입도 그만큼 빨랐을 가능성이 있는 것이다.

—윤내현, 《고조선 연구》, 일지사, 1994, 29쪽

이와 같이 방사성탄소연대측정을 통해 고조선 지역의 청동기문화는 서기전 2500년경인 것으로 이미 오래전에 밝혀졌다. 과학적인 연대측정방법에 의해 연대를 제대로 밝혔음에도 주류 식민사학계는 자기들이 고수해온 연대보다 너무 오래되었다는 이유로 이를 인정하지 않고 있다. 과학적인 근거가 나왔는데도 없는 사실처럼 치부하는 것이다.

한국고고학회에서 최근에 발간한 《한국 고고학 강의》는 한반도 청

동기시대의 개시 시점을 서기전 10세기로 보게 되었다고 하며 다음과 같이 서술했다.

> 1990년대에는 무문토기가 서기전 15세기에 발생했고 청동기시대도
> 서기전 15세기부터 시작되었다는 학설이 제기되어 현재 논의가 진행
> 중이다.
>
> —한국고고학회, 《한국 고고학 강의》, 사회평론, 2010, 84쪽

주류 고고학계는 청동기 개시 연대를 사실상 서기전 10세기로 보고 있으며, 서기전 15세기도 논의 중이라면서, 서기전 24세기에 단군조선이 건국되었다는 사실은 절대로 인정할 수가 없는 것이다.

다시 말하지만, 고조선지역의 청동기문화는 서기전 2500년경으로 오래전에 이미 밝혀졌다. 주류 사학계는 사실을 무시하거나 슬쩍 넘어가는 행태를 답습하고 있다. 한반도에 구석기시대가 없었다고 주장하던 일제가 1930년대에 구석기 유물이 출토되자 이를 숨긴 것과 마찬가지 행태다. 서기전 2500년은 고조선 건국연대인 서기전 2333년보다 170여 년 앞선다. 우리나라의 청동기시대는 고조선의 건국보다 앞섰던 것이다. 한반도와 만주의 청동기문화 개시연대가 중국의 황하유역이나 시베리아, 중앙아시아보다 앞선다는 점도 주의 깊게 봐야 할 대목이다.

국가의 성립을 청동기시대로 한정짓는 것도 학문을 벗어난 주장이다. 청동기가 고대국가의 필요조건은 아니다. 중국은 중국 역사에서 대립했던 이민족의 역사를 자국의 역사로 편입하고 있다. 중국은 중화민족의 역사를 1000~1500년 앞당겼다. 특히 요동지역 동이족의

역사로 분류하던 홍산紅山문명을 중국의 역사로 만들었다. 중국 동북쪽 요동지역에서 황하를 중심으로 한 중국문명의 시원보다 훨씬 거슬러 올라가는 홍산문명의 발견은 중국을 놀라게 했다. 야만족으로 비하하던 동이가 전통적인 중화민족문명을 앞선 것이다. 그래서 나온 논리가 기존의 황하문명 중심이 아니라 소위 다민족 역사관이다. 이렇게 '중화 5천 년'의 역사는 만들어졌다.

그런데 중국 요동, 요서, 내몽골지역은 바로 단군조선이 있던 지역이다. 홍산지역은 고조선의 시원문명으로 일찍이 추정되어왔다. 요하지역의 선대문화인 홍산문화가 고조선문명이라는 사실은 국내 학자들이 주장해온 사실이고 중국에 의해서 다시 증명되고 있다. 홍산문명을 일궈낸 동이족이 중국인의 조상이라는 '중국문명탐원공정'과 '동북공정'의 아이러니가 아닐 수 없다. 중국은 기존에 고수해온 중원 중심의 역사관을 수정하고, 홍산문명을 이민족이 아닌 중화민족의 역사라는 쪽으로 방향을 틀었다. 한국 민족의 시조가 자연스럽게 중국인이 된 것이다. 중국의 시각을 역으로 보면 중국인은 모두 동이족의 후손이 된다. 중국 문명의 기원은 곧 동이문명이 되는 것이다.

이집트의 고대왕국과 잉카·마야·아스텍 문명은 청동기시대에 성립한 국가가 아님에도 국가로서 인정받는다. 중남미의 경우도 석기시대였고, 고대 이집트에서 발견된 청동제품도 북방에서 온 교역품으로 분석된다. 인도문명도 청동기의 영향으로 번성했다고 보지 않는다. 청동기가 나와야 국가가 성립한다는 학설은 국제적으로 인정받지 못하는, 주로 식민사학자들이 애용하는 주장일 뿐이다.

국가가 출현한 사회를 문명사회라고 한다. 즉, 국가사회와 문명사회는 같은 시대를 다른 말로 표현한 것이다. 청동기시대라는 말은 고고학 용어이고, 국가라는 말은 사회의 발전과정을 설명하는 역사학 용어다. 법이 출현해 권력을 뒷받침하는 사회 단계다. 그러므로 고고학적으로 신석기시대, 청동기시대, 철기시대를 불문하고 이 같은 성격의 법이 생긴 사회는 당연히 국가다. 역사에 일반적 전제를 설정하고 청동기시대에만 국가가 발생한다는 공식을 반복하는 것은 역사학이 아니다.

한국사도 동양사, 나아가 세계사라는 보편적 틀에서 보자는 송호정의 말은 혹세무민하려는 발언이다. 한국은 당연히 지구라는 세계에 있지, 다른 행성에 있는 나라가 아니다. 송호정은 왜 이런 말을 했을까? 일본의 황국사관, 중국의 중화사관에서 바라보자는 말을 세계라는 그럴듯한 말로 표현한 것이다. 세계사적인 시각과 한국사의 주체적 관점은 결코 대립하지 않는다. 송호정은 중국과 일본의 시각에서 고조선 역사를 자꾸 축소하고 싶은 것이다. 그들은 왜 그러는 것일까? 스승에게 그렇게 배웠고, 그래야만 자신이 산다고 생각하기 때문이다. 거짓에 빠지면 거짓이 진실이라는 기억 왜곡과 자기 정당화가 내면화된다.

문헌 고증을 외면하는 역사학자들

위의 인용문에서 살펴본 "고조선의 실제 성립 시기는 선진의 문헌인 《관자》의 관련 기록에 나오는 서기전 8~7세기로 봐야 한다"는 송호정의 말은 중요한 발언이다. 이는 주류 역사학계가 고조선 역사를 축소하는 유력한 논거로 제시하는 대목이다. 중국 기록인 《관자》에 조선이 처음 등장하는 것은 맞다. 그러나 《관자》는 중국의 정치·경제·군사 등을 논하며 멀리 떨어진 이민족 국가인 조선과의 교역을 기록한 것이지, 조선의 건국을 언급한 책이 아니다. 《관자》는 고조선이 이미 그 당시 중국과 교역할 정도로 발전된 문명을 갖고 있었음을 알 수 있는 사료로 인정하면 된다. 설령 《관자》에서 서기전 7세기에 조선이 건국되었다고 해도, 서기전 24세기에 건국되었다는 《삼국유사》, 《동국통감》, 《조선왕조실록》은 물론 다른 중국의 1차 사료들과 비교하고 검증할 문제다. 이런 과정을 무시하고 "《관자》에 조선에 대한 기록이 처음 나오니까 조선은 이때 건국되었다"는 논리는 역사학과 거리가 먼 주장이다. 《관자》의 기록과 조선이 서기전 24세기에 건국되었다는 사실이 왜 충돌한단 말인가. 송호정의 이러한 태도는 마치 어떤 책에서 환갑에 이른 사람을 언급한 것을 보고, 그 사람이 환갑 때 태어났다고 주장하는 것과 같다.

> 분명 고조선은 우리 역사에서 최초로 등장한 국가이다. 따라서 강력한 왕권에 기반한 중앙집권적 고대국가로 출발했다는 설정 자체가 불가능하다. 그동안 많은 사람들이 이러한 기본 전제를 고려하지 않고 고조선사만 따로 떼어놓고 보았기 때문에, 확대 해석과 과장된 역사상이 그려졌던 것이다.
>
> —송호정, 《한국 고대사 속의 고조선사》, 푸른역사, 2003, 19쪽

이 책에서는 최초로 등장한 국가는 강력한 왕권에 기반한 중앙집권적 고대국가일 수 없다고 전제한다. 이렇듯 식민사학자 대부분이 주장하는 내용은 그저 아무런 근거가 없는 일방적인 주장일 뿐이다.

한편 윤내현은 1차 사료에 근거해 고조선의 국가 형태가 중국의 봉

건제와 비슷한 '거수국제渠帥國制' 국가라고 주장한다.

> 고조선의 단군은 각 지역에 있는 고을 나라들을 추장들에게 위탁하
> 여 통치하였던 것입니다. 이제 각 지역의 고을 나라들은 고조선에 속
> 한 지방정권이 되었던 것입니다. 그들을 거수국渠帥國이라 하였으며,
> 그곳을 다스리는 추장을 '거수'라 불렀습니다. 고조선은 단군 밑에 많
> 은 거수들이 각 지역을 다스리는 지방분권국가였던 것입니다.
> 고조선의 이러한 국가 구조는 문헌의 기록을 통해서도 확인됩니다. 《제
> 왕운기》에는 고조선이 붕괴된 후 한반도와 만주에 있었던 한(삼한), 부
> 여, 비류, 신라, 고구려, 남옥저, 북옥저, 예, 맥 등의 나라가 모두 단군의
> 후손이었다고 기록되어 있습니다. 그리고 고조선이 붕괴된 후 한반도
> 와 만주에는 70개가 넘는 나라들이 있었지만 이 나라들의 이름을 확
> 인할 길이 없다고 기록되어 있습니다. 이 기록은 위의 나라들이 고조선
> 시대에는 고조선에 속해 있었던 거수국들이었음을 알게 해줍니다.
>
> —윤내현, 《고조선 우리의 미래가 보인다》, 민음사, 1995, 163쪽

이 책에서 윤내현은 고조선과 동시대에 존재했던 여러 나라에 대
한 설명으로 거수국체제를 제시한 것이다. 그러나 이를 무시하고 이
기백과 서영수는 고조선은 초기 성읍국가 단계에서 시작해 연맹왕국
시대를 거쳐 집권적 영역국가시대로 발전했다고 주장했다. 물론 이는
아무런 근거가 없는 자의적·일방적 주장일 뿐이다. 최초로 등장한 국
가가 강력한 왕권에 기반한 고대국가일 수 없다는 근거는 제시하지
않는다. 그들 모두 일제 식민사학자들이 만들어놓은 전제에 따르다
보니 송호정의 말대로 한국사에 대한 '축소 해석'과 '왜곡된 역사상'을

그런 것뿐이다.

고조선이 한반도와 만주지역을 통치한 것은 고조선의 뒤를 이은 부여, 고구려, 발해 등이 한국사에 포함된다는 것을 말한다. 고조선의 위치와 영토에 대한 문제는 백제, 신라, 가야, 고려, 조선, 대한제국, 한국근현대, 그리고 지금의 현실을 어떻게 보는가 하는 한국사 전체, 즉 궁극적으로 한국사관과 직결된 문제다.

송호정을 비롯한 그의 식민사학 스승들은 한국고대사 자료가 빈약하다고 반복해서 강조한다. 그들이 이런 말을 입에 달고 사는 이유가 있다.

> 1980년대 이후 지금까지도 고조선사 하면 많은 사람들이 단군신화로 표현된 단군조선을 떠올리고, 고조선사 연구성과도 고조선의 건국 시기나 영토 문제 등에 머물렀다. 재야사학자들처럼 위서僞書인《환단고기》등을 사료로 이용한다면 아주 풍부한 이야기를 할 수 있겠지만, 실제 고조선 관련 자료로 이용할 수 있는 내용은 A4용지 한두 페이지에 불과하다. 따라서 문헌자료의 부족함을 메워줄 고고학 자료가 중요한데, 유물 등의 물질자료는 위치 문제가 해결되어야만 가치가 있기 때문에, 먼저 지리적 위치와 중심지 문제를 놓고 많은 논의가 전개되었던 것이다. 그러나 아직까지 고조선의 위치 및 강역 문제에 대한 논란은 해결되지 못하고 있다. 이는 기본적으로 문헌사료의 부족과 그 사료에 대한 인식 차이에서 비롯한다. 문제는 고조선의 위치를 말해주는 문헌사료가 대단히 모호한 내용만 담고 있다는 데 있다.
>
> – 송호정, 《한국 고대사 속의 고조선사》, 푸른역사, 2003, 18~19쪽

주류 역사학계에서 늘 반복하는 전형적인 발언 유형이다. 논리의 비약과 툭 치고 나가는 음해 발언, 아무런 연결고리가 없는 서술, 그럼에도 누구나 수긍할 만한 매우 타당한 명제로 마무리해서 정당성을 확보하는 전략을 구사한다. 송호정의 이 말에 들어 있는 속내를 분석하면 이렇게 된다.

첫째, 주류 역사학계는 자신들의 시각과 다르면 무조건 '재야사학'으로 몰아붙인다. 하지만 그들이 말하는 '재야사학'은 "자신들의 견해와 다른 주장을 펴는 사람들", 정확히는 "식민사관을 비판하는 사람들"이라고 보면 된다. 때로는 "학문을 넘어선 민족감정으로 역사를 과장하고 왜곡하는 국수주의자"라는 현란한 표현으로 매도한다.

둘째, 《환단고기》를 위서로 단정한다. 《환단고기》는 계연수桂延壽가 1911년 〈삼성기〉, 〈단군세기〉, 〈북부여기〉, 〈태백일사〉 등 네 권의 책을 엮어 한 권으로 만들고, 해학 이기李沂의 감수를 받아 묘향산 단굴암에서 필사한 후 인쇄했다고 전하는 책이다. 계연수는 1920년 만주에서 사망했는데, 1982년 일본에서 이 책이 먼저 발간되었고 그 후에 국내에 들어오면서 큰 반향이 일었다. '문화' '국가' '인류' '세계만방' '남녀평등' 등의 용어가 사용되거나 후대에나 알 수 있는 사실들이 기록되어 있다는 것이 위작이라는 주요 근거가 되었다. 그러나 후대의 용어들이 나온다고 해서 무조건 위서로 몰 수는 없다. 필사하는 과정에서 가필되었을 가능성은 얼마든지 있다. 그래서 무엇이 원본이고 어디가 가필인지를 따지는 사료비판이 있어야 하는 것이다. 그러나 식민사학계는 그들에게 불리한 내용이 담겨 있으면 한두 가지 흠을 찾아내서 전체를 위서로 매도하는 전략을 즐겨 사용해왔다. 《환단고기》가 그렇고 《화랑세기花郞世記》가 그랬다.

셋째, 문헌사료가 부족하다는 말을 주류 역사학계는 반복한다. 고조선에 관련된 사료로 이용할 수 있는 내용은 A4용지 한두 쪽이 전부라고 말한다. 이런 발언을 하는 데는 그 역사적 연원과 배경이 있다. 일제는 대한제국을 점령한 후 막대한 예산을 투입해 한국사 사료를 수집해 없애버리거나 일본으로 가져갔다. 3년간 조사하고도 한국사 사료가 계속 나오자, 그 기간을 3년 더 연장하면서 남은 사료를 모두 모았다. 그러고 난 다음부터 사료가 없다고 주장하기 시작했다.

역사를 연구할 때 사료의 많고 적음은 상대적인 개념이다. 아주 작은 단편적인 사실로도 역사를 추리하고 복원할 수 있다. 역사에서 벌어진 모든 일을 기록할 수도 없지만 아무리 많은 사실을 축적하고 나열해도 사건과 사실을 모두 묘사할 수는 없다. 사료가 적다고 생각하면 확보된 사료를 더욱 철저하게 분석하고 검토해야 한다. 수사관이 증거 부족을 한탄하며 확보된 증거마저 덮어둔다면 사건의 실체는 드러나지 않을 것이다. 더욱이 사건 현장도 가보지 않는 수사관을 수사관이라고 할 수 있겠는가. 이처럼 주류 역사학계에서 발표한 글들은 이구동성으로 한국고대사 자료가 부족하다는 점을 내세운다.

그런데 엄격한 문헌고증과 사료비판으로 1980년대에 이미 주류 역사학계의 철의 원칙을 뒤흔들어 놓은 윤내현은 전혀 다른 말을 하고 있다. 아래의 글을 살펴보자.

고대사 연구에 있어서는 자료의 빈약 때문에 후대의 기록을 통해서 그 앞의 시대를 유추하는 연구 방법이 채용되기도 하지만, 그것은 당시의 기록이 존재하지 않거나 당시의 기록만으로는 해결이 불가능한 불가피한 경우에 하는 것이며, 최선의 방법은 아닌 것이다.

그러나 고조선의 경우 충분하다고는 말할 수 없겠지만 그 위치와 강역, 국가구조, 사회성격 등을 밝힐 수 있는 기록이 상당히 많이 남아 있음을 발견하게 되었다. 그럼에도 불구하고 고조선에 관한 연구를 보면 매우 늦은 시대의 자료에 의존한 경우를 자주 보게 된다. 이러한 연구 결과는 이미 변화된 후대의 상황을 고조선시대에다 복원시킬 위험이 있는 것이다.

따라서 이러한 연구 방법은 고대사 연구에 있어서 사료 활용의 미숙함을 드러낸 것으로 매우 경계해야 할 것이다.

―윤내현, 《한국 고대사 신론》, 일지사, 1989, 16~17쪽

윤내현은 고조선 자료 기록이 상당히 많이 남아 있다고 주장한다. 그는 자신이 수집한 자료만으로도 고조선을 구체적으로 복원할 수 있다고 자신 있게 주장한다. 윤내현은 "고대사 연구에 있어서는 자료의 빈약 때문에 후대의 기록을 통해서 그 앞의 시대를 유추하는 연구 방법이 채용되기도 하지만"이라고 했는데, 이 말은 자료가 없다는 핑계로 중국 측 후대 사료를 역사적 맥락 없이 자의적으로 갖다 쓰는 행태, 일제 식민사학자들 기록에 의존하는 주류 학계의 오랜 관행을 강하게 질타한 표현이다. "고조선에 관한 연구를 보면 매우 늦은 시대의 자료에 의존한 경우를 자주 보게 된다", "고대사 연구에 있어서 사료 활용의 미숙함을 드러낸 것으로 매우 경계해야 할 것이다"는 말도 이와 같은 고질적 병폐를 지적한 것이다. 한국 역사학계의 사실에 근거한 해석 부재, 1차 사료에 근거한 문헌학으로서의 역사학 부실은 식민사관 100년 역사의 전통이다.

윤내현은 고조선 자료가 상당히 많다고 했는데, 어떤 것들인지 한

번 살펴보자.

고조선 연구자는 고조선에 관한 사료에 의존하여 고조선을 복원하는
것이다. 고조선 연구자가 채택한 사료의 객관성과 신빙성의 정도는 그
연구의 성패를 가름하게 된다. 사료에는 문헌자료와 고고자료가 있다.
고조선에 관한 문헌사료는 한국 문헌과 외국 문헌으로 나눌 수 있을
것이다. 고조선은 한국 국사의 일부분이므로 마땅히 한국 문헌이 기
본사료가 되어야 하겠다. 고조선에 관한 기록을 싣고 있는 한국 문헌
으로는 《삼국유사》〈고조선〉 조와 《제왕운기》가 있다. 근세 조선시대
의 《세종실록》〈지리지〉와 《응제시주應製詩註》에 고조선에 관한 내용이
실려 있기는 하지만 그것들은 《삼국유사》〈고조선〉 조와 《제왕운기》
에 실려 있는 내용을 답습하고 있다. 그리고 이 책들이 편찬된 시기는
앞의 책들보다 늦으므로 사료로서 높은 가치를 인정받을 수 없다.

—윤내현, 《고조선 연구》, 일지사, 1994, 18쪽

그는 국내 사료들에 대한 치밀한 분석과 비판을 행한 후 중국 측
사료를 언급하는데, 이는 실로 방대하기만 하다. 그가 다루는 사료
는 《동국통감》, 《성호사설星湖僿說》, 《동사강목東史綱目》 등의 국내자료
는 물론 《사기》, 《한서》, 《후한서》, 《삼국지》, 《진서晉書》, 《통전通典》, 《만
주원류고滿洲源流考》, 《요사遼史》, 《대명일통지大明一統志》, 《관자》, 《산해
경》, 《수경주水經注》, 《여씨춘추呂氏春秋》, 《염철론鹽鐵論》, 《전국책戰國策》
등 고작 A4용지 한두 쪽에 다 담을 수 있는 자료들이 아니다.

한편 주류 식민사학계의 대표주자인 노태돈의 말을 들어보자.

한편 단군이 민족의 상징으로 강조되고 웅건한 고조선의 역사상을 내세우는 초기 민족주의 사학자들의 역사 인식이 널리 퍼져 나갔지만, 구체적으로 고조선사의 모습을 그려내는 것은 쉬운 일이 아니었다. 문헌자료가 거의 없는 데다 고고학이나 민속학, 인류학을 통해 그 면을 복원하기 위해서는 장기간에 걸친 연구의 축적이 필요하고 또 용이하게 그 성과를 보장하기도 어렵기 때문이다.

—노태돈, 《단군과 고조선사》, 사계절, 29~30쪽

그냥 무심히 읽으면 그러려니 할 수 있고, 어떻게 보면 누구나 할 수 있는 말이다. 이런 말을 하는 이유는 바로 위에서 지적한 맥락에서 검토하면 그 의중이 드러난다. 오래전부터 노태돈이 전가의 보도처럼 즐겨 활용하는 표현이기도 하다. 민족주의 사학자들의 연구를 슬쩍 폄훼하고, 문헌자료가 거의 없으니 다른 학문분야와 함께 장기간 연구를 축적하자고 하지만 그 성과를 보장하기도 어렵다는 그의 말은 오랫동안 학문 권력을 향유하면서 축적한 계산된 발언들이다.

현재 이병도를 잇는 식민사학의 적통이자 대표주자는 노태돈이고, 그다음은 송호정이다. 노태돈은 식민사학의 대표답게 현란하고 세련된 표현을 구사한다. 그의 고대사 연구입론에 대한 근본적인 비판이 공개적으로 제기되었지만, 그는 일체 대응을 하지 않는다. "장기간 연구를 축적하자"면서 장기간에 걸쳐 학문 외적인 공격만 계속해왔다. 뒤에서 다루지만 그의 이론은 이론이라고 할 수 없는 수준인데도 그의 인맥들은 조직적으로 자신들과 다른 관점을 거세해왔다. 노태돈이 송호정을 고조선 박사로 키운 의도도 이런 배경이다. 송호정을 다루는 것은 이병도와 이기백, 이기동, 김정배, 노태돈의 패러다임, 그 논거와 수법을 그가 고스란히 사용하고 있기 때문이다. 이것이 식민사학의 권력유지 비밀이다. 주류 학계는 학문권력을 독점해서 주류 학계가 되었다. 이들은 결코 만만하지 않다. 학문권력을 유지해온 오랜 역사와 노하우가 있기 때문이다. 그들은 역사의 유용성을 권력에 제대로 활용한다.

반면에 윤내현은 고조선이 대동강 유역에 있는 조그만 집단이었다는 주류 역사학계의 정설을 비판해왔다. 하버드 대학교 도서관 희귀본실에서 만주에 고조선의 위치를 그려 놓은 증선지曾先之의《십구사략통고十九史略通考》에 실린 지도를 확인했기 때문이다.

증선지의 지도를 발견한 뒤 필자는 고조선과 관계된 중국 문헌의 기록을 조사하고, 그 지도와 중국 문헌의 기록을 근거로 하여 고조선의 영토가 한반도는 물론 만주를 포괄하고 있었다는 견해를 제출하였다. 그 국경에 대해서는 서쪽은 북경에서 가까운 난하와 갈석산으로 보았으며, 북쪽은 중국과 몽골의 국경인 얼구나하額爾古納河, 동북쪽은 중국과 러시아의 국경인 흑룡강 유역으로 보았고, 남쪽 국경은 연구 초기에는 청천강으로 보았으나, 연구가 진전되면서 이를 수정하여 한반도 남부 해안으로 보게 되었다. 고조선 연구 초기에는 청천강 이남에 자리했던 한(삼한)을 고조선과 분리하여 보았지만, 연구가 깊어지면서 한은 고조선의 거수국 가운데 하나였음을 확인하였다. 고조선은 만주와 한반도 전 지역을 그 영토로 하고 있었던 것이다.

그리고 위만조선은 고조선의 서부 변경에 있었던 나라로서 난하로부터 대릉하까지를 그 영토로 하고 있었고, 위만조선이 멸망한 뒤 설치된 한사군은 난하로부터 지금의 요하까지를 그 영역으로 하고 있었다고 보았다. 따라서 고조선의 서쪽 국경은 원래 난하와 갈석산으로 형성되어 있었으나, 위만조선시대인 서기전 190년대부터는 대릉하로 되었다가 한사군의 현도군이 설치된 서기전 107년부터는 지금의 요하로 바뀌었다고 주장하였다.

이에 대한 일부 강단사학자들의 반발은 매우 컸다. 이들은 필자의 주장을 강단사학계와 대립해 있는, 이른바 재야사학자들을 대변하고 있는 것처럼 오해하였다. 당시 강단사학자들과 재야사학자들은 학술적인 차원을 넘어 감정적으로 심하게 대립하고 있었다. 이러한 대립과 갈등 사이에 필자가 끼이게 되었던 것이다. 필자는 분명히 강단사학자임에도 불구하고 일부 강단사학자들은 필자를 재야사학자로 분류하면서 재야사학자들의 주장을 대변하는 것으로 보았던 것이다. 그러나 필자의 주장은 한국과 중국의 고대 문헌 기록과 고고학 자료에 근거한 철저한 실증의 결과였다.

—윤내현, 《고조선의 강역을 밝힌다》, 지식산업사, 2006, 26~28쪽

윤내현은 중국사를 전공했다. 중국사를 전공했기 때문에 고조선사의 실체를 볼 수 있었던 것이다. 그래서 일제 식민사학이 조작한 한국사가 얼마나 근거 없는 날조에 불과한 것인가 확인할 수 있었다.

"고조선과 관계된 중국 문헌의 기록을 조사하고, 그 지도와 중국 문헌의 기록을 근거로 하여 고조선의 영토가 한반도는 물론 만주를 포괄하고 있었다는 견해를 제출하였다." "한국과 중국의 고대 문헌 기록과 고고학 자료에 근거한 철저한 실증의 결과였다." 이런 윤내현의 증언은 한국 역사학계의 단면을 여실히 보여준다. 한국에서는 1차 사료에 의한 실증사학은 이렇게 재야사학으로 폄훼된다. 그리고 그에게

는 기나긴 고립과 절망의 시간이 닥친다. 앞서 밝힌 대로 한국사의 패러다임을 바꿀 중대한 전환점을 마련한 윤내현을 기다리고 있던 것은 주류 역사학계의 마녀사냥이었다.

정상적인 사회라면 윤내현의 발견과 연구결과에 환호했을 것이다. 드디어 일제가 훼손한 한국사의 실체가 드러나게 되었다며 기뻐해야 할 쾌거였다. 그러나 반응은 정반대로 진행됐다. 윤내현은 재야사학자로 몰려 30여 년 동안 기나긴 고립과 인신공격에 시달려야 했다. 최재석, 김용섭처럼 윤내현도 회고록을 통해 한국사학사에서 벌어진 일들을 구체적으로 기록해야 한다.

고조선이 교과서에 오르지 못했던 이유

《삼국유사》, 《제왕운기》 등에 기록된 고조선 건국 역사를 한국 교과서에 싣는데 무려 60여 년의 시간이 필요했다. 지금 사용되고 있는 2007년도에 발행된 국사 교과서를 보자.

> 족장사회에서 가장 먼저 국가로 발전한 것은 고조선이었다. 《삼국유사》와 《동국통감》의 기록에 따르면 단군왕검이 고조선을 건국하였다 (서기전 2333).
>
> −고등학교 국사 교과서, 2007

해방 후 60여 년이 지나서야 국사 교과서에 단군이 서기전 2333에 건국하였다고 서술했다. 그 전까지 사용하던 국사 교과서에는 이렇게 기록되어 있었다.

족장사회에서 가장 먼저 국가로 발전한 것은 고조선이었다.《삼국유
사》의 기록에 따르면 고조선은 단군왕검이 건국하였다고 한다(서기전
2333).

– 고등학교 국사 교과서, 2003

이렇게 "단군왕검이 건국하였다고 한다"라고 다른 나라 역사처럼
추측하듯이, 그 나라의 역사서를 신뢰하기 어렵다는 듯이 표현했다.
그 어떤 나라도 자기 민족의 건국 사실을 남의 이야기를 전하듯 "그
랬다고 하더라"는 식으로 서술하지 않는다. 다른 나라를 소개할 때
도 그 민족의 역사를 존중하기 때문에 이렇게 표현하지 않는다. 두 문
장을 비교했을 때, 어떻게 보면 별 차이가 없는 것 같지만 한국 최초
의 국가인 고조선 역사를 제대로 밝히기 위해 노력해온 이들의 작은
결실이기도 했다. 하지만 이에 대한 주류 학계의 반발은 거셌다. 당시
《한겨레》에 실린 기사를 잠깐 소개해보겠다.

새 교과서는 단군의 고조선 건국과 관련해 "~건국하였다고 한다"를
"~건국하였다"로 더 확정적으로 썼다. 하지만 몇몇 학자들은 미처 확
정되지 않은 내용을 고교 교과서에 담는 것은 무리라며 신중한 접근
을 촉구했다. 최광식 고려대 교수(한국사학)는 "한반도의 청동기 시대는
아무리 올려 잡아도 서기전 13세기"라며 "학계에서 검증되지 않은 내
용을 국정 교과서에 무리하게 담았다"고 말했다. 송호정 한국교원대
교수(역사교육)는 "서기전 2333년 단군이 고조선을 건국했다고 확정지

을 수 없다"며 "사료에 바탕해 엄밀해야 써야 할 교과서를 이렇게 서술하는 것은 큰 문제"라고 말했다. 이름을 밝히지 말아 달라는 한 고고학 교수도 "청동기의 본격화는 서기전 1000년께로 보는 것이 맞다"고 말했다.

오강원 동북아역사재단 제2연구실 박사는 "중국의 동북공정 등 왜곡된 민족주의적 태도에 대해 똑같은 방식으로 대응하는 것은 대단히 위험하다"며 "중국 동북부, 한반도, 일본 등을 아우르는 동북아 고대사 연구를 차분하게 해가는 것이 절실하다"고 말했다.

-《한겨레》, 2007년 2월 24일

왜 한국의 국사학자 중에는 "단군이 고조선을 건국하였다"라고 쓴 것을 만시지탄晚時之歎이라면서 늦었지만 다행이라고 말하는 인물은 하나도 없을까? 왜 기자들은 일률적으로 유독 이런 학자들만 찾아서 식민사학을 지지하는 기사를 내보낼까? 참고로 이 기사에서 인터뷰한 최광식은 한국고대사학회 회장과 국립중앙박물관장, 문화재청장을 역임했고, 현 문화체육관광부 장관이다. 그는 이명박 정권이 들어서면서 초고속으로 출세했다. 또한 그는 신채호의 《천고》도 번역했다면서 민족사학자인체 했다. 송호정은 고조선만 나오면 등장하는 식민사학 대변인이며, 오강원은 동북아역사재단에서 노태돈, 송호정의 프레임을 고고학적으로 반복하며 식민사학 사수에 충성을 다하는 인물이다. 제국주의 고고학에 근거한 그의 주장은 학문적 기초가 부실하다. 고조선의 표지유물인 비파형동검도 고조선의 고유 문화가 아니라 시베리아 북방 문화의 영향을 받아 요서지역을 거쳐 요동과 한반도로 전해졌다고 단정한다. 그는 우수한 문화는 모두 고조선 외부에서 유입됐고, 한국사는 주체성이 없다는 식민문화론을 강변한다.

이 대목에서 최광식, 노태돈, 송호정, 오강원의 공통점이 무엇인지를 생각해보기 바란다. 결론은 이들이 국민의 세금으로 봉급을 받고 일하는 인물들이란 점이다. "한반도의 청동기시대는 아무리 올려 잡아도 서기전 13세기", "사료에 바탕해서 엄밀해야 써야 할 교과서를 이렇게 서술하는 것은 큰 문제" 등은 1차 사료적 근거가 전혀 없는 적반하장식 발언이다. 이렇게 오강원은 왜 사람들이 동북아역사재단을 동북공정을 지원하는 단체냐고 묻는지 그 이유를 정확하게 보여주었다.

이것이 2007년 국사 교과서에 "고조선은 단군왕검이 건국하였다고 한다"에서 "~고 한다"라는 세 자가 빠진 데 대한 식민사학계의 반응이다. 국내 유적의 방사선탄소연대 측정 결과와 요서·만주지역의 고고학 발굴 성과들이 이를 사실이라고 말해주고 있는데도 식민사학계는 거세게 반응했고, 국내의 주요 언론까지도 식민사학에 부화뇌동했다. 이 인터뷰를 한 기자가 그 사실을 알고도 기사를 썼다면 반민족·반민중적인 행태이고, 몰라서 그랬다면 반성하고, 그 태도를 바로 잡아야 한다.

한편 《세종실록》 기록에는 세종 10년 우의정 유관柳寬이 단군이 도읍한 곳을 찾아내어 의혹을 없애주기를 상서上書하여 청한 일이 있었다.

"신이 살펴본 바로는, 단군은 요堯임금과 같은 때에 임금이 되었으니, 그때부터 기자에 이르기까지는 천여 년이 넘습니다. 어찌 아래로 내려와 기자묘와 합치하여야 한단 말입니까. 또 어떤 이는 말하기를, '단군은 단목檀木 곁에 내려와서 태어났다 하니, 지금의 삼성三聖설(환인, 환웅, 단군─주)은 진실로 믿을 수 없다고 합니다. 그러나 신이 또 살펴

142

보건대, 태고太古의 맨 처음에 혼돈混沌이 개벽開闢하게 되어, 먼저 하늘이 생기고 뒤에 땅이 생겼으며, 이미 천지天地가 있게 된 뒤에는 기氣가 화化하여 사람이 생겼습니다. 그 뒤로 사람이 생겨나서 모두 형상을 서로 잇게 되었으니, 어찌 사람이 생긴 지 수십만 년 뒤의 요임금 때에 다시 기가 화하여 사람이 생겨나는 이치가 있었겠습니까. 그 나무 곁에서 생겼다는 설은 진실로 황당무계한 것입니다. 엎드려 바라옵건대 성감聖鑑으로 헤아려 결정하시고, 유사收司에 명하여 도읍한 곳을 찾아내어 그 의혹을 없애게 하소서" 하니, 보류保留하여 두라고 명하였다.

-《세종실록》, 1428년(세종 10년) 6월 14일

단군의 사적과 단군릉에 관한 사실이 널리 전해 내려오고 있으니, 그 도읍을 찾아내자는 상소다. 그로부터 8년 후, 유관의 조카 한성부사 유사눌柳思訥이 "세년가를 통해 단군 사적이 전해 내려오고 있으니 근거가 있는 것이다. 사당이 있는 것도 세년가와 합치한다"는 상서를 다시 올렸고, 세종은 이를 재가했다. 고려 후기 문인인 목은 이색李穡도 요동을 지나면서 "당요唐堯 무진년부터 (단군을) 시조라고 칭하였네"라고 하며 서기전 24세기경 단군이 조선을 개창했다는 글을 남겼다.

한국에는 초기 국가 건국과 관련된 신화들이 있다. 고조선의 단군 신화, 부여의 동명 신화, 고구려의 주몽 신화, 백제의 온조 설화, 신라의 혁거세 신화, 가야의 수로 신화 등이 그것이다. 이들 건국 신화는 이용하기에 따라 한국의 초기 국가형성과 발전에 대한 중요한 자료를 찾아낼 수 있다. 1945년 이전 일제의 역사가들은 한국의 건국 신화를 말살하여 한국인이 단군의 자손이라는 생각을 하지 못하도록 하며 민족이라는 상상의 공동체를 생각하지 못하도록 하였다. 그러한 전통이 현대 한국사학에 깔려 있어 문제가 된다.

－이종욱, 《역사충돌》, 김영사, 2003, 27쪽

신화와 역사를 철저하게 분리하고 신화에서 역사를 부정한 논리는 유럽 제국주의에 이어 일본 제국주의가 취한 침략정책의 일환이었다. 그들의 역사가 식민지보다 늦었기 때문이다. 신화는 신화적인 표현으로 역사를 응축하며, 신화를 배태한 민족에게 대대로 전승된다. 공통의 기억과 꿈, 가치의 공유가 그대로 그 민족의 귀중한 역사다. 세계화 시대에 아직도 단군을 이야기하고 민족을 말하냐면서 비난하는 이들이 있다. 식민사학자들이 그렇고, 뉴라이트와 박노자가 그렇다. 여기서는 우선 박노자의 말을 들어보자.

1929년에 〈단군고檀君考〉라는 논문을 발표한 경성제국대학 겸임교수 이마니시 류와 같은 '과학적 근대 사학자'들을 내세웠던 일제는 단군 신화를 "13세기 후반에 날조된 이야기"로 봤다. 그러나 같은 시기에 단군 연구에 힘을 쏟았던 최남선崔南善은 '단군'을 "하늘을 대표하는 고대 종교 지도자의 호칭"으로 인식해 단군의 종교인 '빛의 숭배'가 고대 동아시아 문화의 중심에 있었다고 못 박았는가 하면, 신채호는 일찌감치 단군조선을 '정복 왕조'로 파악하고 단군을 "뛰어난 정복자"로 묘사했다. 결국 담론 생산자의 필요성에 따라 단군상을 역사에서 지우거나 '시의 적절한' 단군의 이미지를 그렸다고 봐야 한다.

이제 일제의 압박에 맞서서 "위대한 장군 단군"이나 "고대의 종교문화

대표자 단군"을 믿을 필요성도 없어졌고, 적어도 남한에서는 단군을
"우리 모두의 할아버지"로 설정해 국민들에게 가족국가에 대한 충성
을 강요했던 독재도 지나갔다.

-박노자, 《거꾸로 보는 고대사》, 한겨레출판, 2010, 26~27쪽

이마니시 류와 신채호에 대한 왜곡된 견해는 여전하다. 이병도의
스승이었던 조선사편수회의 이마니시 류는 박노자에 의해 '과학적
근대사학자'로 다시 격상되었다. 단군을 건국시조로 받아들이는 역사
해석과 독재정권의 이데올로기는 별개의 문제지만, 아무런 연결고리
없이 같은 것으로 매도되었다. 독재시대 때는 일제 식민사학이 아니
라 민족사학이 주류였다는 말인가? 일제 식민사학이 이승만 독재정
권에 의해서 주류로 살아남았다고 이미 앞에서 말했다. 그럼에도 박
노자는 누구를 위해서 황국사관에 동조하고 식민사관을 옹호하고 있
는가?

박노자는 민족주의가 계급문제를 덮는다는 하나의 프레임에 갇혀
있다. 민족주의에도 침략적 민족주의가 있고, 침략에 대항하는 저항
적 민족주의가 있었다는 단순한 사실도 망각한다. 그의 논리에 따르
면 호치민胡志明은 그릇된 베트남 민족주의자일뿐이다. 그의 관심은
오로지 스탈린주의적인 계급문제밖에 없다. 그래서 항상 민중 위에
서서 대중을 일깨우고 지도해야 한다는 강박에 사로잡혀 있다. 그 결
과 대중을 우매한 존재로 보고 냉소적인 태도를 취한다. 제국주의 시
대에 일본의 국가사회주의자들도 천황을 신격화하면서 민중을 호도
했다. 인문학은 인간에 대한 겸손과 타자에 대한 열린 태도를 버리는
순간 끝이라는 평범한 사실을 진심으로 박노자가 돌아봤으면 한다.

한편, 한국을 최초로 외부 세계에 알린 책으로 유명한 윌리엄 그리피스William Griffis는 《은자의 나라 한국》에서 단군과 고조선을 실재한 역사로 소개했다. 그는 한국사 최초 국가로서 고조선을 서술하며 그 영역을 한반도를 포함한 요동지방까지로 설정했다. 이 책에서 그는 한국인들도 그렇게 생각한다는 점을 명확히 했다. 역사를 있는 그대로 존중한 것이다. 존 코벨John Covell 박사도 다음과 같이 갈파했다.

> 고고학자들이 10만 년 전에 한반도에 사람이 거주했다고 밝히는 것에 비하면, 단군의 고조선 개국은 상당히 '최근세'에 해당한다. 10만 년 전 구석기시대 이 땅에 살았던 인류들이 어떤 사람들이었는지, 유럽족인지 몽고족인지 혹은 또 다른 인종인지조차 알 길이 없다. 그들이 어떤 종교를 지녔던지에 대해서도 모른다. 그러나 단군시대에 와서는 이런 것들이 보다 분명해진다. 서기전 2천 수백 년 전 매우 강력한 힘을 가진 집단들이 이 땅에 군림했다는 사실이 단군 이야기로 응축돼 전해진 것이다.
>
> −최태영, 《인간 단군을 찾아서》, 김유경 옮김, 학고재, 2000, 299~300쪽에서 재인용

이렇듯 일본 극우파에 동조하는 일제 식민사학자가 아니라면 단군을 부정할 이유가 없다. 앞에서 살펴봤듯이 식민사학에 동조하지 않는 외국인 사학자들은 한결같이 단군을 부정하지 않는다. 그래서 단군을 보는 시각은 식민사학과 비식민사학을 가르는 중요한 기준이 된다.

독립운동가로서 한국법학교수회 회장을 역임했고, 신채호와 정인보를 이어 평생을 한국상고사연구에 전념한 최태영은 이런 말을 남겼다.

단군 조상은 기가 막힐 것이다. 후손이라는 사람들이 할아버지인 당신을 두고 곰의 자식이라고 하지를 않나, 귀신이라고 하지를 않나, 신화라며 아예 없었다고 하질 않나 하니 말이다. 만 번을 다시 말한다 해도 단군은 조선이라는 나라를 요동 땅에 개국했던 우리의 위대한 조상이며, 신과는 아무 관계가 없다.

－최태영, 《인간 단군을 찾아서》, 학고재, 2000, 232쪽

모든 민족의 역사는 위대하다. 어떤 민족이든 그들의 선조는 존경받아 마땅한 위대한 존재들이다. 그들이 추구한 가치와 꿈을 우리의 선조들은 대대로 소중하게 간직해왔다. 이제는 선조가 필요하지 않다는 박노자의 주장을 어떻게 받아들인단 말인가.

이병도가 단군에 대한 자신의 견해를 수정했다는 최태영의 증언을 소개하겠다.

(이병도는) 국사는 처음에 일본인이 고쳐놓은 내용을 그대로 받아들였다. 나도 처음에는 이병도가 우리 역사를 바로 찾아 잘해주려니 믿어 마지않았는데 한번 일본인들에게 설득당한 사람은 아주 모르는 사람보다 더 힘들다. 이병도의 완강한 식민사관을 두고 학계에서는 여러 가지로 말하고 있었다. 송지영과 국어학자 이희승, 숙명여대 총장 윤태림 등이 하는 말들은 이런 것이었다.

"최태영 당신이 죽으면 이병도 설복시킬 사람이 없으니, 죽기 전에 꼭 해내라. 이병도에 맞설 사람 당신밖에 없다."

"그 이병도 말 안 듣는 인간이니 설득할 것도 없다."

"그깟, 제풀에 매장되게 내버려두라."

마침 조선사편수회 회의록을 인용해 이병도의 식민사관 경력을 폭로
한 박창암의 글이 발표되자 이병도는 흔들리고 있었다. 최태영은 "당
신이 언제 한국사 공부를 정식으로 해봤냐?" "규원사화揆園史話를 어
떻게 생각하느냐?"는 질문을 이병도에게 던졌다. 이병도를 설득하기
위해 그와 사이가 틀어진 사람들과 만나는 것도, 그의 친척 이완용을
들먹이는 것도 피했다. 《세종실록》 기록에 있는 단군조선 〈세년가〉를
이병도에게 들려주었다. 〈세년가〉는 임금이 대를 이으면서 각 대에 이
룩한 사적을 전하는 노래다.

"당신이 죽고 나면 일본의 식민사관을 전파시킨 국사학자라는 평판을
교정해줄 사람은 아무도 없다. 그러니 변화된 진정한 사관을 용감하
게 발표하는 것이 이완용의 반열에서 빠져나오는 길이다'라고 설득했
다. 3년에 걸친 설득 끝에 이병도가 최태영의 권유를 받아들인다.

"이제 발표하자."

"내가 글을 내겠다면 기자들이 욕하지 않을까?"

"아니다. 무조건 발표하는 것이 당신이 사는 길이다."

1986년 10월 9일자 《조선일보》에 글이 실렸다.

—최태영, 《인간 단군을 찾아서》, 학고재, 2000, 227~229

"단군은 신화 아닌 우리 국조"라는 요지로 쓴 이병도의 발표문 일
부를 옮긴다.

《삼국유사》의 단군 기재는 타서 등에서 뒷받침되는 바가 없지 않으
므로 믿을 만한 것이며 일연의 창작은 결코 아님을 알 수 있다. 일연
이 인용한 《고기》도 김부식의 인용 《고기》와 일치되는 바가 많으므로

《고기》는 당시에 분명히 있었으며 김부식도 선인왕검과 그 도읍지를 평양으로 알고 있는 것으로 보아 《고기》에는 단군사기가 분명히 있었음을 또한 알 수 있다. 단군의 〈세년가〉가 전하여져서 많은 식자들이 알고 있었으며 여러 곳에 단군의 사묘제천단 등 많은 유적이 남아 있다. 또 향단군진설도가 세전되어 왔고, 그것은 단군제의가 끊이지 않았음을 알 수 있다.

이와 같이 역대 왕조에서는 조의에 의하여 건묘 봉제사했던 것이다. 만일 단군이 하나의 전설·신화거리에 불과하다면 위와 같은 일들이 있을 수 있었겠는가. 아무튼 단군과 단군조선에 관한 기재는 숙제로 남길지언정 신화로만 단정할 수는 없다고 생각된다.

《삼국사기》에서 단군기재를 제외한 것은 김부식의 사대적 태도보다는 ① 《삼국사기》의 명분상 삼국 이외에는 부여 등도 모두 제외하였으며 ② 신라중심의 삼국사로 하였고, 신라보다 상대의 역사는 피하려고 한 데다가 ③ 단군을 부인하려는 생각보다는 신라사를 돋보이게 하려는 의도가 작용했기 때문이라고 볼 수 있다.

식민사학의 태두였던 이병도가 위와 같은 내용을 발표하는 것은 쉬운 일이 아니었을 것이다. 최태영의 주장이 사실이라면 이병도는 그나마 만년에 회개한 셈이다. 그러자 이병도의 제자들이 발칵 뒤집혔다. 제자들이 "스승이 너무 연로해서 정상적인 상황이 아니었다, 최태영이 일방적으로 밀어붙였다, 정식 논문 발표가 아니다" 하는 이야기가 난무했고, 결국 이병도의 참회록은 없던 일이 되고 말았다. 위의 글을 이병도가 직접 썼는지 밝히는 것은 검증이 필요하다. 이병도가 직접 쓴 글이라면 그 제자들은 스승인 이병도의 교도가 아니라 황국사관

자체의 교도라는 사실이 된다.

마지막으로 "적대국인 일본인들이 한국사를 질시해 조작한 사실을 한국인이 그대로 받아들인다는 것은 미친 짓이다"라는 최태영의 일갈로 이 장을 마칠까 한다.

일제는 조선을 침탈하면서 자기네보다 유구하고 우월한 역사를 가진 조선인들에게 그 옛날 (고)조선이라는 강대하고 광활한 독립국가가 있었다는 사실은 어떻게 해서든 잊어버리도록 해야만 통치하기가 수월했다. 일본은 역대 환웅천왕이 천 수백 년간 다스린 환국은 물론 고조선도, 단군도 모두 실재 아닌 신화라는 사상을 퍼뜨리느라 환국으로 기재된 《삼국유사》를 불태우거나 변조하고 일본이 일찍이 한국을 지배하기도 했다는 거짓말을 사실처럼 날조했다. 한국 고대사 왜곡의 앞잡이 이마니시의 부류가 "한국사는 신라 때부터 시작이라"는 당치도 않은 설을 '실증주의 사학'이라고 호도함으로써 그 이전 수천 년의 한국 고대사를 못 믿을 것으로 돌려버렸다. 그러나 어느 것이 진정한 실증주의 역사인지 생각해보아야 한다.

당시의 적대국인 일본인들이 한국사를 질시해 조작한 사실을 한국인이 그대로 받아들인다는 것은 미친 짓이다. 그것이 얼마나 한국인들에게 용기를 잃게 했는가를, 일본이 그 때문에 얼마나 덕을 보았는가를 몸서리나게 보아오지 않았던가.

-최태영, 《인간 단군을 찾아서》, 학고재, 2000, 196~197쪽

한사군은
한반도에 없었다

한국사 원형을 가르는 척도, 한사군

"단군조선은 역사가 아닌 허구적 신화에 불과하고, 고조선은 원시적인 부락이었다가 서기전 2세기 무렵 중국에서 온 위만에 의해 겨우 국가로 성장할 기회를 얻었다. 그러나 곧 망해서 중국 한나라가 한반도 북부에 설치한 한사군을 식민 통치하면서 한국사는 본격적인 발전을 이룩하게 되었다." 이것이 일제 식민사학자들이 정교하게 이론화한 한국사의 출발점이다.

한사군 문제는 한국사 원형을 가르는 척도다. 한사군의 위치와 성격에 따라 한국사의 기본 틀이 완전히 바뀐다. 여기서 등장하는 핵심인물 또한 이병도와 그의 제자들이다. "한국사는 주체성이 없어 주변 민족의 지배와 간섭, 침략에 의해 전개되어왔다. 한국은 일본의 지배를 받아야 타율성에서 벗어나 발전한다"는 것이 일제 식민사학의 핵심이다. 여기에서 일본이 우리나라를 발전시켰다는 식민지 근대화론이 나왔다. 식민지 근대화론을 주창하거나 신봉하는 인물들이 국회의원도 되고, 권부 깊숙한 자리를 차지하는 것이 대한민국의 현실이다.

한사군이 한반도 북부를, 임나일본부가 한반도 남부를 지배했으니 일제 식민지배는 한국사의 숙명이라는 것이 일제 식민사학의 논리다. "한사군=한반도"설을 앞세운 타율성론은 "한국사는 만주의 부속역사"라는 만선사관을 창조하고 그에 입각해 사대주의론·반도적 성격론을 만들어냈다. 한국 주류 식민사학계는 고조선은 멸망 당시 평양 일대의 소국이었다고 전제한다. 고조선은 서기전 2세기 무렵이 되어서 국가로 성장했다가 바로 망했다는 것이다. 또한 "중국이 서기전 16세기 이전부터 은나라와 주나라, 춘추전국시대를 거치는 동안 고조선은 원시적인 부락집단을 벗어나지 못했다", "한사군, 특히 한반도 평양 지역에 있던 낙랑군이 4백 년 이상 존속하면서 한국에 선진 문물을 전해준 결과 한국사는 결정적인 전환점을 맞았다"고 주장했다.

한사군 위치에 준해 고조선과 부여, 고구려, 옥저의 위치가 정해지니 한국 고대사의 강역은 보잘 것 없어진다. 한사군의 위치에 따라 만리장성의 위치가 정해지고, 《삼국유사》와 《삼국사기》 기록의 진위 여부도 결정된다. 한사군이 한반도에 있었다는 일제 식민사관의 전제에 따라 고조선, 고구려, 백제, 신라, 가야의 역사가 재구성되었고, 이병도, 이기백, 김정배, 이기동, 서영수, 노태돈, 송호정 등이 학문 권력을 유지해왔다.

한사군이 한반도에 존재한 적이 없었다는 사실이 객관적으로 드러나면 그들은 어떻게 나올까? 아마도 그들은 끝까지 자신들이 옳다고 강변할 것이다. 일본 극우파가 전쟁 범죄에 대해서 사과하고 반성하는 모습을 본 일이 없으니, 이렇게 생각할 수밖에 없다.

'동북변강 역사와 현상계열 연구공정'을 줄여서 동북공정이라고 하는데, 이것은 북경에서 볼 때 동북지역에 해당하는 길림성·요녕성·흑룡강성 지역에 있었던 모든 나라와 종족의 역사를 중국의 역사로 만드는 작업이다. 만주에서는 흉노, 동호, 선비, 돌궐, 거란, 말갈, 몽골 등 다양한 종족이 나라를 세웠지만, 지금은 그 자취가 사라졌다. 다만 고조선, 고구려, 발해의 역사는 아직도 남아 있다.

중국은 1960~70년대에 중국 남부와 서부 국경지대를 정리하고, 1980년대에 들어와서 만주, 즉 동북 3성과 한반도를 중국 역사로 만들기 위해 천문학적인 예산을 들여 역사 조작을 진행해왔다. 중원 대륙에서 발견되고 있는 동이족의 역사는 '하상주단대공정'과 '중화문명탐원공정'이란 명목으로 모든 고대사를 중국 역사로 편입시켰다. 동북공정은 중국식 황국사관을 실현하는 사업이다. 이에 맞서 한국은 고구려연구재단을 만들었고, 이후 동북아역사재단을 설립했다.

동북아역사재단은 중국의 동북공정뿐 아니라 일본의 식민사관과도 맞서 싸우라는 뜻에서 고구려역사재단을 확대·개편한 조직이다. 그런데 이를 한국 주류 식민사학계가 장악했다. 식민사관의 맹주인 김정배가 고구려연구재단 초대 이사장이었으니 더 말할 것도 없다. 식민사학을 전수한 그의 스승 신석호는 이병도와 함께 조선총독부 조선사편수회에서 활동한 인물이다.

일본에서 역사공부를 하고 우리나라 고대사를 연구한 학자로는 두계 이병도를 들 수 있다. 그는 일제하에서 한사군·삼한 문제 등을 많이 연구하였고, 해방 뒤에도 오늘날까지 역사학계에 큰 업적을 남겨놓은 인사이다.

-김정배, 《한국고대사와 고고학》, 신서원, 2000, 430쪽

두계가 일제하에서 그의 고대사를 연구할 때 정력을 쏟은 분야는 한 사군과 삼한의 역사지리 비정에 있었다. 이 가운데서도 한사군 등의 연구는 일제 관학자가 대거 참여하여 설왕설래하는 많은 설이 나와 있었다. 〔…〕 사실 한사군은 분명히 역사적 사실이지만 지난날 외쳐대 던 것처럼 고대사에서 아주 중요한 사실은 아니었다.

-김정배, 《한국고대사와 고고학》, 신서원, 2000, 432쪽

이병도의 행적을 큰 업적이라 평하고, 식민사관의 핵심 가운데 핵심인 한사군 문제를 물에 약 타듯 쉽게 넘어거려고 한다. 김정배의 글들을 보면, 자신의 독창적인 견해는 없고, "이것도 문제, 저것도 문제"라며 자신이 객관적인 견해를 갖고 있는 것처럼 잘 포장한다. 좋게 말하면 '아주 세련된 정치 감각의 소유자'이고, 비판적으로 말하면 교묘한 처세가다. 그 때문인지 동북아역사재단을 거쳐 한국학중앙연구원 원장 자리도 꿰찼다. 그의 탁월한 감각은 다음 글에서도 돋보인다.

단재 신채호 등 민족주의 사학자들이 일제 관학자에 대항하여 사론을 전개했지만, 단재 등의 역사가 이 땅의 민족에게 독립의 혼을 불어 넣기 위한 항일운동의 일환이었기 때문에 역사연구에 세부적인 고증에는 조루한 점이 종종 발견된다.

-김정배, 《한국고대사와 고고학》, 신서원, 2000, 417~418쪽

김정배는 단재의 독립운동을 높이는 척 하면서, 그의 역사학을 '조루한' 역사로 평가한다. 식민사학자들은 항상 총론일 뿐, 단재가 어떤 글에서 어떤 서술을 했는데, 그것이 1차 사료에 비추어 다르다는 식의 비판은 없다. 그의 정신은 고상했으나 학문은 신념이 앞서다보니 조루했다고만 말한다.

> 위만조선은 그 왕성인 왕험성王險城이 현재의 평양시 대동강 북안에 있었는데, 이는 위만조선과 한의 경계 역할을 한 패수浿水가 지금의 압록강이라는 점, 위만조선의 도읍 부근에 설치된 낙랑군 조선현의 치소가 지금의 평양시 대동강 남안의 토성동 토성이라는 점, 왕험성 및 조선현과 깊은 관련이 있는 것으로 알려져 있는 열수列水가 지금의 대동강으로 비정되고 있다든지 하는 점을 통해서 입증된다.
>
> ─동북아역사재단 누리집

지금은 슬쩍 다른 모호한 말로 교체했지만 위의 글은 동북아역사재단이 누리집에 당당하게 게재했던 주장이다. 동북아역사재단이 입증했다고 말한 주체는 일제 식민사학자들이었다. 평양 일대가 한사군의 중심지였던 낙랑군 지역이라고 확정한 것도 그들 식민사학자들이었다. 쓰다 소키치는 패수를 압록강이라고 했고, 이병도는 스승의 주장보다 더욱 한국사에 불리하게 아예 남쪽에 있는 청천강이라고 했다. 고조선과 한나라의 국경인 패수를 압록강이나 청천강으로 보는 것은 한국 주류 역사학계의 정설이다. 패수의 위치가 압록강이나 청천강이면 한나라가 굳이 고조선과 전쟁을 벌일 필요도 없었다는 점을 무시한다. "위만조선의 성장은 당시 북방의 강자인 흉노와 대치 국면에 놓여 있던 한나라로 하여금 불안감을 야기했고, 결국 서기전 109년, 두 나라 사이에 전면전이 벌어지게 되었다"는 것이 동북아역 사재단의 설명이다.

흉노는 광활한 대륙에 걸쳐 있던 대제국이었다. 위만조선과 흉노 사이에는 한나라가 지배하는 광대한 만주와 몽골지역이 가로막고 있는데, 평양 일대에 자리한 소국이 어떻게 한나라에게 큰 두려움의 대상이 된다는 것인지 도저히 설명할 수 없다. 고대의 수도는 전쟁에 대비해 천혜의 방어요새에 위치했다. 사방이 확 트인 대동강은 고조선 수도로는 볼 수 없는 지역인데도 조선총독부는 그렇게 결정했다.

한사군에 관한 최초의 기록은 사마천의 《사기》 〈조선열전〉이다. 《사기》 〈조선열전〉은 단군조선에 관한 내용이 아니라 서쪽지역에 있던 위만조선에 관한 것이다. 이 기록에서는 고조선과 한나라의 전쟁 과정과 결과에 대해 모호하게 기술했다. "이로써 조선을 평정하고 사군으로 삼았다"라고만 적었을 뿐 한사군의 이름도 적지 않았다. 또한 "우거가 군사를 내어 험준한 곳에서 저항했다. 우거왕이 굳세게 성을 지켜 수개월이 지나도 함락시키지 못했다"고 적혀 있는데 대동강변의 토성 주위에는 험준한 곳이 없다. 열수는 《후한서》 기록에 요동에 있다고 전하는데, 대동강으로 비정한 것은 쓰다 소키치였고, 이병도가 이를 그대로 따른 결과일 뿐이다.

고조선 지배층 사이에서 생긴 내분으로 인해 한나라는 부분적인 성과를 달성했다. 즉, 고조선의 일부 지역만 확보할 수 있었다. 한무제는 전쟁을 마치고 돌아온 두 장군 중 순체는 사형시키고, 양복에게는 사형선고를 내렸다가 속전贖錢을 받고 신분을 서인庶人으로 강등시켜 목숨은 살려줬다. 순체는 무제가 총애한 일등공신인데도 목이 잘려 거리에 버려지는 최고형을 받았다. 전쟁에서 무제의 의도대로 성과를 내지 못했기 때문이다. 이후 한사군은 단군조선의 일부 서쪽지역이었던 요서지역에 설치되었다. 그만큼 고조선은 넓고도 강력한 국가였다.

우연을 필연으로 만들어버린 조선총독부

1차 사료에 대한 엄밀한 문헌고증을 통해 고조선의 강역을 연구한 윤내현은 고대사 인식체계에 대해 다음과 같이 분석했다.

> 단군조선의 뒤를 이은 세력은 기자조선이나 위만조선 또는 한사군이 아니라 단군조선 내부의 지방 세력이었다가 독립한 동부여, 고구려, 읍루, 동옥저, 동예, 최씨낙랑, 한(삼한) 등 여러 나라였던 것이다. 그러므로 우리 역사의 흐름은 고조선(단군조선) → 열국시대(여러 나라) → 사국시대(고구려, 백제, 신라, 가야) → 남북국시대(신라, 발해) → 고려 등으로 체계화해야 하고, 기자국, 위만조선, 한사군은 단군조선과 중국의 국경지대에서 일어났던 사건으로 취급되어야 하는 것이다.
>
> 우리 고대사 체계의 잘못은 매우 중요한 문제를 낳는다. 그것은 우리를 주체적인 역사 전개의 능력이 없는 민족으로 전락시키고 있다. 우리 민족이 세운 단군조선은 중국에서 망명한 기자로 말미암아 교체되고, 기자의 후손인 준왕은 중국에서 망명한 위만에게 정권을 빼앗기고 말았으며, 그 뒤 위만조선을 멸망시킨 중국은 그 땅을 자신들의 영토로 만들어 그곳에 그들의 행정구역인 낙랑군, 임둔군, 진번군, 현도군 등 네 개의 군을 설치하였다는 것이 된다. 그렇다면 우리 민족

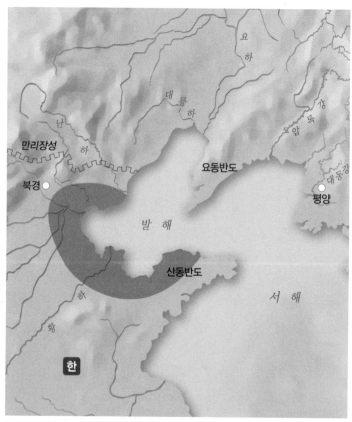

위만조선의 항신들이 제후로 봉해진 지역
이 지역은 위만조선의 영역이 한반도가 아니라 산동반도에서
발해에 이르는 지역이었음을 확증할 수 있는 자료다.

은 기자가 망명해온 서기전 1100년 무렵부터 낙랑군이 축출된 서기 313~315년 무렵까지 무려 1천 4백년 동안 중국인들의 지배를 받았다는 것이 된다.

— 윤내현, 《우리 고대사 상상에서 현실로》, 지식산업사, 2006, 212쪽

한사군에 대한 《사기》와 《한서》의 내용이 서로 다를 뿐만 아니라 그 숫자도 2~4군으로 다르다. 2천여 년 전에 설치된 한사군 위치를 대동강 유역으로 확정한 것은 조선총독부였다. 조선총독부는 한국사가 한사군 지배로부터 시작한다는 전제 아래 그 위치를 한반도로 설정했다. 일본 제국 국가기관인 도쿄 제국대학 교수 세키노 타다시關野貞가 대동강변을 낙랑군 지역으로 바꾸는 작업에 동참했는데, 그는 계속된 우연으로 낙랑군 유물을 대거 발견했다. 이마니시 류도 '신의 손'이 되어 중국 계통의 와당과 봉니, 비문 등을 연거푸 발견했다. 이렇게 1912년부터 1923년까지 세키노 타다시 조사단은 한국에서 간헐적인 조사 활동을 전개했고, 다음과 같은 한사군의 낙랑군 유물을 발견하였다.

· 1911년 9월 30일: 낙랑군 점제현치지
· 1911년 10월 15일: 대방태수 장무이묘
· 1911년 10월 중순: 대방군치지
· 1913년 9월 23일: 낙랑군치지
· 1913년 9월 26일: 점제현신사비
· 1923년 10월 22일: 효문묘동종

우연한 발견이 연거푸 이어지자 조선총독부는 "낙랑군은 평양 일대로 비정되고 한사군은 한반도에 있었다"고 확정했다. 이 유물들에 대해서는 광복 후 한국 역사학계에서 학문적으로 검토한 적이 단 한 번도 없었다. 조선총독부가 발간한 고적조사 특별보고 제4책《낙랑군시대의 유적》에 보면 "무언가의 발견에는 우연한 기회가 많아 점제현치지의 발견도, 점제비의 발견도, 대방태수묘와 대방군치지의 발견도, 낙랑군치지의 발견도 모두 우연의 수확이었다"라는 기록이 있다.

이와 관련해서 2011년 에스비에스SBS 스페셜에서는 3·1절 특집으로〈역사전쟁-금지된 장난, 일제 낙랑군 유물조작〉이라는 다큐멘터리를 방영했다. 한사군의 위치가 한국사 최대 관건임에도 한사군이 한반도에 있었다고 확정한 세키노 타다시 조사단의 유물을 한 번도 재검증하지 않는 것에 의문을 품은 다큐멘터리 제작진이 직접 유물검증에 나선 것이다.

이 방송에서는 현대의 다양한 분석기법과 관련 전문가들을 동원했는데, 가능한 한 유물들에 대한 이해관계가 없는 한국고미술협회장, 디지털 과학사진팀 교수, 사진전문가, 중국어과 교수, 금석원 원장, 중요무형문화재석장, 탁본 전문 교수 등이 참여했다. 이렇듯 한국사에 대한 관점과 편견이 작용하지 않도록 최대한 주의를 기울였다. 분석 과정에서 역사전문가들은 배제했고, 나중에 방영할 때만 시청자의 이해를 돕는 선에서 역사학자를 등장시켰다. 그 결과 점제현신사비 조작과 효문묘동종이 한 개가 아니란 의혹이 제기되었다.

세키노 조사단은 기차를 타고 가면서 하루아침에 이런 어마어마한 발견을 계속했다. 그가 우연히 발견한 대방태수 장무이묘도 고구려시대의 무덤이었다. 그들은 유물을 발견하기 전에 이미 "낙랑군 것으로 직감하고, 상상하고, 성공을 예감했다"고 한다.

처음 점제현신사비를 발견한 것은 이마니시 류였다. 점제현은 《한서》〈지리지〉에 기록된 낙랑군에 속한 25개 현 중 하나로, 이마니시 류에 의해 평안남도 온천군이 낙랑군 점제현이 되었다. 2천 년 전에 세워졌다는 비문의 존재를 아무도 모르고 있었는데, 일제 식민사학자가 갑자기 발견한 것이다. 또한 점제현비 밑에 황금이 묻혀 있다고 했는데, 이 사실을 동네 면장이 이마니시 류에게 전해서 찾을 수 있었다는 이야기도 있을 수 없는 일이다. 황금이 있다는데 그 누군들 찾아보지 않았겠는가. 게다가 그는 면장 이름도 밝히지 않았고, 엉뚱한 아이를 점제현비 옆에 세우고 사진을 찍었다. 당시에 사진으로 남긴 탁본은 현재 어디 있는지 확인할 수도 없다.

북한은 이에 대해 많은 연구를 진행했다. 2005년에 발간된 《조선고고연구》제4호에 김교정과 정강철이 쓴 〈물성 분석을 통하여 본 점제비와 봉니의 진면모〉의 연구결과에 따르면, "원래 육중한 비석을 세우자면 그 가공 수준이 높아야 한다. 그런데 점제현신사비는 대충 다듬어졌으며 발굴과정에서 드러난 바와 같이 기초에는 시멘트를 썼다"고 한다. 2천 년 전인데 시멘트를 바를 수는 없는 일이다. 사실을 황급히 조작하려다보니 시멘트를 쓴 것이다. 또한 방사성동위원소측정을 한 결과 "요하지방의 화강석과 비슷한 것으로서 요하지방을 비롯한 다른 지방에 매장된 화강석으로 만들어서 여기에 옮긴 것으로 볼 수 있다"고 결론을 내렸다.

이에 대해 손보기 교수는 1990년 한 학술지에서 다음과 같이 말한 적도 있다. "점제현신사비가 지금 있는 곳은 2천 년 전에는 물이 들어왔던 곳인데, 어떻게 그곳에 비를 세울 수 있겠어요."

이 다큐멘터리를 제작한 서유정 프로듀서는 다음과 같은 글을 기획의도에 밝혀 놓기도 했다.

문묘동종과 점제현신사비의 조작 문제: 그 중 중요한 하나의 예가 '낙랑군 재평양설', 즉 한사군의 하나인 낙랑군이 313년까지 북한 땅에 있었다는 것을 입증한다는 이른바 '효문묘동종과 '점제현신사비'의 존재다. 동종의 경우 이 조그만 유물의 발견은 당시 일제 사학계를 '진동시켰다. 이 효문묘동종의 발견 직전까지만 하더라도 북한 평양땅에 낙랑군이 있었다는 주장은 제기되고 있었지만, 이를 결정적으로 확정할 만한 유적과 유물은 그렇게 많지도 않았으며 그다지 확실하지도 않았다. 그런데 기적처럼 이를 입증할 유물이 '우연히' 발견된 것이다. 이로부터 평양에서는 낙랑 열기가 고조되면서 관련 유물들의 가치가 천문학적인 액수로 치솟고, 아울러 도굴과 다름없는 유적 발굴이 횡행하였다. 그리고 해방 후 지금까지도 일제에 의해 발굴된 이 효문묘동종을 비롯한 유적·유물들은 낙랑군 평양설을 입증하는 대단히 중요한 역사 유물들로 자리매김을 하고 있다. 그러나 결론부터 말하면, 이 유물들은 진짜가 아니다. 심지어 낙랑군 속현 중의 하나로 있었다는 점제현을 입증해준다는 '점제현신사비' 또한 그 의심스러운 점에서는 마찬가지다. 그들은 낙랑군을 입증할 만한 증거가 부족한 듯하자 역사조작을 자행한 것으로 보인다.

"이 유물들은 진짜가 아니다." 주류 역사학계를 배제하면 이렇듯 진실이 자신의 모습을 드러낸다. 주류 역사학계는 일제 식민사관이라는 매트릭스에 스스로 갇혀 진실을 보려고 하지 않는다.

낙랑 유적의 발굴로 고조선의 대동강 중심설은 고고학적 증거를 보태 게 되어 움직일 수 없는 설로 여겨지게 되었다. 실학시대의 연구 성과 를 토대로 이를 체계화한 것이 이병도였다. 그는 '아사달'을 지금의 평 양으로 보고, 여기에 근거하여 《사기》의 패수를 청천강으로, 《위략魏 略》의 만변한을 청천강에 인접한 박천강 일대로, 《한서》의 열수를 대 동강으로 보아, 고조선의 강역을 지금의 평안남도 지역으로 설정하였 다. 한편 낙랑유적을 토대로 《한서》 지리지에 나오는 한사군의 위치를 정밀하게 고증하였다.

–서영수, 《한국사 시민강좌》, 〈고조선의 위치와 강역〉, 1988, 27~28쪽

패수가 청천강이고 열수가 대동강이라는 따위의 주장은 《수경水 經》이나 《괄지지括地志》 같은 중국 고대 지리서는 물론 서영수가 말한 《한서》 지리지를 슬쩍 보기만 해도 나올 수 없는 주장이다. 그런데도 서영수는 이병도가 "한사군의 위치를 정밀하게 고증"했다고 서술했다. 전형적인 식민사학자들의 매트릭스 고증이다. "대중은 이 사실을 모 른다. 또한 알 필요도 없고, 알아서도 안 된다. 전문가인 우리가 결론 을 내리고 그대로 가면 된다." 이렇듯 주류 사학계의 치부는 깊다. 그 들은 문헌고증을 회피한다. 하지만 중국 고대 사서들을 살펴보면, 한 사군의 중심지인 낙랑군의 위치를 모두 '요동'으로 기록했다.

- 《한서》 〈설선열전〉: "사고가 말하기를 '낙랑은 유주에 속해 있다.'"
- 《후한서》 〈최인열전〉: "장잠현은 낙랑군에 속해 있는데 그 땅은 요동 에 있다."
- 《후한서》 〈광무제본기〉: "낙랑군은 옛 조선국이다. 요동에 있다."

· 《사기》〈하본기〉 주석: "《태강지리지》에 전하기를, 낙랑 수성현에는
    갈석산이 있으며, (만리)장성의 기점이다."

"너희 나라 고대 사서의 기록이다, 무슨 소리냐"라고 되묻는다면
중국은 할 말이 없을 것이다. 그러나 한국 주류 사학계는 절대 그렇게
항의하지 않는다. 그렇게 되면 자신들의 이권이 무너지고, 쌓아온 업
보가 만천하에 드러나기 때문이다. 불행한 것은 이른바 진보적인 연
구단체라고 자칭하는 기관들도 주류 사학계와 아무런 차이가 없다는
점이다.

한편 한국역사연구회 고대사분과에서 발표한 내용을 살펴보자. 참
고로 한국역사연구회는 "올바른 세계관에 입각한 과학적 역사관을
수립하고 끊임없는 실천을 통해, 우리 사회의 진정한 민주주의의 실
현에 동참하려는 3백여 명의 진보적 연구자들의 단체다"라고 자신을
소개했다.

한사군이 어디에 있었는가 하는 문제는 고조선의 위치와 떼어서는 생
    각할 수 없다. 왜냐하면 고조선이 멸망당하고 거기에 설치된 것이 한
    사군이기 때문이다. 고조선이 한나라와 장기간의 전쟁을 치렀던 최후
    의 항전지 왕검성의 위치는 지금의 평양지역이다. 따라서 한사군의 핵
    심 군으로 왕검성을 설치한 낙랑군의 위치도 평양과 그 주변 일대로
    볼 수밖에 없다.
    평양 일대에서는 낙랑군과 관련된 많은 유물이 나오고 있다. 점제현
    신사비를 비롯하여, 낙랑군의 여러 군현명을 새긴 봉니와 인장, '낙랑'
    이란 글자가 새겨진 기와 등이 대표적인 유물이다. 이외에도 많은 중

국식 무덤과 거기서 나오고 있는 많은 중국제 유물들은 이곳이 단순히 중국과 무역을 하던 곳이 아님을 말해준다. 물론 이런 유물들이 일제시기에 일본인들에 의하여 조작되거나 다른 곳에서 옮겨왔다는 주장도 있다. 그러나 이처럼 다양한 유물을 모두 조작하거나 다른 곳에서 옮겨온다는 것은 불가능하다.

─한국역사연구회 고대사분과, 《문답으로 엮은 한국고대사 산책》, 역사비평사, 1999, 79쪽

앞 문장을 유심히 보자. 왜 평양지역에 한사군이 있었는가에 대한 근거는 "고조선이 멸망하고 거기에 설치된 것이 한사군이기 때문이다"라고 답한다.

"모든 사람은 죽는다. 소크라테스는 사람이다. 그러므로 모든 사람은 소크라테스다." 바로 이런 식의 논증이나 다를 바 없다. 그러면서 평양 일대의 낙랑군 유물을 말한다. 아무런 검증도 없이 조작이나 다른 곳에서 옮겨온다는 것은 불가능하다고 단정한다. 불가능하다고 결론을 내리니 검증할 필요가 없다.

한나라가 고조선을 멸망시키고 그곳에 낙랑군을 설치한 것은 '사실'이다. 문제는 그 위치가 어디냐이다. 보통 낙랑군의 위치로 요서·요동지역과 한반도의 평양 일대가 거론되고 있는데, 이들 지역 중 고조선의 문화와 중국 한나라의 문화가 복합되어 나타나는 곳이 바로 평양 일대이다. 그렇다면 바로 평양 부근에 고조선이 있었고, 그 뒤에 낙랑군이 설치되었다고 보는 것이 합리적이다. 일제강점기에 발견된 유물·유적이 조작되었을 가능성이 크다고 염려되면, 해방 후 북한이나 중국에서 발굴한 유물·유적만 가지고 생각해봐도 된다. 그래도 답은 매

한가지이다.

—한국역사연구회 고대사분과, 《문답으로 엮은 한국고대사 산책》, 역사비평사, 1999, 82~83쪽

진보는 기존의 가치에 의문을 던지고 끊임없는 비판을 통해 새로운 패러다임을 모색하는 가치체계다. 한국역사연구회는 "올바른 세계관에 입각한 과학적 역사관을 수립하고 끊임없는 실천을 통해"라고 말했지만, 위 서술은 자신의 말과 거리가 먼 역사관이요, 학문관이다. 북한에서는 일제의 조작이라는 사실을 과학적인 분석과 문헌사료 비판으로 이미 검증했다. 한국역사연구회는 중국에서 발견된 고조선 유적, 유물이 무엇을 말하는 것인지 밝혀주기 바란다.

우리가 배운 한사군의 위치는 거짓이다

2012년 6월 5일, 한국의 문화재청에 해당하는 중국 국가문물국은 만리장성의 길이가 현재 알려진 것의 두 배 이상인 2만 1196.18킬로미터라고 발표했다. 원래 장성의 길이는 5천 킬로미터 내외로 추정되어 '만리장성'(중국의 1리는 500미터)으로 불리다가 계속 늘어나 이제 4만리장성이 되었다. 그뿐만 아니라 중국 국가문물국은 고구려와 발해 유적이 있는 중국 북부지역에 만리장성이 존재했다고 처음으로 공식 발표했다.

중화패권주의는 오랜 전통이다. 중국은 예로부터 중화주의에 입각해 모든 역사를 자국·자민족을 중심으로 기록했다. 중화 패권주의 사관을 황국사관의 다른 이름이라고 했으며, 중국사회과학원에서 발

행한《중국 역사 지도집》은 만리장성을 황해도까지 그려놓고 있다.

그런데 친일파들이 앞장서 식민사관을 만들었듯이, 중국의 한국사 침탈 근거를 한국 주류사학계가 제공해온 사실은 뼈아픈 점이다. 여기에 진보라고 자칭하는 한국역사연구회까지 가세한 셈이다.

황국사관 핵심에는 한사군이 있다. 만리장성이 피노키오 코처럼 계속 길어지는 것도 한사군 때문이다. 그러나 한사군이 한반도에 존재했다는 근거는 전혀 없다. 1차 사료도 없고, 유적이나 유물도 없다. 있는 것은 일제가 조작한 내용들 뿐이다. 1차 사료적 근거가 전혀 없자 한사군 한반도설을 주장하며 식민사학자들은 문헌사료는 슬그머니 배제한 채 북한에서 발견되었다는 유물만을 가지고 낙랑군 지역이라고 우기기 시작했다.

에스비에스 제작진이 역사학자를 배제하고 유물에 대한 현대적 재검증을 실시한 것도 좋은 방안이었다. 최소한의 사료 비판만 해도 한사군이 한반도에 있었다는 사실은 설 자리가 없다. 일제 식민사학자들이 주장한 한사군 위치 비정을 한국 역사학계는 아무런 비판 없이 따른다. 한사군의 위치를 파악하려면 일제 식민사학자들의 주장에 근거할 것이 아니라 한사군 설치 당시의 사료에 근거해야 한다.

서기전 1세기경《사기》나 서기 1세기경《한서》, 3세기 후반《삼국지》, 5세기경 고대 남송의《후한서》를 비롯한 중국 고대 사료들에서 한사군의 위치를 추적해야 한다. 1차 사료를 해석한 2차 사료보다 1차 사료를 우선해야 한다. 이것은 역사학의 기본이다. 중국 고대 사료는 일관되게 한사군 중심지인 낙랑이 요동에 있었다고 기록했다. 고조선과 한나라의 국경인 패수가 지금의 난하라는 사실도 중국 고대 사료에 근거해 어렵지 않게 비정할 수 있다. "패수가 압록강이다, 청천강이다"

하는 고정관념만 버리면 그렇다.

《사기정의》〈지리지〉는 "패수는 요동 새외塞外에서 나온다"고 전한다. '정밀하게 고증'할 수 없는 검증도 안 된 자료를 가지고 마치 청천강이 요동에 있었다고 단정하는 서영수의 주장은 인정할 수 없다. 《삼국사기》〈고구려본기〉〈미천왕〉 조만 제대로 해석해도 낙랑군은 대동강 유역일 수 없다. 이병도가 낙랑군 소멸 근거로 삼은 《삼국사기》〈미천왕〉 조를 보면 낙랑군이 대동강 유역에 있었다고는 도저히 해석할 수 없다.

3년(302) 가을 9월에 미천왕은 군사 3만을 거느리고 현도군에 침입해 8천여 명을 사로잡아 이를 평양으로 옮겼다.

12년(311) 가을 8월에 장수를 보내어 요동의 서안평을 습격하여 빼앗았다.

14년(313) 겨울 10월에 낙랑군을 침입하여 남녀 2천여 명을 사로잡아왔다.

16년(315) 봄 2월에 현도성을 쳐부수어 죽이고 사로잡은 사람이 매우 많았다.

—〈고구려본기〉, 《삼국사기》

장수왕 15년(427), 평양으로 천도하기 125년 전인 미천왕 3년(302)에 현도군의 포로 8천여 명을 옮긴 곳이 평양이란 기록은 평양이 현재의 대동강 유역의 평양만을 가리키는 것이 아니라 고구려 수도를 뜻하는 일반 명사임을 나타내준다. 평양을 무조건 대동강 유역으로 보는 견해가 문제가 있다는 뜻이다. 이 기사를 기존의 정설대로 해석하면 미

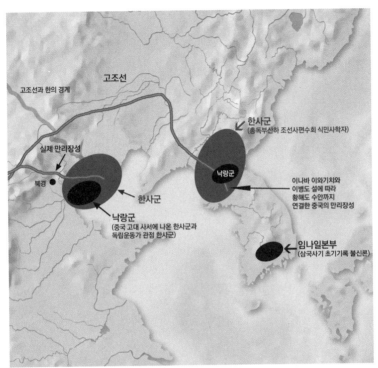

고조선

고조선과 한의 경계

한사군
(총독부산하 조선사편수회 식민사학자)

낙랑군

실제 만리장성

북경

한사군

낙랑군
(중국 고대 사서에 나온 한사군과
독립운동가 관점 한사군)

이나바 이와기치와
이병도 설에 따라
황해도 수안까지
연결한 중국의 만리장성

임나일본부
(삼국사기 초기기록 불신론)

주류 역사학계가 주장하는 한사군, 임나일본부의 위치와 실제 위치
이병도가 본 낙랑군의 위치에 따라 중국 학자들은 만리장성이 한반도에 있었다고 주장하면서
실제 위치와 다른 한사군의 영역을 중국에 유리하도록 끌어들였다.

천왕은 재위 3년에는 고구려 남쪽 압록강 부근의 현도군을 공격했으며, 재위 16년에는 다시 현도성을 공격했다. 그런데 미천왕은 재위 14년에는 남쪽 현도군을 거쳐 남쪽의 낙랑군을 공격한다. 현도군은 두 눈 멀쩡히 뜨고 고구려 군사가 자군自郡의 영역을 통과해 남하하는 것을 지켜보고, 낙랑 사람 2천여 명을 사로잡아 현도군을 통과해 북상하는 것도 바라보고만 있었다는 이야기다. 이렇게 현도군을 통과해 낙랑 사람 2천여 명을 평양에 옮겨놓고 2년 후 다시 현도군을 공격했다는 것이다. 그 와중인 재위 12년에는 요동 서안평도 공격한다. 한마디로 미천왕은 슈퍼맨이다. 마치 공수부대라도 갖고 있는 듯 사방을 공격했다. 현도군을 압록강 유역, 낙랑군을 대동강 유역이라고 비정하는 한 절대 있을 수 없는 군사행동이다. 미천왕의 모든 군사행동은 모두 만주 서쪽을 겨냥한 것이란 관점에서 바라보아야 해석이 된다.

자신의 논리에 문제가 있다고 여겼는지 이병도는 서안평을 현재의 압록강 하류 단동丹東 부근으로 비정했다. 언제부터 압록강 대안對岸이 요동에 편입되었는지는 알 수 없지만 낙랑군을 대동강 유역에 있었다고 비정하다 보니 서안평이 압록강 대안쯤에 있어야 설명이 가능했기 때문이다. 그러자 중국은 기다렸다는 듯이 서안평을 단동 부근으로 그려놓았다. 중국 사회과학원에서 편찬한 《중국 역사 지도집》 제2권 28쪽에서는 서안평을 단동 옆에 그려놓은 것이다.

−이덕일, 《한국사 그들이 숨긴 진실》, 역사의아침, 73~74쪽

이렇듯 식민사학은 요동군 서안평의 위치를 압록강 대안의 단동丹東으로 비정했고, 이것이 현재 이른바 정설이다. 하지만 거란족이 세운 요遼나라의 정사 《요사遼史》 〈지리지〉는 서안평의 위치를 내몽골

파림좌기 부근이라고 기록하고 있다. 미천왕이 공격한 서안평은 압록강 대안이 아니라 내몽골 파림좌기 부근이었다. 서안평이 파림좌기 부근이면 미천왕의 공격 루트를 비로소 이해할 수 있다. 미천왕은 남쪽이 아니라 서쪽의 현도, 서쪽의 낙랑, 서북쪽의 서안평을 공격했다. 미천왕은 고구려 서쪽에 있는 한사군을 더 서쪽으로 밀어내고 고조선 강역을 회복하려 한 것이다.

고려 성종 12년(993년) 거란 장수인 소손녕蕭遜寧을 물리친 서희徐熙의 담판을 떠올려보자. 서희는 "고려는 고구려를 계승한 나라다. 만약 땅의 경계로 따진다면 상국上國(거란)의 동경東京도 우리 땅이다"라고 항의하자 대군을 이끌고 온 소손녕은 철병했다. 《후한서後漢書》, 《삼국사기》 등 국내외 사료들은 고구려가 내몽골에 있던 서안평을 차지하기 위해 여러 번 공격했다고 기록했다. 고구려 개국 이념인 다물多勿이 중국 왕조들을 중원으로 내몰고 고조선 옛 강토를 회복했다는 것이었다. 한가람역사문화연구소는 파림좌기의 고려 성터를 여러 차례 답사를 통해 확인했다. 파림좌기에서 조상 대대로 살아온 현지인들은 '고려 성'을 분명하게 증언한다. 하지만 한국 주류 역사학계는 낙랑군이 대동강 유역에 있었다는 철칙을 사수하기 위해 서안평이 압록강 대안의 단동이라고 계속 우길 뿐이다.

우리는 한사군의 위치를 달달 외워야했다. 시험에 꼭 나왔기 때문이다. 물론 일제가 창작한 대로 한반도에 있는 한사군이다.

한漢은 고조선을 넘어뜨린 후 사군을 두어 식민지로 만들었다. 이 사군의 위치는 우리 민족의 이동로였던 교통로와 관계가 있다. 당시의 교통로는 요동 방면에서 통구에 이르러, 여기서 다시 한 갈래는 지금의 청천강과 대동강 유역으로 나오고, 한 갈래는 부전고원을 넘어 원산만으로 진출하는 것이었다. 그리하여 교통로의 분기점인 통구 지방에는 현도군을, 고조선의 옛 지역에는 낙랑군을, 그 남쪽 한강 이북 지역에는 진번군을, 그리고 원산만 일대에는 임둔군을 설치하였다.

－고등학교 국사 교과서, 1976

한사군은 현도군 일부를 제외하고 한강 북부 한반도에 있었다는 설명이다. "고조선의 옛 지역"은 평양을 말한다. 대동강 유역의 평안남도 지방에는 낙랑군이 있었고, 황해도 지역에는 진번군이, 강원도와 함경도 지역에는 임둔군이 있었다는 견해다. 한강 북부지역은 모두 한사군 영토가 되었다. "한강 이북은 중국사의 영역이었다"는 중국 동북공정의 주장과 그대로 부합한다.

윤내현과 이덕일 등은 당대의 1차 문헌사료 고증과 고고학 성과를 반영해 한사군은 한반도가 아니라 요동지역에 있었음을 검증했다. 그러나 대한민국에게 절대적으로 유리한 이런 내용을 식민사학자들은 절대 인정하지 않는다. 오히려 두 학자를 매도하지 못해 안달이다. 중국이나 일본인들이 보면 얼마나 즐거운 현상이겠는가.

중국 하북성 창려현 북쪽에 갈석산이 있다. 고조선과 중국 여러 왕조의 국경지대가 갈석산이다. 그곳이 바로 한사군 낙랑군이 있던 지역이다. 《사기》 〈진시황 본기〉에는 진나라 동쪽 영토가 큰 바다인 발해만과 고조선에 맞닿았다는 기록이 있다.

진제국의 영토는 동으로 대해大海와 조선朝鮮에 이르렀고, 서쪽으로는 임조臨洮와 강중羌中에 이르며, 남쪽으로는 북향호北響戶에 이르렀고,

북쪽은 황하를 근거지로 하여 요새를 만들어 음산陰山과 나란히 요동에 이르렀다.

서기전 2세기에 쓰인 《회남자淮南子》〈시측훈時則訓〉에는 "동방의 끝東方之極, 갈석산을 지나면 조선이다"라고 전한다. 조선과 한나라 국경이 갈석산이라는 뜻이다. 한편 《사기》〈하본기〉 주석에서 〈태강지리지〉 부분에는 "낙랑 수성현에는 갈석산이 있으며, (만리)장성의 기점이다"라고 기록되어 있다. 낙랑군이 있던 곳은 일제 식민사관이 주장하는 평양이 아니라 하북성 창려현 갈석산이라는 말이다.

하지만 조선총독부 산하 조선사편수회의 이나바 이와기치는 황해도 수안을 낙랑군 수성현으로 보았고, 이병도가 이를 반복하며 한국사학 정설로 굳혔다. 이번에는 이병도가 위에서 인용한 《사기》에서 〈태강지리지〉 기록을 어떻게 해석했는지 한번 살펴보자.

수성현遂城縣 〔…〕 자세하지 아니하나, 지금 황해도 북단에 있는 수안遂安에 비정하고 싶다. 수안에는 승람 산천조에 요동산遼東山이란 산명이 보이고, 관방조關防條에 후대 소축所築의 성이지만 방원진防垣鎭의 동서행성의 석성石城이 있고, 또 진지晉志의 이 수성현조에는 맹랑한 설이지만 "진대장성지소기秦代長城之所起"라는 기재도 있다. 이 진장성설은 터무니없는 말이지만 아마 당시에도 요동산이란 명칭과 어떠한 장성지長城址가 있어서 그러한 부회가 생긴 것이 아닌가 생각된다. 그릇된 기사에도 어떠한 꼬투리가 있는 까닭이다.

　　　　　　　　　　　　　　　　　　－이병도, 《한국고대사연구》, 박영사, 1992

이 글을 읽는 누구라도 아마 이 암호 같은 글을 해독하기는 쉽지 않을 것이다.

한국에서 전문가를 자처하는 사람들이 글을 어렵게 쓰는 이유가 있다. 첫째, 자신들의 견해를 계속 고수하고 학문 권력을 유지할 수 있다. 둘째, 뭔가 떳떳치 못하다. 셋째, 자신도 내용에 자신이 없다. 넷째, 대중은 알 필요도 없고, 알아서도 안 된다. 다섯째, 글에 대한 책임감과 성실성이 없다. 여섯째, 어렵게 써야 뭔가 있어 보인다. 일곱째, 그들끼리는 서로 눈감아주면서 '정밀하게 고증하였다'고 치켜세워주거나 그냥 맞으려니 한다. 학문을 하지 않아도 되는 시스템은 깊이 연구해서는 안 되는 풍토 때문에 생긴 것이다.

이병도의 글은 일곱 가지 이유 전부에 해당한다. 암호는 적이나 상대측에게 정보를 들키지 않기 위해서 쓴다. 이처럼 우리나라에는 국민을 적으로 아는 학자들이 적지 않다. 한국 주류 역사학계는 글을 쉽게 쓰면 천박하다고 본다. 그래야 쉽게 쓸 자신도 없고, 쉽게 쓸 수 있을 만한 학문도 없는 자신들의 학문 권력을 유지할 수 있기 때문이다.

그들이 발표한 글 중 쉽고 명쾌한 글을 찾는 것보다는 모래사장에서 바늘을 찾는 게 훨씬 쉬울 것이다. 오죽하면 우리나라에서 '역사 대중화'라는 말이 나왔겠는가. 역사는 원래 대중을 위한 것이고, 대중의 것이기에 대중이 없는 역사는 의미가 없다. 과거 《성서》 해석권을 사제들이 독점했듯이, 역사 해석권을 전문가를 자처하는 식민사학자들이 독점해온 것이다.

이병도에 따르면 만리장성은 황해도 수안에서 시작한다. 낙랑군 수성현의 '수遂'와 황해도 수안의 '수遂'가 같은 글자라는 이유로 만리장성은 황해도에 있었다는 것이다. 중화 패권주의 입장에서 보면 이

보다 더 좋은 주장은 없다. 그런데 그 근거가 맹랑하기 이를 데 없다. 자신도 뭔가 켕기는 게 있다보니 "자세하지 아니하나", "비정하고 싶다", "맹랑한 설이지만", "터무니없는 말이지만", "부회가 생긴 것이 아닌가 생각한다", "그릇된 기사에도 어떠한 꼬투리가 있는 까닭이다" 등의 어색한 장치를 계속 남발한다.

이병도에 의해 한국 주류 학계는 낙랑군을 평안남도와 황해도 일대로 확정했다. 요동산이 왜 갈석산이 되는지 아무런 근거도, 설명도 없다. 수안군 방원진 석성이 만리장성의 일부라는 근거도 마찬가지다. 만리장성은 벽돌성이고, 석성은 한국 전통축성법이라는 사실도 무시한다. 이병도의 말에 따르면 한국에 있는 모든 석성은 모조리 만리장성이 된다. 수안이라는 이름도 고려시대에 생겼는데 서기전 2세기 초에 생겼다는 수성현에 갖다 붙였다. 황해도 수안을 거론하다 엉뚱하게 아무 연관도 없는 진지晉志 수성현조를 갖다 붙인다.

논지는 그 논지를 뒷받침하는 논거를 제시해야 한다. 이것이 바로 논증이다. 논지에서 벗어난 논거를 아무 연관 없이 갖다 붙여 논점을 일탈하는 것이 한국 주류 역사학계의 전형적인 논법이다. 중국 여러 고대 사서들을 검토하면 갈석산과 만리장성이 있는 수성현은 현재의 하북성 창려현이라는 사실이 명쾌하게 드러난다. 위만조선의 수도였던 왕험성이 창려현에 있었고, 패수의 동쪽에 있었다는 점도 쉽게 파악할 수 있다. 지금의 난하灤河가 고조선과 한나라의 국경이었다는 사실도 마찬가지다.

이병도는 그의 스승 이나바 이와기치처럼 전혀 근거를 대지 못했다. 요동산은 요동산일 뿐 갈석산이 아니고, 만리장성은 벽돌성, 황해도 수안의 방원진성은 석성이란 사실에도 눈을 감았다. 갈석산은 진시황과 한무제 등 아홉 명의 황제가 올랐다고 해서 구등九登 황제산으로 불리기도 한다. 중국에서는 우리나라의 설악산이나 북한산처럼 유명한 산이다. 아마도 동북공정을 추진하는 중국은 이 산을 갈아 없애고 싶은 심정일 것이다. 갈석산 때문에 "한강 이북은 중국시의 영토였다"는 동북공정의 핵심 논리가 무너짐은 물론, 갈석산 서쪽 대륙이 오히려 한국사의 무대였다는 것이 명확해졌기 때문이다.

중국은 전국시대에 다른 민족과 국가와의 경계로 삼기 위해 장성을 쌓았다. 진시황 때 쌓은 장성 동쪽 끝은 고조선과 진의 국경이었다. 《사기》〈몽염열전〉을 살펴보면 "장성을 쌓는 데 지형이 험한 곳을 이용해 요새로 삼았으며 임조에서 시작해 요동까지 길이가 만 리에 이르렀다"는 구절에서 만리장성이라는 말이 처음 나왔다.

"임조에서 시작해 요동까지"는 고대에 요동이 어디였는지를 밝혀주는 중요한 기록이다. 현재 중국사회과학원에서 만든 《중국 역사 지도집》은 만리장성 동쪽 끝을 한반도 북부까지 그려놓았다. 일제 식민사학자들과 한국 식민사학자들의 견해를 그대로 반영한 것이다. 《사기》에서는 만리장성 동쪽 끝을 요동이라고 했다. 만리장성을 황해도 수안까지 연결시키려면 황해도가 요동이어야 한다. 그런데 평안도, 황해도가 요동이라면 최영崔瑩의 요동 수복은 있을 수 없는 일이다. 한나라 때 유향劉向은 요수를 현재의 난하로 비정했다. 난하가 요하라면 난하의 동쪽이 요동이 되는 것이다. 다른 중국의 고대 사서에도 그렇게 기록했다.

진·한 시대의 요동을 현재의 요동보다 1천 킬로미터 이상 서쪽으로 옮기면 대부분의 위치가 맞아떨어진다. 그 지역은 바로 고조선의 옛 땅이다. 고조선 당대에 기록된 중국사서 《회남자》는 "동방의 끝, 갈석산을 지나면 조선이다'라고 전한다. "동방의 끝"이란 말은 요동과 같은 뜻이다. 사마천, 유안劉安, 유향 같은 한나라 때 인물들은 갈석산까지를 요동으로 인식했고, 난하를 요하로 인식했다.

낙랑군이 평안남도와 황해도 북부지역에 있었으니 대방군은 황해도 부근에 있다는 것도 이병도에 의해 정설이 되었다. 쓰다 소키치의 견해를 그대로 추종한 것이다. 대방현이 요동에 있다는 중국 고대 사료《후한서》〈군국지〉 기사만으로도 대방군은 황해도에 있을 수가 없다. 이렇듯 대방군이 황해도에 있었다는 고대 사료는 단 하나도 존재하지 않는다. 이병도가 그렇게 스승들의 견해를 따랐을 뿐이다. 진번군이 대방군 남쪽에 있었다는 주장을 뒷받침할 수 있는 단 한 점의 사료 또한 없다.

이렇게 스승이 만든 정설을 앵무새처럼 반복하는 것이 주류 사학계의 풍토다. 새로운 사실이 제기되면 정설에 꿰맞춰 앞뒤로 아무 연관 없이 갖다 붙인다.

역사는 상상과 추리를 즐기며 이해하고 통찰하는 것이다. 그런데 아무 맥락 없이 내용이 전개되면서 어릴 때부터 역사는 무조건 외워야 하는 과목, 지겹고 어려운 학문이 되어버렸다. 오류가 하나도 없는 학문은 없다. 그러므로 오류를 발견하면서 고치는 것 또한 학자의 기본적인 자세이자 양심이다. 역사는 계속 새로운 사실과 견해를 밝혀내고, 다시 쓰는 것이다.

주류 식민사학계는 문헌사료 분석을 포기함으로서 이미 1백여 년 전에 문헌학인 역사학을 버렸다. 그들은 사실을 무시하거나 시대적 맥락에서 검토하지 않는다. 다양한 해석과 가설을 폭넓게 인정해 역사학을 풍성하게 만들 생각을 하지 않으며, 오히려 그것을 두려워한다.

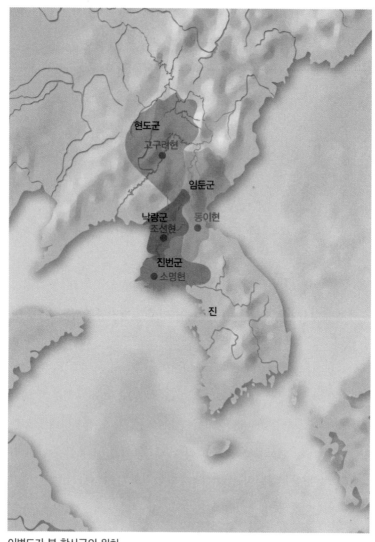

현도군

고구려현

임둔군

낙랑군
조선현

동이현

진번군
소명현

진

이병도가 본 한사군의 위치
"한반도 서북부지역에 한사군이 있었다"는 그의 주장은
아직도 한국 주류 역사학계의 정설로 인정되고 있다.

《삼국지》〈위서 동이전〉〈한〉 조의 기사만으로도 고조선이 평양 일대의 소국이라는 논리는 존립할 수 없다.

> 그 뒤에 (고조선 임금의) 자손이 점점 교만하고 포악해지자 연나라는 장군 진개秦開를 파견하여 (조선의) 서쪽지역을 침공하고 2천여 리의 땅을 빼앗아 만번한滿番汗에 이르는 지역을 경계로 삼았고, 조선은 마침내 약화되었다.

고조선과 대립하고 있는 중국의 입장에서 고조선을 좋게 서술할 리 없다. "교만하고 포악해졌다"는 말은 그만큼 두 나라 사이에 팽팽한 긴장감이 있었다고 유추할 수 있다. 고조선 서쪽지역을 침공해 무려 2천여 리 땅을 빼앗아, 고조선이 마침내 약화되었다고 한다. 진시황이 도량형을 통일하기 이전에 1리가 정확히 어느 정도 길이였는지는 규명해야 한다. 한나라 이전 시대에는 1리를 지금 기준으로 대략 0.5킬로미터 정도로 추정한다. 서쪽으로 2천여 리를 빼앗긴 상황에서 고조선이 요동현 속현을 연나라와 국경으로 삼았다면 고조선이 평양 일대에 있었다는 사실은 절대로 성립할 수 없다. 한반도 전체는 3천 리이고, 현재의 평안남도는 1만 2천 3백여 제곱미터로 2백여 리다. 이때는 위만은 물론 부왕否王과 준왕準王 또한 역사에 등장하기 전의 일이다.

진개의 침략은 일시적인 것이었고, 그가 다시 후퇴했다는 사실을 윤내현은 사료를 통해 논증했다. 진개의 침략으로 고조선의 영토가 줄어들지 않았다. 만번한은 후에 서한시대에 요동군에 속했던 문文(만滿)현과 번한番汗현 지역을 합쳐서 부른 명칭이었다. 서한시대의 요동군은 진장성의 서쪽 난하 하류유역에 자리하고 있었다.

이렇듯 역사의 논거는 치밀하고, 논증은 과학적이어야 하는데, 그들은 그냥 단정하고 만다. 역사학은 "왜"에서 시작하는데, 따지거나 다른 의견을 제시하지 못하도록 질문을 백안시한다. 비판과 토론 대신에 사제와 학연, 이권으로 뭉쳐 역사를 제멋대로 쓴다. 그들은 자신의 권력과 이권을 위해서라면 나라와 민족, 역사마저 쉽게 버린다.

중국의 역사 왜곡에 대한 반증

얼마 전까지만 해도 초등학교 역사 시간에는 한사군이란 이름과 그 위치를 외워야 했다. 식민통치기관인 한사군의 이름과 위치를 학생들이 암기하게 한 이유는 무엇일까? 한사군을 시험에 반드시 출제하게 한 이유, 국사 교과서에 지도까지 친절하게 넣은 의도는 과연 무엇이었을까? 이는 어린 시절부터 열등의식을 주입하기 위한 것이었다. 한국의 발전은 중국이나 일본을 통해 이루어져야 한다는 명목이다. 국사 교과서는 중국 진·한 교체기에 위만이 1천여 명의 무리를 이끌고 고조선에 들어온 후, 서기전 194년 왕검성을 공격해 준왕을 몰아내고 스스로 왕이 되었다고 하면서 다음과 같이 기록한다.

위만 왕조의 고조선은 철기문화를 본격적으로 수용하였다. 철기의 사용은 농업과 무기 생산을 중심으로 한 수공업을 더욱 융성하게 하였고, 그에 따라 상업과 무역도 발달하였다. 이 무렵 고조선은 사회와 경제의 발전을 기반으로 중앙정치조직을 갖춘 강력한 국가로 성장하였다. 그리고 우세한 무력을 바탕으로 활발한 정복 사업을 전개하여 광대한 영토를 차지하였다. 또 지리적인 이점을 이용하여 동방의 예나 남방의 진이 직접 중국의 한과 교역하는 것을 막고, 중계무역의 이득을 독점하려 하였다. 이러한 경제적 군사적 발전을 기반으로 고조선은 한과 대립하였다.

–고등학교 국사 교과서, 2003, 36쪽

중국에서 온 위만이 철기문화를 본격 수용했고, 그 덕분에 고조선이 국가로 발전했다고 했다. 그런데 문제는 그렇게 주장할 어떤 사료적 근거도 없다는 점이다. 모두 이병도의 식민사학에 뿌리를 둔 단순한 기술일 뿐이다. 이병도는 한사군에 대해 이렇게 서술했다.

> 동방 한군현漢郡縣의 설치가 우리 고대사상古代史上의 일대 시기를 획劃하는 중대사실임은 물론이지만, 그것은 비단 정치상에서뿐 아니라, 문화상에 있어서도 그러하였던 것이다. 곧 한漢의 동방 군현이 설치된 이후 산만적이고 후진적인 동방 민족사회는 전자前者(한)의 부절不絶(끊이지 않는)한 자극과 영향을 입어 정치와 문화에 있어 새로운 반성과 향상에의 한 모멘트를 가지게 되었다. 〔…〕 그리하여 당시 중국의 발달된 고급의 제도와 문화, 특히 그 우세한 철기문화는 이들 주변 사회로 하여금 흠앙欽仰의 과녁이 되고, 따라서 중국에 대한 사대사상의 싹을 트게 한 것도 속일 수 없는 사실이었다.

–이병도, 《한국고대사연구》, 박영사, 1992, 99쪽

한군현이 한국 고대사상의 일대 시기를 결정하는 중대한 사실임은 물론이고, 정치·문화까지 영향을 받았다는 강변이다. 산만적·후진적

인 한국은 이로써 새로운 반성과 향상으로 바뀌는 한 순간을 맞이했다는 주장이다. 하지만 이병도는 한사군으로부터 철기문화가 수입되었다는 사료적 근거가 전혀 없음에도 철기문화는 한사군이 가져온 것으로 단정했다. 그는 좋은 것은 모두 다른 나라, 다른 민족으로부터 들어왔다고 무조건 단정하고 본다.

이병도는 일제가 말한 사대주의를 여기서도 강조한다. 한군현의 식민지배를 받으며 사대사상이 싹텄다는 것이다. 그는 한국은 안 된다는 식민주의 의식이 골수에 박혀 주체적인 관점이란 것이 없다. 이것이 식민지 근대화론이 오랜 세월 뿌리 깊게 내린 배경이다.

한편 이병도의 제자인 이기백은 어떻게 말하는지 한 번 살펴보자.

> 한은 위만조선을 멸망시킨 그 해(서기전 108)에 위만조선의 판도 안에다 낙랑, 진번, 임둔의 세군을 두고, 그 다음해 (서기전 107)에 예의 땅에 현도군을 두어 소위 한의 4군이 성립되었다. 그 위치는 낙랑군이 대동강 유역의 고조선 지방, 진번군이 자비령 이남 한강 이북의 옛 진번 지방, 임둔군이 함남의 옛 임둔 지방, 현도군이 압록강 중류 동가강 유역의 예 지방이었던 것으로 생각된다. 이 설에 의하면 4군은 한강 이북의 지역에 한하였으며, 각기 일정한 독립된 사회들을 단위로 설치되었다는 결론에 도달하는 셈이다.
>
> —이기백, 《한국사 신론》, 일조각, 1993, 40쪽

이병도가 스승의 견해를 따랐듯이, 이기백도 스승 이병도의 일방적인 서술을 자신의 결론으로 삼았다. 일제 식민사학이 만든 역사학에 대한 학문적 태도, 즉 비판적 태도는 애초에 없었다.

한의 군현이 그들의 식민정책을 수행한 중심지는 낙랑군이었다. 그 낙랑군에는 군태수 이하의 관리와 상인 등 한인漢人이 와 살면서 일종의 식민도시를 건설하고 있었다. 그들의 생활상의 대략은 낙랑군치樂浪郡治로 생각되는 평양 서남쪽 강 맞은편의 토성리 유적이 발굴 조사된 결과 짐작할 수 있게 되었다. 또, 그 부근에 있는 그들의 목곽분과 전축분에서 나오는 각종 부장품을 통하여 식민도시에서 번영한 한인 관리나 상인들의 생활이 호화로운 것이었음도 알 수 있게 되었다. 이러한 유물 중에는 군치에서 만들어진 것도 있었지만 오히려 중국에서 가져온 것이 대부분이었다. 그러므로 이 낙랑문화는 한인에 의한 문화였으며, 만일 그 제작 과정이나 사용자만을 문제로 한다면 고조선인과는 아무런 관계도 없는 것이었다.

호화로운 식민도시의 건설에도 불구하고, 한의 식민정책은 심한 정치적 압박을 수반하는 것은 아니었던 듯하다. 그들은 고조선인의 거주지와는 따로 떨어져 살면서 어느 정도의 통제를 가할 뿐, 비교적 관대한 정치적 자유를 고조선인은 누리고 있었다고 생각된다.

—이기백, 《한국사 신론》, 일조각, 1993, 41쪽

"낙랑문화는 한인에 의한 문화였으며, 만일 그 제작 과정이나 사용자만을 문제로 한다면 고조선인과는 아무런 관계도 없는 것이었다"라면서 그는 고조선인은 원시적인 단계에 있었다며 색안경을 끼고 본다. 호화로운 식민도시, 그 문화는 한인에 의해 만들어졌고 사용되었다. 심한 정치적 압박은 없었고, 관대한 정치적 자유를 고조선인이 누리고 있었다고 '생각'한다.

이렇게 식민사학에 빠지면 식민정권을 중심으로 사고하고, 그들에

게 유리한 방향으로만 결론내리는 것을 이 글에서 확인할 수 있다. 관대한 정치적 자유를 누렸다는 것을 어떻게 실증했는지 근거를 대지 않고, "그렇게 생각한다"라고만 할 뿐이다. 식민지 근대화론 이전에 식민지 고대화론마저 존재하게 된 것이다.

이병도의 주장에 따라 "한사군이 한반도에 있었고, 한사군을 통해 문물이 발달했다"는 전제에 얽매이다보니 고조선에 대한 다음과 같은 견해가 나온다.

> 성읍국가로서의 고조선은 아사달에 건국하였다고 한다. 아사달은 곧 훗날의 왕검성일 터이지만, 그 위치는 원래 대동강 유역의 평양이었던 것으로 전해져 왔다. 그런데 최근에는 요하유역이었다고 주장하는 설도 대두하고 있으며, 혹은 처음 요하유역에 있다가 뒤에 대동강 유역으로 옮겼다는 설도 나타나고 있다. 이 고조선 성읍국가는 아사달 일대의 평야를 지배하는 조그마한 정치적 사회였을 것이다.
>
> 그 정치적 지배자는 단군왕검이라고 칭했던 것 같은데, 그는 곧 제사를 겸해서 맡은(제정일치) 존재가 아니었던가 한다. 단군왕검이 하늘에 있는 태양신을 나타내는 것으로 여겨지는 환인의 손자였다는 것은, 그가 정치적 지배자로서의 위엄과 권력을 가지고 있음을 상징코자 한 것 같다. 하늘에 대한 신앙, 태양에 대한 신앙이 이렇게 해서 발생하였다는 주장은 매우 새롭다.
>
> —이기백, 《한국사 신론》, 일조각, 1993, 33~34쪽

"건국하였다고 한다"는 문장에서 보듯 그는 마치 다른 나라의 건국을 전하는 태도로 말한다. 《삼국유사》의 단군사화는 소개하지도 않

는다. 《삼국유사》 기록을 불신하는 것이다. 성읍국가라는 개념은 고조선의 발전이 매우 늦었다고 주장하기 위해 사용하는 용어다. 당연히 사료적 근거는 없다. 단군에 대한 서술은 이것이 전부인데, "칭했던 것 같은데" "아니었던가 한다" "상징하고자 한 것 같다"고 주관적 추측만 연발하다가 "역사가 아닌 신앙"이라고 결론을 맺는다. 그에게 단군은 종교의 영역이지 역사가 될 수 없다.

주류 역사학계는 고조선의 영역이 무조건 작아야 하고, 고조선인은 후진적인 부족이라고 주장한다. 식민사관을 자신의 역사관으로 받아들이면 그렇게 된다. 이기백뿐 아니라 주류 역사학계의 주장은 "그 나물에 그 밥"이라서 비슷비슷하다.

> 내용은 다소 다르지만 이기백과 비슷한 논리가 서영수에 의해서도 제출되었다. 그는 고조선은 초기의 성읍국가 단계로부터 연맹왕국시대를 거쳐 집권적 영역국가시대로 발전하였다고 보았다. 그는 고조선이 이렇게 작은 나라로부터 점차 큰 나라로 발전한 것을 통치자의 칭호변화에서 알 수 있다고 하면서 고조선 통치자 칭호가 단군왕검(하늘임금), 한韓(한칸), 왕王(중국식 왕호)으로 차례로 변하였다고 주장하였다. 이러한 서 씨의 주장은 자의적이며 근거가 없다. 한국의 초기국가 형태는 성읍국가가 아니었으며 중국의 봉국제와 비슷한 거수국제국가였다. 이를 구조적인 면으로 말하면 '마을집적국가'라고도 부를 수 있다.
>
> ─윤내현, 《고조선 연구》, 일지사, 1994, 125~126쪽

성읍국가는 어떤 사료적 근거에서 나온 것이 아니라, 추측에서 나온 주관적인 판단으로 만든 개념이었다. 서구의 고대국가인 도시국

가, 즉, 그리스의 폴리스를 보편화해서 갖다 붙였다. 옛 사료에 나온 '도시'와 뜻이 유사한 성읍이라는 말을 견강부회한 것이다. 성읍의 성격을 서구의 도시와 같은 것으로 볼 수도 없지만, 도시 자체가 국가였던 서구와 달리 우리의 성읍들은 국가에 있는 하나의 행정단위였다는 점도 무시했다. 서구의 고대사회를 대표하는 그리스의 경우, 농사짓기 어려운 척박한 토질로 인해 올리브 기름과 포도주를 교역하게 된다. 자급자족이 어려워 교역하기 좋은 곳으로 모여든 곳이 곧 도시였고, 이것이 국가로 발전했다.

하지만 윤내현의 논증에 따르면 농경사회였던 우리는 각 지역에 산재한 마을과 그 마을의 농민들이 기초를 이루어 살아왔다. 수많은 마을이 점처럼 조직되고 연결된 국가였다. 우리의 성읍은 마을을 다스리는 거수(중국의 경우 제후), 즉 지역관리가 상주하며 일정 지역의 중심을 이루는 큰 마을이었다.

주류 역사학계의 이론을 보면 공통점이 있다. 객관적인 사실이나 근거에 입각하는 경우는 거의 없고, 주관적인 추정과 임의적인 단정, 자의적인 해석, 단편적인 사료 나열과 견강부회, 닫힌 해석, 일률적인 주장 등을 내세운다는 것이다.

고조선이 마치 건국 초기부터 만주와 한반도 북부에 걸친 대제국이었다고 생각하는 것은 역사의 발전을 무시한 잘못된 생각이다. 이러한 사회적 발전의 시기를 확인하기는 힘드나, 서기전 4세기 이전이었을 것임은 분명하다. 그것은 주가 쇠약해지고 연이 '왕'을 칭할 무렵에 고조선에서도 스스로 '왕'을 칭하였다고 하였기 때문이다. 이 서기전 4세기경에는 중국의 철기문화를 받아들이게 되었으므로, 고조선은 더

한층 국가적인 발전을 이룩하였다고 생각된다.

−이기백, 《한국사 신론》, 일조각, 1997, 34쪽

　단군이 서기전 2333년에 건국했다는 역사는 없다. 이기백은 그런 역사는 역사의 발전을 무시한 잘못된 생각이라고 일축한다. 그런 사회적 발전 시기를 확인하기는 힘드나, 서기전 4세기 이전이었을 것임은 분명하다고 말한다. 중국 철기문화를 받아들여 고조선이 국가적 발전을 이룩했으리라 생각된다는 것이 이기백의 결론이다. 이런 내용들은 앞서 말했듯이 송호정이 다시 반복한다.

　이기백의 이런 견해를 윤내현은 다음과 같이 비판했다.

　사회발전 과정에서 고조선 위치를 논하고자 할 때 고조선시대만을 국한해서 논해서는 안 된다는 것이다. 왜냐하면 고조선은 한반도에 사람이 출현한 이후 계속적인 사회발전의 결과로 나타났기 때문이다. 이기백은 고구려나 백제, 신라 등이 초기에 작은 세력으로부터 시작되었던 것처럼 고조선의 모습도 그래야 한다고 주장하였다. 초기의 모습이 작았을 것이라는 이 씨의 생각은 지극히 상식적이다. 그러나 그 초기가 언제쯤이었느냐가 문제인 것이다. 〔…〕

　고구려나 백제, 신라는 이미 국가가 출현한 사회 안에서 그 권력을 차지하고 확대하기 위한 투쟁이었지만, 고조선은 처음으로 등장한 국가였기 때문에 정치권력이 없었던 마을 사회 단계로부터 점차 성장하여 궁극적으로는 정치권력이 강화된 국가라는 사회에 이르게 되었던 것이다. 고조선이라는 국가가 출현했다는 것은 그 시기부터 고조선이라는 명칭을 사용했다는 뜻이지 그 사회의 출발이 그때부터라는 의미는

결코 아닌 것이다.

—윤내현, 《고조선 연구》, 일지사, 1994, 124~125쪽

고조선에 대한 최태영의 분석을 한 번 살펴보자.

고조선이란 이름은 중국의 《산해경》을 통해서도 확인된다. 역사를 위
조한 짓거리들은 중국과 일본이 비슷하다. 중국은 중화사상을 내세워
자기네가 모든 패권을 가져야 하는 것처럼 철저히 주변국의 역사를 개
조했는데, 기적적으로 지리서 《산해경》만은 개조를 면했다. 여기에 바
로 고조선 이야기가 있는 것이다. 조선을 묘사한 내용은 다음과 같다.
"열양동해 북산 남쪽에 나라 이름을 조선이라 한다. 낙랑군(요동에 있
는 것으로 한반도 내의 악랑군과 다르다—원주) 왕검성이 고조선 땅이다. 군자
의 나라로 서로 사양하고 다투지 않고 훈훈하여 박하지 않다. 음식은
기장을 먹고 짐승도 키워서 먹는다. 의관을 하고 띠를 띠고 검을 찬다.
공자는 자기의 도가 중국에서 잘 행해지지 않으니 떼를 타고 구이九夷
의 나라(조선)로 갈까보다"고 했다.
조선이 책봉한 제후국이 많은데 한데 모여 복종할 때는 제후국이고,
분열하여 저마다 패권을 다툴 때는 열국이라고 부른다. 단군은 여러
분국 분봉왕 수십 명을 모아 회의를 열었고, 속현 여러 군데를 순회
방문했다. 그만큼 고조선은 세력 있는 민족이었다.

—최태영, 《인간 단군을 찾아서》, 학고재, 2000, 200~201쪽

최태영의 주장처럼 이렇게 명백한 증거가 있음에도 국사 교과서나
이기백, 송호정, 노태돈, 김정배, 이기동, 서영수, 서영대 등 한국 주류

식민사학계 모두가 '한사군은 한반도 서북부에 있었다'는 '철의 법칙'을 사수한다.

동북아역사재단이 중국을 지지하는 이유

한편 한국정신문화연구원이 만든 《한국민족문화대백과》에서 한사군은 "고조선시대에 한나라가 우리나라의 서북부지역에 설치한 낙랑·임둔臨屯·진번眞蕃·현도玄菟의 4개의 군현"이라고 기록되어 있다. 동북아역사재단은 식민사학적 서술로 여러 차례 누리꾼들의 반발을 산 후, 새로 만든 누리집에서 고조선에 대한 설명을 이렇게 고쳤다.

고조선에 관련된 여러 가지 문제 가운데 집중적으로 논의되는 것은 건국신화의 실재성實在性에 대한 문제와 영역 및 중심지에 관한 문제 등이다. 단군이 신화적인 존재인가 아니면 역사적 실체를 신성화한 것인가가 전자의 핵심적인 쟁점이라면, 고조선의 중심지가 한반도 북부의 평양 일원인가 아니면 중국 요령성의 요하遼河 일대인가에 대한 논란이 후자의 주된 관심이다. 고조선에 관련된 문헌자료는 한국의 것이나 중국의 것을 막론하고 상당히 영세한 데다 체계적인 기록을 찾아보기도 어렵기 때문에 지금은 고고학적 자료를 바탕으로 하여 고조선에 관련된 여러 문제에 접근하는 것이 일반적인 경향이다.

고고학적으로 식별되는 고조선의 표지유물은 비파형동검과 지석묘이다. 비파형동검은 요령성의 요동지역과 요서지역, 길림성 일대, 한반도에 분포하고 있으며, 지석묘는 한반도와 요동반도를 중심으로 분포하고 있다. 특히 지석묘에서 발전하여 나온 것으로 생각되는 석관묘, 석곽묘, 적석총 등에서 비파형동검이 집중적으로 출토되고 있다는 사실은 비파형동검과 지석묘가 고조선을 상징하는 주요한 문화적 요소였을 가능성을 강하게 암시하고 있다. 다만, 요하 일대의 비파형동검이 최초로 출현하는 것은 서기전 12세기경이라 알려지고, 고조선의 배경이 된 청동기문화 역시 철기의 수용 및 중국문화의 수용과 함께 변화하여 갔기 때문에 고조선을 둘러싼 고고학적 문화의 양상은 매우 복잡하게 전개되었으리라 생각된다.

—동북아역사재단 누리집, 〈동북아역사 이슈 고중세사〉 중에서

고조선 문제에서 가장 집중적으로 논의되는 것이 단군조선의 실재성이라고 밝혀놓고는, 이에 대한 아무런 답을 하지 않았다. 단군조선은 고조선 역사의 출발인데, 아예 언급을 회피한다. 조선총독부의 입장을 밝혀놓자니 국민의 여론이 두려워 슬그머니 도망간 것이다. 한국의 국가기관, 그것도 일제사관과 중화사관의 역사왜곡을 바로잡아야 하는 기구의 실상이 이와 같다. 역사왜곡에 대응하기는커녕 내부에서 적극 호응하고 동조한다. 다만 겉으로는 그렇지 않은 척 할 뿐이다.

"고조선에 관련된 문헌자료는 한국의 것이나 중국의 것을 막론하고 상당히 영세한 데다 체계적인 기록을 찾아보기도 어렵기 때문에 지금은 고고학적 자료를 바탕으로 하여 고조선에 관련된 여러 문제에 접근하는 것이 일반적인 경향이다." 우리는 이런 말을 반복적으로 들어왔다. 한국 주류 식민사학계가 문헌과 고고학적 자료를 성실하게 연구해서 기존의 학설을 뒤집길 바라는 것은 조선총독부가 한국 독립을 위해 투쟁하기를 바라는 것과 같다. 동북아역사재단은 지금도 일

본 식민사학이나 중국 동북공정의 내용을 지지한다. 다만 국민들의 세금을 떼어 먹어야 하니까 그렇지 않은 척 위장할 뿐이다.

《조선왕조실록》에 "동네 어린놈들이 단군릉이라며 무덤 꼭대기에 올라가 놀고 장난하는데 단군릉이라 하니 그런 짓 말라"는 기록이 보인다. 적어도 여러 개의 단군릉이 있었다는 것을 말한다. 그러나 1990년대의 북한 단군릉 발굴은 어딘지 부자연스러운데 정보 교환이 없으니 알 수 없다. 만주, 환도, 광개토대왕릉 근처에 가면 이름 없는 장군릉이 많다. 단군릉이 그 중에 있을 것이다. 발굴해보면 많은 사실이 밝혀질 텐데 중국 측이 절대 발굴을 금하고 있다.

-최태영, 《인간 단군을 찾아서》, 학고재, 2000, 206~207쪽

동북아역사재단은 이런 현실을 잘 알고 있을 것이다. 문헌사학은 자료가 없다는 이유로 포기하고, 고고학적 연구로 가자고 주장하는데, 그렇다면 도대체 어떤 고고학적 성과를 이루어냈는지 동북아역사재단의 주장을 정확히 따져봐야 한다.

"다만, 요하 일대의 비파형동검이 최초로 출현하는 것은 서기전 12세기경이라 알려지고, 고조선의 배경이 된 청동기문화 역시 철기의 수용 및 중국문화의 수용과 함께 변화했기 때문에 고조선을 둘러싼 고고학적 문화의 양상은 매우 복잡하게 전개되었으리라 생각된다." 동북아역사재단이 주장하는 이런 판단들은 도대체 무엇을 근거로 내린 결론인가.

이 말을 이해하는 키워드인 "서기전 12세기", "고조선의 배경이 된 청동기문화도 중국의 철기 수용과 문화 수용과 함께 변화", "매우 복

잡" 등은 무엇을 말하는 것일까? 결국 중국 고고학에 기대겠다는 말이다. 막대한 국가 예산을 포기할 수는 없고, 그렇다고 한국 주류 역사학계의 철의 법칙을 접을 수는 없으니, 기댈 곳은 중국밖에 없다. 그들은 중국에 대응하는 척하며 예산을 따내면 된다. 중국과 감정적으로 대응하면 안 된다고 반복하면서, 정치논리가 아니라 학술적인 대응을 해야 한다는 뻔한 논리를 그때마다 발표하면 된다. 그 학술적인 대응에는 마땅히 국민의 세금이 지원되어야만 한다. 그럼 그 학술적인 대응은 누가 맡겠는가. 지금껏 살펴본 대로 서울대학교 국사학과를 정점으로 한 식민사학의 후예들이다.

현재 중국을 이끄는 지도세력은 중화 패권주의 사관이라는 변종 황국사관을 위해 오랜 구상을 실현하고 있는 사람들이다. 중국의 영토 침탈은 거침없다. 우선 중국은 심각한 빈부격차, 지도층의 부정부패, 성장률의 한계와 물가 상승, 내륙과 해안지대의 격심한 발전정도 차이 등 심각한 내부 갈등이 누적되어왔다. 그러므로 세계 최고국가라는 캐치프레이즈를 내걸고 강대한 국가상으로 인민을 결속시키면서, 국가 자본의 특혜와 이익을 확보하려 할 것이다. 동북공정은 바로 이런 배경에서 나왔다. 아울러 격변하는 세계 정세 속에서 남북한 통일에 대비해 한반도 영토권에 대한 유리한 입지를 노리고 있다.

동북아역사재단은 한사군 위치를 명시적으로 언급하지 않으면서, 역시 식민사학을 그대로 계승한다.

평양 일대는 고조선의 중심지로서 고조선의 계승국인 고구려 선사先史로서의 역사적 성격을 지닌다.

—동북아역사재단 누리집, 〈상고사〉 중에서

중국 대륙에 있었던 한사군을 한반도 평양 일대로 단정하면서도 이렇게 간접적으로 표현한다. 전문가가 아니면 눈치채기 어렵게 슬쩍 끼워 넣는 것이다. 마치 독립운동가들이 일제의 정보망을 피하기 위해서 노력했듯이, 동북아역사재단은 혹시라도 똑똑한 국민들이 자신들의 실체를 알까 두려워하면서 식민사학적 논리를 교묘하게 끼워 넣는다.

고구려사를 둘러싼 한·중간의 갈등은 학문적인 영역을 넘어서 전개되었다. 그러나 이 문제의 해결은 학문적 차원에서 이루어져야 한다. 이를 위해 한·중 두 나라를 포함, 여러 나라의 관련 학자들이 학술적인 교류를 통해 여러 쟁점들을 역사학 본연의 차원에서 분석·검토하고, 과학적·객관적으로 논증하여, 인식 차이를 좁혀 나갈 필요가 있다. 고구려사 문제를 근본적으로 해소하기 위해 가장 우선시해야 할 것은 고구려 역사와 문화에 대한 정확한 규명이다. 그런데 고구려사의 경우 관련 문헌사료가 매우 적기 때문에 전체 역사를 복원하는 데어려움이 있다. 그 공백을 두고 자의적인 해석이 개입될 소지도 많아지게 된다. 이러한 문헌사료의 부족은 현전 고구려 유적·유물에 대한고고학 자료로 어느 정도 보완할 수 있다.

현재 고구려 유적은 중국과 북한, 그리고 한국에 남아 있다. 고구려 유적 보유국들이 고구려 유적의 조사와 보존 노력을 공동으로 진행할 필요가 있다. 그 과정에서 고구려사의 규명과 정립이 보다 원활히 이루어질 수 있고, 관련 자료의 자의적인 해석으로 인한 역사 갈등을 방지하는 데도 도움이 될 수 있기 때문이다.

고구려사를 둘러싼 역사 갈등의 해소는 동아시아 각국이 상호 화해

와 협력을 기반으로 상생하는 미래사를 구축하기 위해서도 꼭 이루어
져야 할 과제이다.

-동북아역사재단 누리집, 〈상고사〉 중에서

그냥 비판 없이 읽으면 다 좋은 말이다. 하지만 이 말의 속뜻은 지
금 이대로 중국이 하자는 대로 가자는 속임수다. 학문적 차원, 학술
적 교류로 해결하자는 것은 기존의 식민사학대로 가자는 것이다. 그
렇기 때문에 국민 세금으로 동북공정을 주장하는 중국인 학자들을
한국에 부르고, 서울 한복판에서 그들의 주장이 맞다고 하게끔 자리
를 마련한다. 한국의 주류 식민사학계는 중국의 동북공정이 이래저
래 고마울 수밖에 없다.

중국의 마대정馬大正은 '중국의 동북변강 연구'에서 "우리들이 종사하
는 학술 연구는 순수한 학술 연구가 아니고 국가의 이익을 위해 봉사
하는 학술 연구이다"라고 말했다. 국가의 이익을 위한 연구지 학술적
인 차원이 아니라는 말이다.

-이정자, 《고대 중국 정사의 고구려 인식》, 서경문화사, 2008, 15쪽

중국이 학술적 차원에서 동북공정을 추진한다고 믿는 사람은 거의
없을 것이다. 중국은 정치적인 목적을 갖고 막대한 비용과 시간을 투
자해왔다. 동북아역사재단도 이런 사실을 잘 알면서도 "이 문제의 해
결은 학문적 차원에서 이루어져야 한다"고 혹세무민하려 한다.

한편 일제 식민사학자들은 고조선이 한반도 북부에 있었던 조그마
한 소국이었고, 한사군에게 4백 년 동안 지배를 통해 한국사가 발전

했다는 역사상을 수립하기 위해 낙랑군 유물과 유적을 조작했다. 신채호와 정인보는 당대에 이미 진위여부에 대한 근본적인 문제제기를 했고, 1960년대 북한 학계의 집중적인 조사와 연구, 1980년대 윤내현의 치밀한 문헌고증 등으로 낙랑군 유물은 더 이상 한사군 한반도설을 뒷받침할 수 있는 근거로는 쓸모없게 되었다.

주류 역사학계는 이런 위기를 수습하기 위해 새로운 전략을 들고 나왔다. 앞서 소개한 '고조선 중심지 이동설'이라는 카드가 그것이다.

서영수가 1988년 한국사 시민강좌에 〈고조선의 위치와 강역〉을 발표하고, 노태돈이 1990년 《한국사론》 제23집에 〈고조선 중심지의 변천에 관한 연구〉를 게재했다. 고조선은 이병도 이래 한반도에 있던 소국이었다. 그런데 주류 역사학계는 고조선이 한때 만주지역에 있었던 것은 사실이지만 중국에 밀려 한반도 내부로 중심지를 옮겼다는 이론을 들고 나왔다. "고조선 초기 중심지는 요하 동쪽지역이었다가, 서기전 3세기초 중국 연나라의 침공을 받은 후 평양으로 그 중심지를 옮겼다." 이것이 핵심적인 주장이다. 낙랑군 유물만으로 증거를 대기가 버티기 힘든 지경에 이른 주류 역사학계의 고육지책이었다.

그들은 "고조선이 한때 대륙에 있었다"고 말함으로써 한사군 한반도설을 유지할 수 있어 좋고, 고조선의 영토가 넓었다고 이야기할 수 있으니 식민사관을 비판하는 것처럼 비춰질 수도 있었다. 게다가 만주지역은 현재 중국 영토이기 때문에 어떤 고고학적인 발굴이 있어도 중국은 "중국 영토에서 있었던 모든 역사는 중국의 역사다"는 방침을 견지할 것이다. 따라서 만주 대륙에서 발견되는 고고학적인 유적과 유물은 고조선 것이 아니라 고대 중국의 것이 된다. 결국 고조선은 한반도 북부에 있었던 조그만 나라, 한사군은 한반도에 있었다는 부동의 정설을 지켜낼 수 있다. 주류 역사학계가 역사 화해를 내세우며 "중국과 순수 학술적인 차원에서 논의할 문제"라고 목소리를 높이는 배경이 바로 이러한 점 때문이다. 또한 한국의 뜻있는 역사학자들의 비판을 교묘하게 회피하고, 국민의 역사에 대한 관심을 떨어뜨리려는 속셈이기도 하다.

이병도가 '순수 학술'을 내세우며 일제 식민사학에 충실했던 것처럼, 그를 사사한 제자들은 '순수 학술'을 내세우며 중화 패권주의 역사관에 기대어 산다. 표리부동해야 그들은 살 수 있다. 그들에게 있는 것은 '순수 학술'이 아니라 '순수 이권'과 '순수 매국'이다.

서영수와 노태돈의 논문은 발표 이래 수십 년간 주류 사학계를 떠받치고 있는 생명줄과 같기 때문에 좀더 자세히 살펴볼 필요가 있다.

낙랑군은 한반도의 서북부에 위치했음이 분명하다고 주장한 노태돈의 핵심 견해를 먼저 살펴보자.

만주 쪽에서 흘러들어오는 압록강의 지류인 애하 하구의 삼각주 상의 유적에서 1976년 출토된 한대漢代의 기와편에 "안평락미앙安平樂未央"이라는 명문이 새겨져 있다. 이 명문의 '안평'은 지명이고, 락미앙은 한대에 흔히 쓰였던 길상구吉祥句이다. 이 와당이 출토된 지점은 곧 한대의 요동군 서안평현의 유지임을 말해준다. 이렇듯 한대의 요동군이 오늘날의 요동지역에 있었고, 그 속현인 서안평현이 압록강 하류 지역에 있었다면, 자연 요동군의 동편에 있었던 낙랑군은 한반도의 서북부에 위치하였음이 분명해진다.

—노태돈, 〈고조선 중심지의 변천에 대한 연구〉, 《한국사론》, 제23집

이것이 낙랑군이 한반도 서북부에 위치했다는 노태돈식 논증이다. 낙랑군 서안평이 식민 사학계의 주장대로 압록강 대안의 단동이 아니라《요사》〈지리지〉에 내몽골 파림좌기로 나온다는 사실은 이미 앞에서 밝혔다. 노태돈의 이 주장은 주류 사학계의 참상을 여실히 보여준다.

이에 대한 윤내현의 비판을 살펴보자.

노 씨는 한대의 요동군이 지금의 요동과 동일한 지역이었을 것이라는 근거로 압록강 유역 단동에서 출토된 와당의 명문을 제시하고 있다. 그것은 "안평락미앙"이라는 명문이다. 이 명문 가운데 안평은 지명을 나타내는 것으로서 이 와당이 출토된 단동지역은 한시대의 요동군 서안평현이라는 것이다. 이것은 단동의 유적을 발굴한 중국인에 의해 제기된 것인데 일본 학자에 의해서 받아들여졌고, 다시 노 씨에 의해 강조되었다. 그러나 그러한 견해는 잘못된 것이다. 우선 한시대의 기록인《사기》와《한서》에 의해서 당시의 요동군은 난하유역에 있었음이 분명하게 확인되는데, 그것을 무시하고 그곳과는 전혀 다른 압록강 유역을 한시대의 요동군으로 본 것은 역사 연구방법과 유물해석의 기본원칙을 벗어난 것이다.

그뿐만 아니라 그 명문의 안평은 서안평현을 뜻하지도 않는다. "안평락미앙"은 "평안함과 즐거움이 아직 다하지 않았다(계속 성장하고 있다)는 뜻의 길상구인 것이다. 한 시대의 와당명문에서 지명이 기록된 것은 지금까지 발견된 예가 거의 없다. 그리고 이와 유사한 "장락미앙" "장생락미앙" 등의 문귀가 새겨진 한 시대 와당이 여러 곳에서 출토되는데 '장락'이나 '장생'이라는 동일한 문귀가 새겨진 와당이 전혀 다른 지역에서 출토되고 있다.

이러한 사실은 와당의 명문 가운데 안평이 지명이 아님을 알게 해준다. 설사 안평이 지명이라는 노 씨의 주장을 받아들인다고 하더라도 단동지역은 서안평이 아니라 와당의 명문에 따라 안평이 되어야 할 것이다. 그리고 서안평은 안평보다는 서쪽의 어느 지역에서 찾아야 옳다는 논리가 성립될 것이다.

—윤내현, 《고조선 연구》, 일지사, 1994, 205~207

윤내현이 조목조목 비판한 논증을 보면 아직도 노태돈의 논리가 주류 사학계의 생명줄이라는 것이 놀랍다. 그런데도 노태돈의 위의 주장은 10년 후인 2000년, 그의 주요 저작 중 하나인 《단군과 고조선》에 거의 그대로 게재되었다. 물론 지금까지도 노태돈의 학설은 주류 학계의 절대적인 지지를 받고 있다.

그러나 노태돈의 논리는 역사학의 원칙과 기본을 한참 벗어난 주장이다. 1차 사료에 근거하지 않고 후대의 중국과 일본인의 주장을 그대로 따르다 보니 무리한 주장을 하다가 파탄에 이른 것이다. "한시대의 기록인 《사기》와 《한서》에 의해서 당시의 요동군은 난하 유역에 있었음이 분명하게 확인되는데, 그것을 무시하고 그곳과는 전혀 다른 압록강 유역을 한시대의 요동군으로 본 것은 역사 연구방법과 유물 해석의 기본원칙을 벗어난 것이다." 윤내현이 노태돈을 중심으로 한 주류 학계에 보내는 엄중한 질타다. 그는 "안평락미앙", 즉 '평안함과 즐거움이 아직 다하지 않았다'는 길상구를 터무니없게도 지명으로 봤다. 이렇게 근거와 사례를 무시하고 자신의 의견만 주장하면서 길상구를 제멋대로 해석한다. 설령 노태돈의 말대로 '안평'이 지명이라 해도, 서안평은 안평의 서쪽에서 찾아야 한다는 것은 기초적인 상식이다. 그렇다면 안평은 결코 한반도 서북부일 수가 없다. 그러나 노태돈은 중국 동북공정과 일본 황국사관의 주장에 입각해 서안평이 압록강에 있었다고 주장한다. 한국 최고의 고대사학자라며 떠받드는 노태돈의 학문 수준이 이 정도. 정해진 결론에 무리해서 맞추려고 하다보니 이런 결과가 나올 수밖에 없다.

윤내현은 서영수와 노태돈의 논리를 철저하게 비판했다.

> 그러나 앞에서 이미 확인된 바와 같이 고조선의 서쪽 국경은 위만조선이 건국된 서한 초까지 난하유역으로부터 동쪽으로 이동한 적이 없다. 오히려 고조선 말기인 서한 초에는 고조선의 서쪽 국경이 서쪽 지역으로 이동했다. 지금의 요서지역에 위만조선이 건국됨으로써 난하와 갈석산 지역은 위만조선과 서한의 경계가 되었으며 고조선의 서쪽 경계는 대릉하 유역이 되었다. 그 후 위만조선이 망하고 그 지역에 한사군이 설치됨으로써 고조선의 서쪽 국경은 지금의 요하로 이동하게 되었던 것이다. 따라서 서 씨와 노 씨의 견해는 성립될 수 없다. 〔…〕 서 씨와 노 씨는 고조선의 서쪽 국경을 확인하는 데 있어서 《사기》〈조선열전〉보다 더 기본되는 기록이 없는 것으로 강조하였다. 그러나 앞에서 필자가 이미 인용한 바와 같이 고조선의 서쪽 국경을 분명하게 확인할 수 있는 그보다 앞선 시대에 관한 기록이면서도 그 내용이 구체적인 〈진시황본기〉를 비롯한 여러 기록들이 있다. 사마천은 《사기》에서 고조선과 중국이 국경을 접하고 있었던 고대의 요동은 지금의 요동이 아니었고, 난하유역의 갈석산 지역이었음을 분명하게 밝히고 있다. 그럼에도 불구하고 서 씨와 노 씨는 그러한 기록은 확인해보지도 않은

채 고대의 요동이 지금의 요동과 동일한 지역이었을 것이라는 전제 아래《사기》〈조선열전〉의 기록을 해석하고 논리를 전개하였다. 그뿐만 아니라 진번眞番·장새·鄣塞·요동외요遼東外徼·패수浿水 등의 위치 고증은 하지도 않고 지금의 요동을 기준으로 하여 임의로 그 위치를 설정하였다. 따라서 그들의 연구는 출발부터 오류를 범하고 있다.

더욱이 노태돈은 이러한 그의 논리를 뒷받침하기 위해 나름대로 몇 가지 근거를 제시하고 있다. 그는 연장성과 진장성은 요동에 이르렀는데 그 요동은 지금의 요동이었다고 주장하면서 그 근거로 산해관에 이르는 지금의 만리장성보다 훨씬 북쪽의 요동지역에서 발견된 성터를 들었다. 그 성터에서는 연·진·한시대의 유물이 출토되었으므로 이 것은 연장성과 진장성이 지금의 요동에 이르렀다는 실물증거라고 하였다. 이것은 만주지역을 고대의 중국 영토에 포함시키려는 일부 중국 학자들의 잘못된 주장을 비판 없이 받아들인 것이다.

-윤내현,《고조선 연구》, 일지사, 1994, 200~202쪽

윤내현은 "고조선 말기인 서한 초에는 고조선의 서쪽 국경이 오히려 서쪽 지역으로 이동했다. 고조선의 서쪽 국경을 분명하게 확인할 수 있는 〈진시황본기〉를 비롯한 여러 기록들이 있다. 사마천은《사기》에서 고조선과 중국이 국경을 접하고 있었던 고대의 요동은 지금의 요동이 아니었고, 난하 유역의 갈석산 지역이었음을 분명하게 밝히고 있다. 그런데 왜 이런 자료들을 다 무시하는가"라면서 일부 중국 학자들의 잘못된 주장을 그대로 받아들이지 말라는 준엄한 질책을 하고 있다.

한편 노태돈의 견해를 무조건 추종하는 동북아역사재단의 총아

오강원의 주장을 들어보면 그들의 연결고리가 적나라하게 드러난다.

노태돈은 《한서》〈지리지〉의 문헌기록과 압록강 지류인 애하 하구에서 발견된 "안평락미앙" 명문 와편 및 요령지역에서 발견된 장성유적 등을 통해 당시의 요동군이 현대의 요동지역에 위치하고 있었다고 하면서, 관련 기록과 그간의 고고학적인 성과를 토대로 한 패수는 압록강이 되어야 한다고 하였다. 아울러 한대 이전, 연과의 경계선은 청천강으로 비정하였다. 노태돈의 연구는 문헌의 고증과 고고자료의 활용이 합리적이고 체계적이며 치밀하다는 점에서 기왕에 제출된 견해 중 가장 설득력이 있는 것이다.

—《강원사학》 제13집, 제14집 합본, 66쪽

이렇듯 그는 "노태돈의 연구는 문헌의 고증과 고고자료의 활용이 합리적이고 체계적이며 치밀하다는 점에서 기왕에 제출된 견해 중 가장 설득력이 있는 것이다"라고 했다. 사람의 시각과 관점은 이토록 다르다. 그러므로 송호정의 적극적인 지지가 없을 수가 없다.

고조선(단군조선)이 제국이라는 주장은 동아시아 고대 역사에서 고조선만이 존재했다는 것이며, 이미 역사 발전 과정에 대한 기본상식을 뛰어넘은 맹목적인 주장이라고 할 수 있다. 여기에는 근대 국민국가 형성 이후에 형성된 감상적 민족주의자들의 소박한 생각이 담겨 있다. 그러나 그것은 단지 생각일 뿐 실상은 아니다.

반면 고조선 중심지 이동설은 고조선이 초기 단계에는 요동지역에서 비파형 동검문화를 주도하다가 연 세력과의 충돌로 말미암아 그 중심부를 대동강 유역의 평양지역으로 옮겼다고 보는 입장이다. 고조선의 사회성격도 연맹적 성격이 강한 초기 국가임을 주장한다. 이 주장은 종래의 평양설과 요동설의 문제점을 극복하기 위한 노력의 결과로서, 현재 가장 많은 지지를 받고 있다. 특히 이 주장은 문헌사료에 대한 비판적 이해를 바탕으로 문헌에 기록되지 않은 초기 고조선사에 해당되는 부분은 고고학 자료를 적극적으로 활용하고 있다.

−역사비평 편집위원회, 《한국 전근대사의 주요 쟁점》, 역사비평사, 2008, 36쪽

문헌사료와 고고학에 근거한 역사학자들의 엄정한 역사학을 "맹목적인 주장", "감상적 민족주의자들의 소박한 생각", "생각일 뿐 실상은 아니라"고 폄훼한다. 반면 문헌사료와 고고학을 도외시한 중심지 이동설을 그렇지 않은 양 소개하고, 가장 많은 지지를 받고 있다고 정리한다. 송호정의 말을 계속 들어보자.

종래 고조선사 연구는 민족주의적 시각에서 접근하는 논자들에 의해 지나치게 확대·해석되거나 이른 시기부터 과장된 역사상을 가진 나라로 언급되어 왔다. 우리 민족사의 출발이라는 점에서 이러한 관심은 당연한 결과이지만, 과연 그것이 사실로서의 고조선사를 반영하는 것인지 진지하게 고민할 필요가 있다.

−역사비평 편집위원회, 《한국 전근대사의 주요 쟁점》, 역사비평사, 2008, 41쪽

위의 문장처럼 그는 민족주의 역사학을 비롯한 고조선의 역사 고증을 "과장된 역사상" "사실이 아닌 역사상"으로 본다. 송호정은 다음의 말로 결론을 내린다.

그러나 고조선사가 한국 고대사의 한 시기이고 첫 국가인 만큼 이제는 고조선사의 실상이 무엇이고 한국 고대사 전체 체계 속에서 차지하는 위치를 고증하기 위해 고고학자료와 문헌자료를 종합한, 진지하고 치밀한 연구가 요구된다. 특히 고조선사 연구의 최종적인 판단은 문헌에 근거를 두어야 하며, 이때 제일 염두에 두어야 할 것은 후대의 믿을 만한 사료에 근거해야 한다는 점이다.

–역사비평 편집위원회, 《한국 전근대사의 주요 쟁점》, 역사비평사, 2008, 41쪽

"특히 고조선사 연구의 최종적인 판단은 문헌에 근거를 두어야 하며, 이때 제일 염두에 두어야 할 것은 후대의 믿을 만한 사료에 근거해야 한다는 점이다." 이는 무심코 넘길 말이 아니다.

어떤 말이든 그 의도와 맥락을 이면에서 검토해야 한다. 특히 주류 학계의 어법은 교묘한 의중을 담고 있다. "후대의 믿을 만한 사료"에 근거해야 한다는 전제는 역사학의 사료비판 첫 번째 원칙을 벗어난 주장이다. 역사는 당대의 1차 사료에 근거해야 한다. 1차 사료를 해석한 2차 사료보다 1차 사료를 우선해야 한다고 앞서 누차 강조했다. 1차 사료를 왜곡하거나 조작하는 2차 사료가 비일비재하다는 점을 고려하면 더욱 그렇다.

어떤 사실이 나오면 그 사실이 어디에서 나왔는지, 무엇에 근거한 것인지를 본래의 사료에서 추적하고 비판해야 한다. 또한 어떤 문헌인지, 후대 사람들이 믿을 만한 사료를 누가, 어떻게 판단하는지의 문제도 고려해야 한다. 하지만 주류 사학계는 자신의 스승들, 즉 일제 식민사학자들의 검열과 해석에 의존하다보니 자연스럽게 위와 같은 주장을 펴고 있다. 일본의 근대적인 역사학자 또는 나의 스승들이 그렇

게 해석하고 주장했으니 믿을 만하다는 주장을 간접적으로 표현한 것이다..

고조선에 관한 동북아역사재단의 공식 견해는 조선총독부 산하 조선사편수회의 주장과 완전히 일치한다. 일제 식민사학자들과 그 한국인 제자들이 계승한 '고조선=대동강(평양) 일대 소국'이란 구도에서 조금도 벗어나지 않은 것이다. 아니 조금 바뀐 부분이 있기는 하다.

과거에는 고조선이 개국할 때부터 멸망할 때까지 대동강 유역에 있던 소국이라고 주장했는데, 한중 수교 이후 만주 일대에서 고조선 관련 유물이 쏟아져 나오자 고조선의 중심지가 만주에서 평양 일대로 이주했다는 중심지 이동설로 포장을 조금 바꾸었다. 식민사학이 약간 변형된 형태로 위장해 한국사의 주류 이론으로 살아 있는 것이다.

―이덕일, 《한국사 그들이 숨긴 진실》, 역사의아침, 2011, 29쪽

이 문장에서 보듯 고조선 영역이 중국 대륙에 있었다는 문헌 논증과 고고학 결과가 나오자 고조선이 평양 일대의 조그만 나라였다고 주장하던 주류 학계가 말을 바꿔 '고조선 중심지 이동설'이라는 변종 황국사관으로 입장을 정리했다는 비판이 일어났다.

주류 사학계가 절대적으로 의존하는 논리가 또 하나 있다. 중국은 만주지역을 중국 영토로 보기 때문에 만주지역에서 성터가 발견되면 무조건 연장성燕長城 혹은 진장성秦長城이라고 주장한다. 중국 요령성 북쪽지역에서 발굴되는 성벽이나 초소의 흔적에 대해 중국은 항상 똑같은 결론을 내린다. 고조선이나 고구려가 쌓았을 수도 있다는 가능성은 배제된 채 전국시대 연나라가 쌓은 연나라 장성이고, 이후 진

나라의 만리장성으로 연장된 진장성이라는 주장이다. 현재 산해관까지 연결된 만리장성은 명나라 때 개축한 것일 뿐, 만리장성은 원래 그보다 훨씬 길었다는 동북공정의 논리는 이렇게 구축되었다. 만리장성이 한반도 북부로 깊숙이 들어오게 된 배경이다.

중국의 이런 주장에 강력한 명분과 논리를 제공한 것은 일제 식민사학과 한국 주류 식민사학이다. 그리고 중국의 동북공정 논리를 주류 식민사학계는 쌍수 들고 환영한다. 물론 국민들이 눈치챌까봐 겉으로는 내색하지 않고 "중국과 우리가 학술적으로 연구할 문제다"라고 그럴듯하게 지지한다. 중국 영토에서 발굴·연구하는 고고학적 결과가 한국 측에 유리하거나 객관적인 학문의 추구일 수 없다는 것은 삼척동자도 아는 사실이다. 그러나 주류 식민사학계에는 "고조선이나 고구려의 장성이 아니라 연나라 장성, 진나라 장성이니 한나라가 고조선을 멸망시키고 설치한 한사군은 틀림없이 한반도 북부에 있었다"고 강변할 수 있는 고마운 논리다. 그렇기 때문에 중국이 만리장성을 한반도로 끌어들여도 국내 주류 사학계에서는 이의를 제기하지 않는다. 점입가경으로 나라에서는 이들에게 중국과 맞서라며 돈을 지원해준다. 독립운동을 하라고 조선총독부에 자금을 지원하는 격이다.

한편 《삼국사기》 〈고구려본기〉 〈태조왕 3년〉에 "요서에 10개의 성城을 쌓고 한나라 침략에 대비했다"는 기록이 있지만, 주류 역사학계는 이를 철저하게 무시한다.

중국 학자들은 만주는 원래부터 중국 영토였다고 주장하기 위해 만주에서 성터가 발견되면 그것을 진장성, 즉 만리장성이라고 주장하는 경향이 있다. 여기서 주의해야 하는 것은 성은 중국의 연나라나 진 제국에서만 쌓았던 것은 아니라는 점이다. 지금의 요서지역은 원래 고조선의 영토였지만, 서한 중기에는 한사군이 설치되어 중국의 영토가 되었다가 후에는 고구려의 영토가 되었다. 그러므로 중국에서도 서한후기나 동한 또는 그보다 후대에 이 지역에 성을 쌓았을 수 있고 고조선이나 고구려도 이 지역에 성을 쌓았을 수 있다는 점을 생각해야 하는 것이다. 성터 자체만은 그것이 어느 나라 성이었는지 알 수 없는 것이며, 그 성이 만들어질 당시 그 지역이 어느 나라 영토였는지가 먼저 확인되어야 하는 것이다. 노 씨는 그 성터에서 연·진·한시대의 유물이 출토되므로 그것은 연장성과 진장성임에 틀림없다고 하였지만 후에 일시 중국 영토가 되었다. 그러므로 후에 그곳에 거주했던 중국인들이 가지고 있던 이전 시대의 유물이 그 지역에 묻혔다가 오늘날 출토되는 것으로 보는 것이 자연스러울 것이다.

—윤내현, 《고조선연구》, 일지사, 1994, 202~203

주류 사학계가 만주와 관련해서 강조하는 세력이 산융山戎과 동호東胡다. 중국은 산융과 동호를 고조선이 존재하던 시기에 요서지역을 담당했던 세력이라고 규정한다. 산융과 동호가 요서지방에 있었으니, 고조선은 요하 서쪽을 넘어올 수 없는 작은 부락집단이었다는 논리다. 산융과 동호는 모두 사라졌으니 현재 요서지역을 차지하고 있는 중국의 입지가 강화된다. 요서지역을 고조선의 역사와 분리하려는 의도인데, 한국 주류 식민사학계로서는 너무도 흡족하고 고마운 논리다. 고조선은 미약했다는 주장을 계속할 수 있기 때문이다. 그러나 윤내현은 동호에 대해서도 치밀하게 논증한 다음, 아래와 같이 결론을 내렸다.

고조선의 서쪽 국경을 고증한 결과로서 다음과 같은 사실도 확인되었다. 지난날 일부 학자들은 고조선과 중국 사이에 동호의 영토가 있었을 것으로 보았다. 그러나 그것은 잘못된 것이다. 고조선은 중국의 연·진 제국, 서한 제국 등과 국경을 접하고 있었다. 따라서 고조선과 중국 사이에 동호의 영토가 있었을 수 없는 것이다.

—윤내현, 《고조선연구》, 일지사, 1994, 209쪽

거짓된 역사, 강요된 식민주의를 버리자

동북아역사재단 누리집 첫 화면에는 "역사화해, 동북아 평화와 번영의 첫걸음입니다"라는 문구가 뜬다. 하지만 평화와 번영의 첫걸음은 그냥 오지 않는다. 독립운동을 위해서 굶어죽고, 고문당해서 죽고, 총 맞아 죽고, 감옥에서 죽어간 선조들을 기억해야 한다. 사형 선고를 받은 안중근은 "동양평화론을 완성하고 싶으니 사형집행일을 한 달 정도 늦춰 달라"고 했다. "동양 평화가 이렇게 깨어지니 백 년 풍운이 어느 때에 그치리오"라고 탄식한 평화주의자 안중근은 이토 히로부미를 저격하고 성호를 그었다고 전해진다.

평화를 위해 전쟁을 준비해야 한다는 말이 있다. 역사를 잃은 민족은 희망이 없다. 그러므로 누군가 우리의 역사를 빼앗으려 하면 맞서 싸워야 한다.

동북아역사재단은 한국 국민의 세금이 아니라 중국이나 일본 정부가 연구자금을 대야 한다. 동북아역사재단은 현재의 주장을 고수하려면 베이징이나 도쿄로 이전하든지 해체해야 마땅하다. 차라리 다

큐멘터리 제작팀에게 역사 고증을 맡겨도 몇 개월이면 중국과 일본의 극우파들을 꼼짝 못하게 할 수 있다. 단, 앞에서 본 에스비에스 다큐멘터리처럼 주류 역사학계의 목소리를 철저히 배제해야 한다. 각계각층의 다양한 전문가들에게 검증과 연구를 의뢰하고, 공개적인 심포지움을 통해 모든 국민들이 관심 있게 참여하도록 해야 한다.

이때 주류 역사학계도 참여해 자신의 견해를 분명하게 밝혀야 한다. 치열한 토론을 통해 역사의 진위여부를 가려야 한다.

세계의 역사 교과서를 검토해 한국사를 살핀 한국학중앙연구원의 이길상은 다음과 같이 말한다.

뿌리도 없고 열매를 맺어본 적도 없는 독초와 같은 임나일본부설을 창조해내는 나라, 역사의 기원을 끌어올리기 위해 석기 시대의 유물과 유적까지 조작해내는 나라, 식민 지배를 합리화하기 위해 학문까지도 정치화하는 나라, 이웃 주권국가의 영토를 빼앗기 위해 사료를 마음대로 해석하는 나라가 바로 일본이다. 이런 일본 이외에는 그 어느 토양에서도 생존할 수 없는 것 같은 임나일본부설이 살아 있는 나라가 또 있을까?

−이길상, 《세계의 교과서 한국을 말하다》, 푸른숲, 2009, 48쪽

반면에 우리는 아직도 일본의 식민주의, 중국의 중화주의와의 싸움에서 벗어나지 못하고 있다. 역사 교육이나 외국 교과서 문제는 일본의 중학교 역사 교과서 검정이 있을 때, 중국이 우리 고대사를 왜곡하는 사건이 벌어졌을 때 잠시 주목을 받을 뿐이다. 이런 측면에서만 본다면 일본이 고맙고, 중국이 더 고맙다. 일본이 우리 역사를 왜곡하지

않았다면, 중국이 동북공정을 추진하지 않았다면 우리는 아마도 역
사에 지금 수준의 관심조차 쏟지 않았을 것이다. 참으로 부끄럽고 답
답한 일이다.

－이길상, 《세계의 교과서 한국을 말하다》, 푸른숲, 2009, 17쪽

독초와 같은 임나일본부설을 창조해내는 나라, 이웃 주권국가의 영
토를 빼앗기 위해 사료를 마음대로 해석하는 나라 일본을 두고 도리
어 이길상은 고맙다고 했다. 그는 왜 이렇게 말했을까?

해방 후에도 일제 식민사학이 주류가 되다보니 한국사는 국민들의
관심에서 사라졌다. 일본과 중국의 역사 침탈이 있을 때만 관심을 갖
는다. 일본과 중국의 역사 침탈은 한국 주류 식민사학에게는 양날의
칼이다. 국민들이 한국사의 진실에 관심을 갖는 것은 좋지 않다. 그러
나 국민의 세금으로 지원되는 돈은 받아먹어야 한다. 이 사이에서 교
묘한 줄타기를 계속하는 것이 한국의 주류 식민사학계다. 자신들을
애국자로 포장하면서 매국행위를 계속할 수 있는 방법을 찾은 것이다.

대한민국 헌법 제1조 2항은 "대한민국의 주권은 국민에게 있고, 모
든 권력은 국민으로부터 나온다"고 명시하고 있다. 동북아역사재단은
국민 세금이 들어가는 국가기관이다. 국회와 감사원은 동북아역사재
단을 철저하게 조사해야 한다.

한사군이 한반도에 있었다고 확정한 것은 조선총독부였다. 이 논리
를 이어받은 한국 주류 역사학계는 대동강 유역에서 출토되는 중국
계 유물을 무조건 낙랑군 문화로 단정한다. 고구려로 끌려온 전쟁 포
로들은 전혀 고려하지 않는다.

한편 중국인이 대거 망명한 사실은 《삼국사기》〈고구려본기〉〈고구

려 산상왕 21년(217)〉조에 남아 있다.

> 한나라 평주平州 사람 하요夏瑤가 백성 1천여 가家를 이끌고 와서 의지
> 하므로, 왕은 그들을 받아들여 책성柵城에 살게 했다.

대가족제 시대에 한 가구의 숫자를 최소 5명으로 잡아도 5천 명이
나 된다. 한편 황해도 안악군에서 발견된 동수冬壽라는 인물도 망명
객이다. 동수는 《자치통감資治通鑑》〈진기晉記〉〈함강咸康〉조에 나오는
연나라 귀족 출신이다. 아마 무덤에 명문 기사가 없었다면 주류 역사
학계는 안악 3호분을 한나라 지배층의 유적으로 조작했을 것이다.

주류 식민사학자들이 평양 일대를 낙랑군의 지역이라고 주장하는
또 다른 근거는 봉니다. 봉니란 진흙 위에 도장을 찍어서 수신자가 안
전하게 문서를 받게 하는 장치. 일제시대 평양에서 다수 출토되었
고, 그때 이미 조작설이 팽배했다. 그러나 한국 주류 식민사학계는 아
직도 이 봉니를 진짜로 본다.

> 다음으로 평양의 토성동 일대 지역에서 채집되었다는 봉니 문제에 있
> 어서, 그중 일부는 돈을 목적으로 위조된 것일 수 있다는 가능성은
> 일찍부터 지적된 바이다. 그러나 모두가 위조되었다고 하기에는 문제
> 가 있다. 그럴 경우, 봉니의 위조를 처음 하게 된 동기가 없어지기 때
> 문이다.
>
> —노태돈, 《단군과 고조선사》, 사계절, 2000년, 48~49쪽

위조설이 나왔다면 마땅히 의심해야 하는데 노태돈은 사실로 믿어

야 한다고 21세기에도 주장하고 있다. 정인보는 이미 일제시대 때 봉니 위조설을 주장했다. 위조는 두 종류가 있다. 하나는 총독부에서 의도적으로 조작한 것이고, 또 하나는 돈을 목적으로 조작한 것이다. 노태돈은 "그러나 모두가 위조되었다고 하기에는 문제가 있다. 그럴 경우, 봉니 위조를 처음으로 하게 된 동기가 없어지기 때문이다"라는 논법으로 이를 진짜라고 주장한다. 그렇다면 이 말은 누가 먼저 했을까? 바로 이병도의 스승인 이마니시 류다.

1997년 중국 요녕성 금서시에서 '임둔태수장臨屯太守章'이라고 쓰인 봉니가 발견된 적이 있다. 지린 대학교 고고학과에서 박사학위를 받은 복기대는 자신의 논문에서 "한사군이 지금의 요서지역에 설치되었을 가능성을 말해주는 것이다"라고 발표했다. 그러나 임둔군이 함경도와 강원도라고 주장하는 국내 식민사학계는 임둔태수장 봉니가 나오지 않은 것처럼 침묵으로 일관한다. 이에 대한 복기대의 결론은 다음과 같다.

다시 말하면 한사군은 지금의 요서지역에 설치되어 있었는데 그 가운데 지금의 금서錦西지역이 임둔군이었던 것이다. 이러한 고고학 자료에 의한 고증 결과는 그간 논란을 빚어온 한사군에 관한 문헌 기록들의 해석을 재검토하도록 만들 뿐만 아니라 지난날 한사군의 위치를 한반도 북부와 지금의 요동지역으로 본 통설을 재고해볼 필요가 있다는 것을 알 수 있었다. 이는 한국 고대사의 연구에 있어서 매우 중요한 의미를 갖는 것으로 볼 수 있다.

　　　　－복기대, 〈임둔태수장 봉니를 통해 본 한사군의 위치〉, 《백산학보》 제61집, 2002

한 무제가 고조선과 전쟁 후 왜 순체와 양복을 처형했는지도 비로소 자명해졌다. 한나라는 오랜 전쟁을 하고도 고조선 서쪽 강역 일부만 차지하고, 그곳 요서지역에 한사군을 두었던 것이다. 고조선의 다른 강역에는 고조선의 제후국 또는 거수국들이 계속 존재했다.

신채호·이상룡·장도빈·정인보 등의 민족주의 역사학자들은 한국 고대사의 영역을 한반도로 국한하지 않고 만주지역까지 확대해서 봤다. 현대의 역사학은 그들이 옳았음을 증명했다. 그러나 그들이 추구한 주체적 역사관과 과학적인 역사학은 일체의 학문적 검토 없이 한국 주류 역사학계에서 추방되었다. 뜻있는 역사학자들의 노력으로 마침내 '한사군 한반도설'이 국사 교과서에 빠지자 동북아역사재단은 강한 불만을 표출했다. 아래의 글은 동북아역사재단의 실체를 잘 드러낸 주장이다.

현재 사용되고 있는 제7차 교과과정의 고등학교 국사 교과서에서는 (한사군의) 그 존재 자체와 의미를 부정하는 방향으로 서술하고 있어, 삼한 등과 같은 주변 집단들의 역사적 변화발전 양상을 제대로 이해하지 못하고 왜곡시키는 결과를 낳고 있는 실정이다.

－이성규 외, 《낙랑문화연구》, 동북아역사재단, 2007

한사군이 한반도에 있었는지 아닌지 이제 한국 역사학계는 분명하게 답해야 한다. 만약 한반도에 있었다고 계속 주장하려면 1차 사료적 근거와 고고학적 근거를 분명하게 밝혀야 한다. 또한 대한민국의 국민은 이를 명확히 요구해야 한다. 진실을 외면하고 허위를 가장하는 주류 식민사학계, 잘못된 역사의 사실을 상식처럼 행세하거나 올

바른 역사를 편견으로 뒤엎으려는 그릇된 현실을 이제 더 이상 용납
해서는 안 된다. 식민사학계가 만든 거짓된 역사, 강요된 식민주의를
부숴버려야 한다.

《삼국사기》 초기 기록을 둘러싼 논란

《삼국사기》도 못 믿게 하는 조작꾼

"입은 비뚤어져도 말은 바로 하라는 우리 속담 있지 않아요? 나는 역사 왜곡을 보고 바로잡지 못하면 밤에 잠이 안 와요. 국문학계·국사학계·철학계 동태를 보면 연구 자세에 있어 온고이지신溫故而知新하기보다는 매고이조신埋故而造新, 즉 옛 자료를 슬쩍 파묻어버리고 신기한 망론妄論을 조작해내는 풍습만 범람하고 있습니다. 다만 일부 사이비 학자들이 사료를 왜곡·억단하여 역사의 진실을 매몰시키고 국민의 역사의식을 왜곡·오도하는 실태에 대해 국사를 전공하는 노학으로서 그냥 방관·좌시할 수 없어 논박한 것뿐입니다. 역사가는 무엇보다도 사실에 성실해야 할 것이니, 즉 과장·견강부회·억단 세 가지 병폐를 제거해야 역사가의 사명을 완수할 수 있습니다."

《삼국유사》, 《삼국사기》, 《징비록》 등을 번역한 원로 역사학자인 부산대학교 명예교수 이재호 선생이 한국 주류 역사학계에 던진 일침이다. 한가람역사문화연구소 고문이기도 한 그는 이병도의 《삼국유사》 번역에서 무려 4백여 개의 오류를 지적했다. 《삼국사기》 초기 기록 불신론을 살펴보면, 왜 이런 통탄이 나오는지 공감하게 될 것이다.

고대 일본이 한국을 지배했다고 주장하기 위해 일제가 발명한 논리가 "《삼국사기》 초기 기록은 김부식의 창작이라 믿을 수 없다"는 이른바 《삼국사기》 초기 기록 불신론이다. 이 또한 한국 주류 식민사학계의 철의 법칙이다. 국사 교과서도 당연히 이런 대전제 아래 한국사를 서술한다.

"중국의 식민통치 기관인 한사군이 한반도 북부를 지배했고, 일본의 식민통치 기관인 임나일본부가 한반도 남부를 지배했다. 이것이 한국사의 출발이다. 일본의 한국지배는 필연이다." 이렇게 조선사편수회에서 이병도를 지도한 이마니시 류는 한국사는 한사군부터 시작한다고 강조했다. 한국사가 한사군에서 임나일본부로, 그리고 조선총독부로 계승되었다는 논리다.

《삼국사기》 초기 기록 불신론을 지속적으로 문제제기한 학자로는 최재석, 이종욱, 이덕일 등이 있다. 한국사회학계를 대표하는 원로이자 한일고대사연구 권위자인 고려대학교 최재석 명예교수는 2011년에 펴낸 자신의 회고록을 통해 한국 역사학계를 날카롭게 질타했다.

일본 육군참모본부로부터 시작하여 1백여 년 간 구로이다 가쓰미, 쓰다 소키치 등 거의 모든 일본 고대사학자들(약 30여 명)이 근거의 제시 없이 두 가지 허구주장을 하고 있다. 그 가운데 하나는 고대 한국은 일본의 식민지였다는 주장인데 한국 고대사학자들은 여기에 대하여 침묵을 지키고 있고, 또 하나의 허구주장인 《삼국사기》 초기 기록이 조작되었다는 주장에 대해서는 과학적인 역사관이라고 칭찬하고 있으니 내가 이 한국 고대사학자들에 대하여 책을 읽지 않는 무식꾼이라고 평하면 펄펄 뛸 테니 오히려 한국 고대사학자들을 '한국인의 가면을 쓴 일본인'이라고 평하는 것이 좋지 않을까 한다.

−최재석, 《역경의 행운》, 다므기, 2011, 253∼254쪽

나는 이미 1985년에 이병도(서울대), 이기백(서강대), 이기동(동국대) 등의 한국 고대사학자들이 일본인 사학자들의 주장을 그대로 받아들여 《삼국사기》 초기 기록은 조작되었다고 주장하는 것을 비판한 일이 있는데 이 가운데 이병도, 이기백 씨는 화답하지 않고 세상을 떠났고, 이기동 씨는 생존해 있으면서도 아직 가타부타 회답을 주지 않고 있다.

−최재석, 《역경의 행운》, 다므기, 2011, 153쪽

최재석의 학자적 엄밀성은 한국과 일본학계에 정평이 나 있다. 이제 고요히 삶과 학문을 돌아보려는 노학자가 오죽하면 이병도, 이기백, 이기동, 노태돈 등을 비롯한 한국 고대사학자들을 한국인의 가면을 쓴 일본인이라고 평했을까. 식민사학자들은 불리하면 아예 상대를 하지 않는 전략을 즐겨 쓴다. 절대 옳다, 그러다 확실하게 답을 하지 않는다. 그들이 세상을 뜰 때까지 답을 하지 않은 이유는 무엇일까? 근거가 없는데 근거를 대라고 하니 침묵을 지키는 것이다. "내 스승들이 그렇게 말씀하신 것이 근거다"라고 하며 발을 빼니 정직하게 답할 용기와 양심을 그들에게 기대한 최재석이 별종으로 취급되는 것이다.

최재석의 회고록에는 "사료를 잘못 해석한 일이 한 번 있었다"는 제목의 글이 있다.

> 사료 해석을 잘못한 일이 한 번 있었다. 통일신라와 일본의 관계를 연구할 때(1992년)의 일이다. 《속일본후기》 승화承和 12년(845) 12월 5일에 대재부大宰府의 역마驛馬의 급보에 따르면 신라인이 강주康州의 첩牒(국제문서) 2통을 가지고 본국으로 송환되는 일본인 표류자 50여 명을 데리고 왔다는 기사가 있다. 나는 당시 강주를 중국의 광동廣東으로 해석했으나 그 후에 살펴보니 강주는 한국의 진주晉州였다. 그 후 이것을 수정할 기회를 얻지 못하고 그대로 내버려두었으나 내내 마음에 걸려 여기서 그 해석이 잘못된 점을 공개해둔다.
> —최재석, 《역경의 행운》, 다므기, 2011, 175쪽

강주를 중국 광동으로 해석했는데, 후에 살펴보니 한국 진주였다고 자신의 실수를 공개한 것이다. 위치 하나를 잘못 본 것, 한자 하나에 대한 오독誤讀이 얼마나 중요한가를 잘 보여주는 사례다. 최재석의 연구 노트를 보면 그 치밀함에 혀를 내두르게 된다. 학문은 이렇게 체계적으로 하는 것이지 잘못을 숨기기 위해 새로운 사실을 꿰어맞추는 행위가 아니다.

최재석은 이 회고록에서 이기동과 노태돈에게 재차 공개적인 질의를 했다. 그 중 몇 가지를 소개한다.

> 《삼국사기》 초기 기록의 조작설은 학계의 정설이라고 주장하였는데, 조작되었다는 근거를 제시함과 동시에 누가 조작되었다고 말하였는지

도 밝혀주기 바란다.

일본 사학자 쓰다 소키치, 이마니시 류 등은 《삼국사기》 초기 기록이 조작되었을 뿐만 아니라 고대 한국은 일본의 식민지라고 주장하고 있는데 왜 초기 기록이 조작되었다는 전반부 주장만 받아들이고 고대 한국이 일본의 식민지였다는 후반부 주장에 대해서는 침묵만 지키고 있는가? 그 이유를 설명해주기 바란다.

고대 한국이 일본의 식민지였다고 주장하는 일본인 쓰다 소키치, 이마니시 류 등을 역사를 과학적으로 연구한 학자, 즉 문헌고증자라고 칭찬하였는데 그 증거를 제시해주기 바란다.

−최재석, 《역경의 행운》, 다므기, 2011, 248~249쪽

최재석의 이러한 질문에 한국 주류 사학계는 그저 회피하면서 시간이 지나가길 바랄 뿐이다. 철의 법칙을 이제 와서 그들이 어떻게 깰 수 있겠는가. 일제 식민사학자들은 황국사관에 충실한 신민이었다. 그들은 사실을 날조해 한국사 전체를 뒤틀어 놓았다. 한국 식민사학자들은 이들을 근대적 역사학자로 추앙하고, 그들의 견해를 정설이라고 주장한다.

최재석은 이어서 다음과 같은 한탄을 덧붙였다.

솔직히 말하여 나는 한국 고대사학계의 불가사의에 대하여 놀라움을 금치 못하고 있다. 이병도 선생부터 시작하여 이기백, 김철준 교수를 거쳐 이기동 교수에 이르기까지 우리나라 고대사학자들이 일본인들

의 주장을 그대로 받아들여 《삼국사기》 초기 기록은 조작되었다고 법석을 떨어도 다른 우리나라 고대사학자들은 여기에 대하여 가타부타 말 한마디 하지 않고 침묵만 지킨 사실에 대해서 말이다. 우리나라 고대사학자들이 침묵만 지키는 것은 권위주의 위계질서가 엄존하여 스승이나 선배의 글을 비판할 수 없기 때문인지, 아니면 이들 이외의 다른 고대사학자는 존재하지 않기 때문인지 나에게는 늘 불가사의로 보인다. 〔…〕 그리고 서울대학교 국사학과의 고대사학자 노태돈 교수에게도 한마디 하겠다. 〔…〕 고대사학자라면 여기에 대하여 한마디 정도의 논평은 있어야 하는 것 아닌가?

—최재석, 《역경의 행운》, 다므기, 2011, 249~251쪽

최재석이 "불가사의로 보인다"라고 표현한 이유가 있다. 일제가 조선을 침탈하기 위해 창작한 뻔한 '거짓 역사'를 주류 역사학계가 한국사 정설로 떠받들면서 다른 견해에는 침묵을 지키니 불가사의가 아닐 수 없다. 주류 식민사학자들은 사실 자기 학문이 없다. 일제가 이미 답을 다 냈고, 이를 정설로 만들었기 때문에 질문과 문제인식을 갖고 더 연구하는 것은 자기 무덤을 파는 일이다. 최재석처럼 학문하는 사람들, 상식과 염치를 아는 사람들에겐 불가사의한 행태다.

불리하면 일체 대응하지 않는 것, 노태돈의 주특기요 핵심 전략이다. 최재석의 한탄대로 "한마디" 논평도 없다. 그는 무려 30여 년을 이렇게 버텼다. 그러다 더 이상 버틸 분위기가 아닐 때, 지극히 학구적인 언어를 세련되게 동원하며 구렁이 담 넘어가는 전략을 구사한다. 예를 들어 표현하면 "부분적인 비판이 제기된 바도 있지만, 꼭 그 생각이 잘못된 것은 아니었지 않나 하는 소회도 감출 수 없는 것이 사

실이다. 장기적인 연구가 필요하다 할 것이다"라는 식이다.

일본 고대사학자들은 거의 전부 《삼국사기》 초기 기록은 조작되었거나 전설이라고 주장한다. 이 주장은 고대 한국이 일본(야마토, 왜)의 식민지였음을 주장하기 위한 일본 사학자들의 사전 포석임을 알아채지 못한 우리나라 고대사학자들(예를 들면 이병도, 이기백, 이기동 등)은 이 일본인들의 주장을 받아들임과 동시에 한술 더 떠서 그들의 주장을 "근대적 학문적 비판", "엄격한 비판", "철저한 비판", "문헌고증학의 연구방법에 근거하였다", "근대사학의 방법으로 한국 고대사를 연구하였다" 등으로 높게 평가하였다.

나는 이것은 강도에게 훈장을 주는 것과 같은 태도라고 생각한다.

－최재석, 《역경의 행운》, 다므기, 2011, 35쪽

《삼국사기》는 현전하는 우리나라 최고最古 사서다. 그런데 《삼국사기》 초기 기록을 믿을 수 없다는 것이 한국 주류 역사학계의 확고부동한 정설이다. 식민사학자들은 《삼국사기》 초기 기록에 대한 어떠한 연구도 없이 일제 식민사학이 만든 부동의 정설에 따라 가짜라고 주장한다.

최재석은 "강도에게 훈장을 주는 것"이라는 표현을 썼다. 그렇다면 《삼국사기》 초기 기록을 믿을 수 없다는 강도 같은 주장을 한 사람은 누구일까? 그 창안자는 바로 이병도의 스승 쓰다 소키치다.

그가 이런 역사 조작을 창작한 동기와 의도는 매우 단순하다. 강도는 늘 같은 이유로 강도짓을 한다. 네 것을 강탈해 내 것으로 만들기 위해서다. 그에게는 왜가 한반도 남부에 임나일본부란 식민통치기관

을 운영했다는 《고사기》, 《일본서기》의 기록을 역사적 사실로 만들기 위한 필요성이 있었다. 한반도 남쪽에 임나일본부가 설치되어 한반도 남부를 지배했고, 가야는 일본의 보호국이었다는 것이 쓰다 소키치의 주장이다.

> (한반도) 남쪽의 그 일각一角에 지위를 점유하고 있던 것은 우리나라倭國였다. 변진의 한 나라인 가라加羅(가야)는 우리 보호국이었고, 임나일본부가 그 땅에 설치되어 있었다.
>
> —쓰다 소키치, 《조선역사지리》, 남만주철도주식회사, 1913, 3~4쪽

그런데 《삼국사기》 초기 기록을 보면, 신라와 백제가 강성했기 때문에 임나일본부는 존재하기 어렵게 된다. 《일본서기》나 《삼국사기》 둘 중 하나는 거짓인 것이다. 쓰다 소키치에겐 당연히 《삼국사기》 초기 기록이 거짓이어야만 한다. 그래서 쓰다는 이렇게 주장했다.

> 그러나 도대체 《삼국사기》 상대 부분이 역사적 사실의 기재로 인정하기 어렵다고 하는 것은 동방아시아의 역사를 연구한 현대의 학자들 사이에서는 거의 이론異論이 없기 때문에 왜에 관한 기록 역시 마찬가지로 사료로서는 가치가 없다고 보지 않으면 안 된다. 그러면 어떤 이유로 그것을 신용하기 어려운가를 정리해 설명하는 것이 아직 구체적이지 않기 때문에 여기에 신라본기에 관한 그 대요大要를 적어서 독자가 참고할 수 있게 제공하려는 생각이다.
>
> —쓰다 소키치, 《쓰다 소키치 전집》 별권 제1, 이와나미 쇼텐, 1967, 500쪽

"현대 학자들 사이에 거의 이론이 없다"는 말은 자신의 주장에 자신이 없기 때문에 유령들을 끌어들인 것에 불과하다. 사료로서는 가치가 없다고 단정해놓고 그 이유를 설명하는 것은 아직 구체적이지 않다고 말한다. 그 근거가 없기 때문이다.

쓰다 소키치는 《삼국사기》를 부정하기 위해 고심하다 "마한은 54개, 진한과 변한은 각각 12개 소국으로, 도합 78개 소국이 있다"는 《삼국지》〈동이열전〉〈한〉조 기록을 활용한다. 그렇다면 한반도 중남부에는 강력한 고대국가인 신라와 백제가 아니라 삼한三韓이라고 불렸던 78개 부락 단위의 소국이 우글대고 있었던 것이 된다. 그는 이렇게 《삼국사기》 초기 기록을 모두 가짜로 몰면서 《삼국지》〈동이열전〉〈한〉조로 대체했다. 《삼국지》〈한〉조는 편찬자인 진수陳壽가 한반도 남부에 와서 보고 쓴 내용도 아니다. 또한 청나라 때 편찬된 《만주원류고滿洲源流考》에서는 삼한이 한반도 남부가 아니라 요동반도에 있었다고 서술하고 있다. 임나일본부가 한반도 남부를 지배했다는 일본 관학자들의 주장은 허구로 판명되었다. 일본에서는 삼한과 삼국계 유물이 계속 나오지만 한국에서는 당시 일본이 한반도에 진출했다는 흔적은 찾아볼 수도 없다.

2012년에는 전라도 순천에서 임나일본부설의 허구를 증명하는 발굴 결과가 발표되었다. 순천대학교 박물관은 순천시 서면 운평리 고분군 발굴 등을 통해 일부 일본 학자들이 주장해온 임나사현任那四縣 지역에서 대가야계 유물만 출토되었고, 일본계 유물은 전혀 나오지 않는다고 하면서 임나일본부설은 허구인 것을 다시 한 번 입증했다.

임나일본부설도 이해하지 못하는 학자

근래에 한국 주류 역사학계를 앞장서서 대변하고 전파하는 일선의 전도사를 꼽으라면 단연 박노자라고 할 수 있겠다. 그는 진보적인 가치를 주장하면서도, 한국사에 대해 서술할 때는 철저하게 황국사관과 일제 식민사관에 입각해 있다. 현실과 역사를 보는 시각이 분절적이다 보니 진보와 황국사관을 양립해 주장한다.

극좌와 극우가 통한다는 말을 박노자는 극명하게 보여준다. 계급을 중심으로 국가주의와 기업주의를 강하게 비판한다는 점에서 박노자는 진보인사로 꼽힌다. 그러나 박노자는 한국사관을 한국 주류 식민사학계에 전적으로 의존하면서 현실과 역사인식 사이에 메우기 힘든 괴리를 낳았다. 박노자의 글에선 구체적인 역사와 현실, 인간에 대한 겸손과 자신과 다른 사람에 대한 이해와 사랑이 점점 사라지고, 틀에 박힌 교과서적 이론과 대중을 계몽의 대상으로 보는 엘리트주의가 짙어진지 오래다.

(전략)신채호는 신라와 왜인들의 국세, 문화적 발달 정도의 비교 등 상황적 증거를 들어 임나일본부설을 부인했지만, 이는 학문의 문제라기보다는 신념의 문제에 더 가까웠다. 민족주의적 입장에서는 남, 그것도 미울 수밖에 없는 식민지 모국의 조상들이 옛적에 우리 땅을 통치했다는 것을 수용하기가 마땅치 않았다. 그러면서도 우리 쪽 기록이 너무 소략해 완전한 날조로만 보기 어려운《일본서기》에 대한 대응 논리의 성립도 쉽지 않았기에 임나일본부 문제는 오랫동안 한국고대사 연구의 민감한 상처로 남아 있었다. 역사를 애국심의 원천으로 여

기는 최남선 같은 문화민족주의자들은 《일본서기》의 관련 부분을 우리의 노비 문서라 부르고 임나일본부설을 무조건 부정했는데, 철저한 아카데미즘 학풍의 이병도는 "후대의 왜관과 같은 가야와 왜 사이의 일종의 무역기관이 아니었나"라는 재미있는 아이디어로 《일본서기》의 다소 허황한 언술 중에서 진실의 알맹이를 찾아보려 했다.

사실 처음부터 이와 같은 길로 갔으면 임나일본부설 문제를 일찌감치 감정이 아닌 이성의 논리로 풀 수도 있었을 텐데 민족 차별과 대립의 일제강점기, 그리고 해방 이후의 탈식민지적 반일 감정의 정치화가 이를 허용하지 않았다.

―박노자, 《거꾸로 보는 고대사》, 한겨레출판, 2010, 165~166쪽

박노자는 임나일본부설이 무엇을 뜻하는지 모른다. 한반도 남부에 임나일본부가 있었다고 주장했던 쓰다 소키치에게 《삼국사기》가 왜 고민거리가 되었는지를 모른다. 《삼국사기》는 연구하면 할수록 사실에 가까운 역사서로 입증되고, 《일본서기》는 왜 연구하면 할수록 문제가 많은 역사서인지도 모른다.

1971년 충청남도 공주시에서 백제의 무령왕릉이 발견되었다. 《삼국사기》는 무령왕의 휘諱를 '사마'로 기록하고 그의 죽음을 재위 23년(523년) 5월이라고 기록했는데, 무령왕릉에서 출토된 지석에는 '백제 사마왕'이 "계묘년(523년) 5월 7일 임진일에 붕崩하셨다"고 기록했다. 《삼국사기》는 무령왕이 사망한 해의 달까지 기록하고 있는 것이 입증되어 그 정확성에 세계가 놀랐다. 그러나 쓰다 소키치는 이런 《삼국사기》 초기 기록이 모두 가짜라고 용감하게 주장했다. 물론 대부분의 식민사학자들이 그렇듯이 《삼국사기》 초기 기록을 다른 기록들과 대

조해가면서 왜 가짜인지를 논증하는 역사학적 방법을 택하지 않았다.

그런 쓰다 소키치와 이병도를 박노자는 높이 칭송한다. 박노자 역시 역사학의 기초 자세를 갖추지 못하고 있기 때문이다. 이병도를 철저한 아카데미 학풍이라고 높이 사면서 신채호와 최남선을 폄하하는 박노자에게 무슨 학문적 자세가 있겠는가? 역사를 조금만 연구한 사람이면 이병도의 주장이 얼마나 논리가 박약한지는 금방 알 수 있다. 하지만 박노자는 이병도를 재미있는 아이디어로 진실의 알맹이를 찾아보려고 노력하는 사람이라고 평가한다. 그 아이디어란 것이 역사왜곡이 드러난 일본 학계에서 교활한 의도로 만들어낸 논리라는 것을 그는 언급하지 않는다.

양두구육羊頭狗肉. 박노자의 글을 읽을 때마다 드는 생각이다. "양머리에 개고기", 즉 겉으로는 진보를 내세우지만 실제로는 반진보적 가치를 반복한다. 박노자는 이병도가 "철저한 아카데미 학풍"을 가진 사람이라고 판단하는데, 그 근거가 궁금하다. 관념적인 극좌 의식이 황국사관과 상통하는 지점이 바로 엘리트주의다. 박노자에 따르면 쓰다 소키치 역시 훌륭한 학자로 승격된다.

> 반면 일본에서는 훨씬 이전부터 임나일본부설에 대한 태도가 점차 객관화되어갔다. 이미 1920년대에 쓰다 소키치의 연구가 《일본서기》란 문서에 설화적 이야기가 얼마나 많은지, 그리고 중국 문헌을 그대로 베껴 윤색한 부분이 얼마나 많은지 자세한 고증을 통해 잘 보여주었다.
>
> ─박노자, 《거꾸로 보는 고대사》, 한겨레출판, 2010, 166쪽

쓰다 소키치가 왜 《일본서기》 초기 기록을 비판했는지 박노자는

아는 것일까? 그는 황국사관을 완벽하게 만들기 위해서 《일본서기》 초기 기록을 비판했던 것이다. 유럽중심주의 사고에 젖어 제3세계의 민족과 민족주의에 강한 거부감을 갖고 있는 박노자는 식민지배를 받았던 한국 민족주의에는 강한 적대감을 드러내면서, 친일파와 일제 식민사관에는 강한 일체감과 연대의식을 공유한다. 박노자는 구체적인 한국 역사에는 관심이 없다. 이미 그 답이 다 나와 있기 때문이다. 그가 반복하는 견해는 아래와 같이 일률적이다.

1. 자본주의를 철폐해야 한다.
2. 세계 노동자가 연대해 자본주의를 타도해야 한다.
3. 민족은 계급문제를 호도한다.
4. 미개한 민중은 각성해야 한다.

이 네 가지 프레임에 맞춰 역사를 보고, 인간과 현실을 꿰어 맞추는 박노자에게 구체적인 근거가 무엇이냐 묻는 일은 무의미할지도 모른다.

1차 사료의 증거마저 부정할 수는 없다

다음으로 임나일본부와 쓰다 소키치, 《삼국사기》 초기 기록 불신론에 대한 이종욱의 견해를 살펴보자.

한국의 고대사는 어떤가. 일본인 연구자들의 한국고대사 말살은 일본 천황 중심의 역사를 발명하는 과정에 왜의 한반도 지배를 이야기하기 위한 정치적 목적이 있었다. 일본 천황 중심의 국민을 만들기 위해 한국의 텍스트인《삼국사기》나 중국의 텍스트인《삼국지》〈한〉 조를 근대 일본의 텍스트로 둔갑시켜 일본의 역사를 발명하는 도구로 삼아 한국 역사에 대한 역사 정복을 한 것이다. 그것은 분명 일본인 연구자들이 한국의 역사를 미끼치기한 것이다. 한국에게《삼국지》〈한〉 조의 역사상을 주고《삼국사기》의 역사상을 말살하는 대신 그들이 발명한 것은 임나일본부설이었다. 그것은 한국사가 아니라 근대 일본의 조작된 역사다.

일본인 연구자는《삼국사기》기록도 믿을 수 없다고 하여 백제와 신라의 초기 수백 년의 역사를 말살하였다. 쓰다 소키치는《삼국사기》초기기록이 허구라는 글을 처음으로 발표하였다.

–이종욱,《역사 충돌》, 김영사, 2003, 223~224쪽

《삼국사기》초기 기록을 인정하면 임나일본부를 사실로 만들 수 없고, 황국 일본이 고대부터 한반도 남부를 지배했다고 주장할 수 없었기에 쓰다 소키치는《삼국사기》초기 기록 불신론을 만들어 낸 것이다. 그럼에도 박노자는 그를 극찬한다.

《삼국사기》〈신라본기〉에 나오는 왜, 왜인, 왜병에 대한 기록을 역사적 사실로 인정하면 왜는 임나일본부를 설치하여 백제, 가야, 신라를 신민으로 삼지 않았다는 사실이 드러난다. 실제로 왜병은 식량을 약탈하기 위해 왔던 도둑에 지나지 않았고, 그들은 신라인에게 모두 잡혀 죽었다는 것도 알 수 있다. 따라서 쓰다 소키치는 정치사를 읽을 수

있는 자료가 아닌 《삼국지》〈한〉 조를 통해 내물왕 이전의 역사를 왜곡하고 말살했다. 그러한 역사체계는 그들 일본인 연구자들이 표방하고 나선 과학적·객관적으로 역사를 탐구한다는 실증사학과는 거리가 먼 것이다.

—이종욱, 《민족인가, 역사인가》, 소나무, 2006, 53쪽

이렇듯 쓰다 소키치 등이 내세운 실증은 조작과 허구 그 자체였다. 그러므로 쓰다 소키치를 극찬한 박노자는 이 사실이 틀렸다는 것을 역사학적인 방법을 통해, 즉 1차 사료를 통해 논증해보기 바란다.

"태조대왕 이전의 국왕의 세계는 전혀 알 수가 없다"는 쓰다 소키치의 말 때문에 국사 교과서는 고구려 건국 연대를 《삼국사기》의 기록대로 서기전 37년이 아니라, 1세기 후반인 태조대왕 때로 끌어내렸다. 쓰다 소키치의 주장은 그가 근거로 삼은 《삼국지》〈동이열전〉에 의해서도 무너진다. 《삼국지》〈동이열전〉에 "후한 광무제 8년(서기 32년) 고구려 왕이 사신을 보내 조공했는데, 이때부터 왕을 칭한 것이 보인다"는 기록이 있기 때문이다. 중국의 기록에도 태조대왕 이전의 고구려 국왕의 세계가 나오는데, 쓰다 소키치는 이를 무시했다.

삼국 중에서 가장 먼저 국가 체제를 정비한 것은 고구려였다. 졸본성에서 국내성으로 도읍을 옮긴 고구려는 1세기 후반 태조왕 때에 이르러 정복 활동을 활발히 전개하였다. 이러한 정복 활동 과정에서 커진 군사력과 경제력을 토대로 왕권이 안정되어 왕위가 독점적으로 세습되었고, 통합된 여러 집단은 5부 체제로 발전하였다. 이후 2세기 후반 고국천왕 때에는 부족적인 전통을 지녀온 5부가 행정적 성격의 5부로

개편되었고, 왕위 계승도 형제 상속에서 부자 상속으로 바뀌었으며, 족장들이 중앙 귀족으로 편입되는 등 왕권강화와 중앙집권화가 더욱 진전되었다.

—국사편찬위원회, 고등학교 국사, 2010, 47쪽

국사 교과서에 나온 글에 따르면 고구려가 개국한 지 2백여 년 후인 고국천왕 때 겨우 국가로 성장했다는 견해다. 불가피한 경우가 아니면 고구려의 왕위계승 원칙은 개국 당시부터 부자상속이었다.

《삼국사기》는 고구려의 건국연대를 서기전 37년, 신라의 건국연대를 서기전 57년, 백제의 건국연대를 서기전 18년으로 기록했다. 제7차 교육과정 이전의 국사 교과서에서는 〈역대 왕조 계보〉를 통해 각 왕의 재위연대를 고구려는 제6대 태조왕(53~146)부터, 백제는 제8대 고이왕(234~286)부터, 신라는 제17대 내물왕(356~402)부터 기록했다. 고구려, 백제, 신라 각각 그 이전의 왕들은 역사가 아니라고 본 것이다. 이후 국사편찬위원회는 항의를 받고나서야 그나마 모든 국왕의 재위연대를 넣었다. 하지만 그렇다고 해서 초기 국왕들의 역사적 존재를 인정하는 것은 아니다. 그저 눈 가리고 아웅하는 식이다.

《삼국사기》의 기록에 따르면 고구려 제2대 유리왕, 제3대 대무신왕은 모두 선대왕의 아들로써 왕위를 계승했다. 제4대 민중왕의 경우 대무신왕의 동생인데, 대무신왕의 아들이 너무 어려 나라 사람들이 아우로 추대했다고 기록되어 있다. 또한 1세기 중반인 서기 40~50년대에 이미 요서에 열 개의 성을 쌓아 한나라 군사의 침입에 대비할 만큼 국력이 성장되어 있음을 알 수 있다. 《삼국사기》는 제5대 모본왕(48~53년)이 재위 2년(서기 49년) 한나라의 북평北平, 어양漁陽, 상곡上

谷, 태원太原을 공격했다고 기록했다. 북평은 현재 북경 서남쪽 하북성 만성현 부근이다. 어양은 북경시 동부지역인 밀운현 부근, 상곡은 북경 북쪽의 하북성 회래현, 태원은 산서성 성도城都인 태원시다.

하지만 이는 주류 사학계가 인정하지 않는 기록이다. 고구려가 요하를 넘어 중국 내륙의 깊숙한 곳을 공격한 기록을 의도적으로 외면한다. 모본왕 때의 기사를 인정하면 고구려가 현재의 북경 일대와 태원 지역까지 진출한 강력한 국가가 되므로 역사로서 받아들일 수가 없는 것이다. 이는 쓰다 소키치의 "모본왕까지의 세계는 윤색이다. 역사적 사실로서는 전혀 알 수 없다"를 추종한 결과다. 그러나 이 기록은 《후한서》에도 같은 내용이 나오기 때문에 《삼국사기》 초기 기록 불신론은 설 땅이 없다. 《삼국사기》 〈태조대왕 3년(서기 55) 봄 2월〉 조에는 "요서에 열 개의 성을 쌓아 한나라 군사의 침략에 대비하였다"고 기록되어 있다. 요하 서쪽의 요서에 열 개의 성을 쌓은 것은 모본왕 2년의 공격으로 고구려가 요서지역까지 차지했음을 보여주는 기록이다. 그러나 역시 주류 학계에서는 이를 외면하고 축소 해석한다.

김부식은 자신이 근거한 사료를 다룰 때 삼국의 기록과 중국의 기록을 비교하고, 상호 내용이 다를 경우에는 주석을 통해 의문을 달았다. 그의 창작이라는 쓰다 소키치의 견해는 입론부터 성립될 수가 없다.

그렇다면 백제는 어떠한가? 《삼국사기》에서는 백제가 서기전 18년에 건국되었다고 기록했다. 그런데 국사 교과서는 백제가 제8대 고이왕 때가 되어서야 고대국가가 되었다고 기술했다.

백제는 한강 유역의 토착 세력과 고구려 계통의 유이민 세력의 결합으로 성립되었는데(서기전 18년), 우수한 철기문화를 보유한 유이민 집단이 지배층을 형성하였다. 백제는 한강 유역으로 세력을 확장하려던 한의 군현을 막아내면서 성장하였다. 고이왕 때 한강 유역을 완전히 장악하고, 중국의 선진 문물을 받아들여 정체 제제를 정비하였다. 이 무렵, 백제는 관등제를 정비하고 관복제를 도입하는 등 지배 체제를 정비하여 중앙집권국가의 토대를 형성하였다.

—국사편찬위원회, 고등학교 국사, 2010, 47쪽

이에 따르면 백제는 온조왕이 아니라, 고이왕이 건국했다는 말이다. 고이왕 이전의 일곱 명의 왕은 허구가 되거나 부락의 수장에 불과하다고 보는 것이다. 쓰다 소키치의 제자 이병도가 온조를 허구상의 전설로 만들었기 때문이다.

전설에 의하면 백제의 시조는 온조라 하여 그는 고구려 시조 주몽이 졸본 왕녀에게 낳은 아들인데……

—이병도, 《조선사대관》, 동지사, 1948, 51쪽

온조가 과연 주몽의 아들이냐 아니냐 함은 별문제로 삼고 그가 남래 南來(남쪽으로 옴) 즉시에 건국하였다는 것은 도저히 믿기 어렵다. 다만 후일 건국의 기초인 부락을 건설하였다는 것은 생각할 수 있다. 〔…〕 나의 연구한 바로는 엄밀한 의미의 백제의 건국은 온조로부터 제8대 되는 고이왕 때에 되었다고 믿는 바이다. 고이왕 이전은 부락 정치 시대에 불과하였을 것이다.

—이병도, 《조선사대관》, 동지사, 1948, 52쪽

이병도는 자신이 믿고 싶은 것을 믿었지, 어떤 근거도 제시하지 못했다. 일본에서 부락部落은 천민 마을을 일컫는다. 김부식이 《삼국사기》를 쓸 당시에는 《구삼국사》 같은 역사서들이 남아 있었다. 김부식이 《삼국사기》 〈백제본기〉를 쓸 때 기초 사료로 이용했던 《사적》에서는 분명히 온조가 백제를 건국했다고 썼는데, 이병도는 아무런 근거도 없이 "고이왕 때에 되었다고 믿는 바"라고 주장했다. 《삼국사기》 초기 기록에 대한 무조건적인 편견을 배제하면 김부식이 초기 기록을 창작했다는 혐의는 전혀 근거가 없다는 점이 드러난다. 김부식은 유학자의 관점에서 윤색을 했지만, 당대에 남아 있던 사료를 반영해 《삼국사기》를 편찬했다.

마지막으로 신라의 사정은 어떠한지 살펴보자.

신라는 진한 소국의 하나인 사로국에서 출발하였는데, 경주 지역의 토착민 집단과 유이민 집단이 결합해 건국되었다(서기전 57년). 이후 동해안으로 들어온 석탈해 집단이 등장하면서 박, 석, 김의 3성이 교대로 왕위를 차지하였다. 유력 집단의 우두머리는 이사금(왕)으로 추대되었고, 주요 집단은 독자적인 세력 기반을 유지하고 있었다. 4세기 내물왕 때, 신라는 활발한 정복 활동으로 낙동강 동쪽의 진한 지역을 거의 차지하고 중앙집권국가로 발전하기 시작했다. 이때부터 김씨에 의한 왕위 계승권이 확립되었다. 또, 왕의 칭호도 대군장을 뜻하는 마립간으로 바뀌었다. 한편, 신라 해안에 나타나던 왜의 세력을 물리치는 과정에서 고구려 광개토대왕의 군대가 신라 영토 내에 머무르기도 하였다. 그 후로 신라는 고구려를 통하여 간접적으로 중국의 문물을 받아들이면서 성장해나갔다.

—국사편찬위원회, 고등학교 국사, 2010, 47~48쪽

　신라 건국에 대해 국사 교과서는 진한의 12개 소국 중 하나인 사로 국으로 출발했다고 기술한다. 신라가 진한 소국의 하나인 사로국에서 출발했다는 전제도 당연히 식민사학에서 나왔다. 《삼국사기》〈신라본 기〉에는 '사로국'이라는 말 자체가 없다. 사로국은 《삼국지》〈위서동이 전〉〈한〉 조에 "진한과 변진의 24개 소국 중 하나"라고 기록되어 있을 뿐이다. 《삼국사기》는 박혁거세 이전 고조선 유민들이 여섯 세력을 이루고 있었고, 이들이 이후 진한 6부가 되었고, 박혁거세는 처음부터 진한의 임금으로 출발했다고 기록했다.

　하지만 쓰다 소키치는 이에 대해 다음과 같이 밝혔다.

　그 상세한 것을 적을 겨를은 없지만 3세기에, 신라는 진한 12국 중의 하나에 지나지 않는 일개 소부락이었고, 게다가 반도의 경우에 당시 문화의 중심지였던 낙랑, 대방에서 가장 먼 동남쪽 구석으로 지금의 경주 지역에 있어서 그 문화의 정도가 낮았을 것으로 상상되어진다.

　　　—쓰다 소키치, 《쓰다 소키치 전집》 별권 제1, 이와나미 쇼텐, 1967, 500~501쪽

　"상세한 것을 적을 겨를이 없다"는 말은 이 부분에 대해 전혀 연구를 하지 않았다는 말이다. 《삼국사기》〈신라본기〉를 거짓으로 모느라 다른 연구를 할 겨를이 없었다는 말이기도 하다. "평안남도에 낙랑이, 황해도에 대방이 있었다는 전제 아래 신라는 그곳에서 멀었기 때문에 문화의 정도가 낮았다"는 대목에 이르면 할 말을 잊는다. 이는 "남미는 미국에서 가깝기 때문에 문화 정도가 높아야 한다. 반면 아

시아는 미국에서 멀기 때문에 문화 정도가 낮아야 한다"고 주장하는 격이고, 박노자는 여기에 맞장구치는 격이다.

《삼국사기》는 신라를 강력한 고대국가로, 왜는 허약한 세력으로 기록했다. 일본의 《고사기》와 《일본서기》는 왜가 한반도 남부에 임나일 본부란 식민통치기관을 세웠다고 기록했다. 둘 중의 하나는 거짓이 되어야 했고, 쓰다 소키치는 《삼국사기》 초기 기록을 거짓으로 몰아야 했다. 《삼국사기》 초기 기록 불신론은 이렇게 탄생했다. 하지만 국사 교과서는 쓰다 소키치와 이병도의 견해에 따라 신라가 내물왕 때 건국되었다고 서술한다. 내물왕의 재위연대는 356~402년이다. 《삼국사기》는 신라의 건국을 서기전 57년으로 기록했다. 두 기록은 4백 년 이상 차이가 난다.

4세기 내물왕 때, 신라는 활발한 정복 활동으로 낙동강 동쪽의 진한 지역을 거의 차지하고 중앙집권국가로 발전하기 시작했다. 이때부터 김씨에 의한 왕위계승권이 확립되었다. 또한 왕의 칭호도 대군장을 뜻하는 마립간으로 바뀌었다.

—국사편찬위원회, 고등학교 국사, 2010, 50쪽

원시국가로서 지지遲遲(아주 늦은)한 걸음을 걸어온 신라가 부근의 제소국을 병합하여 중앙집권의 정치로 진전하기는 제17대 내물왕 때로부터니 《삼국유사》〈왕력표〉에 의하면 이때 왕호로 '마립간'의 칭을 시용始用하였던 것이다. '마립간'은 즉 두감, 상감의 의義로 한문류의 폐하 전하와 같은 존칭이니 신라인의 권력 관념 계급 시설이 제법 두드러진 때의 소산이었다. 이런 칭호 사용으로 보더라도 신라의 국가정치의 태세가 내물 시時로부터 시작되었다고 하겠다.

−이병도, 《조선사대관》, 동지사, 1948, 61~62쪽

임나일본부설을 존속하기 위한 속임수

지금까지 살펴본 대로 이병도의 주장에는 항상 근거가 없다. 《삼국사기》 초기 기록 불신론을 철의 법칙으로 내세우는 한국 주류 식민사학계는 이른바 '부 체제설'이니 '수정론' 따위의 변종 이론을 내세우지만, 이는 도마뱀 꼬리 자르기 전략에 불과하며, 그 몸통은 그대로 살아 있다.

한편 신라의 부部 체제설은 노태돈이 발명한 것이다. 부 체제란 국가가 성립하기 전의 원시적인 상태를 말한다. 과연 신라가 부 체제였는지를 1차 사료적 근거로서 논증해야 하는데, 그들의 주장을 뒷받침할 그런 사료가 있을 리 없다. 그저 《삼국사기》 초기 기록을 불신하고 임나일본부를 존속하기 위한 속임수일 뿐이다.

1980년대 이래 한국 고대사학계를 강타한 부 체제설이라는 주장이 있다. 그동안 현대 한국사학에는 부 체제설을 적용해 한국 고대사 논문을 쓰지 않으면 안 될 것 같은 분위기가 있었다. 그것은 노태돈이 그의 서울대학교 석사학위 논문을 통해 주창하여 많은 연구자들이 따랐다. 신라의 경우 부 체제설의 주요 내용은 6부가 있고, 각 부는 단위 정치체로 자치체이며, 각 부에는 부장이 있었다고 하는 것이다. 왕도 한 부의 부장이고, 강력한 부의 장이 왕이 되며, 각 부의 부장들은

연맹체를 형성했다고 한다. 그 뒤 노태돈은 부 체제의 개념을 발전시킨다. 굳이 비교하자면 부 체제설은 한국의 대통령이 청와대에 살고, 청와대는 종로구에 있기에 대통령이 종로구청장이라고 하는 주장과 같다. 부 체제설은 다른 구의 구청장들도 대통령과 격을 같이 한다는 식의 주장이다. 필자는 이미 부 체제설에 대해 비판한 적이 있다.

신라의 건국 신화를 보면 6촌장들이 혁거세를 군주로 모시고 입방설도立邦設都했다고 나온다. 그때 이미 혁거세는 신라 왕국 전체의 지배자였고, 과거 국가 형성 이전 6촌의 지배자들은 혁거세의 지배를 받는 지방 행정구역의 장들이었다는 것을 알 수 있다. 여기서는 부 체제설이 신라의 건국신화를 부정한 식민사학의 연구체계 틀 속에서 나왔다는 사실만 지적하고자 한다. 《삼국사기》에 나오는 신라 건국 신화를 국가 형성에 대한 해명 자료로 이용한다면 부 체제설은 처음부터 성립할 수 없기 때문이다. 그런 의미에서 부 체제설은 후식민사학 그 자체가 아닐 수 없다. 이른바 부 체제설을 주장하는 연구자들은 법흥왕 때인 530년대까지를 부 체제사회로 본다. 이는 부 체제설이 신라 건국 시기부터 530년대까지의 6백 년 또는 그보다 더 오랜 기간의 역사를 왜곡하는 역사하기임을 뜻한다. 신라 천 년 역사의 3분의 5를 왜곡하고서 그 이후의 역사를 제대로 밝히기는 어려운 일이다.

－이종욱, 《민족인가, 국가인가》, 소나무, 2006, 165〜166쪽

이 인용문에 따르면 신라가 일찍이 국가로 발전했다는 사실을 부정하기 위해 노태돈이 고안한 논리가 부 체제다. 신라는 강력한 고대국가가 되어서는 안 된다. 그러면 임나일본부가 성립할 수 없기 때문이다. 이런 부 체제설을 노태돈이 석사학위 논문에서 주장했으며, 이런

사람이 서울대학교 국사학과 교수가 되었다. 김용섭이 "여기는 아직도 총독부 세상이로군"이라고 말했던 것이 전혀 이상하지 않다. 이렇듯 아무런 근거와 논증이 없는 '부 체제설'은 "나를 식민사관의 도구로 써주소서"라는 일종의 신앙고백이자, "나를 대일본제국의 충직한 신민으로 받아주소서"라는 황국신민의 서사와 마찬가지다. 《삼국사기》 초기 기록을 아무런 근거 없이 부정하는 이들은 한국사에 대한 일관된 '철의 법칙'에 갇혀 있다.

삼국 초기, 부 체제설에 근거해 고조선을 살피는 송호정은 삼국의 부 체제가 그나마 고조선보다는 선진적이었다고 선심을 쓰며 스승인 노태돈을 지지한다.

> 고조선의 지배체제는 몇몇 측면에서 삼국사회와 차이가 있다. 먼저 서기전 3세기 전후의 사실을 반영한 《삼국지》 〈위서동이전〉의 〈고조선〉 부분에서 부의 존재나 부라는 용어가 확인되지 않는다. 부라는 용어가 보이지 않는 것은 고조선 사회의 운영체계가 삼국 초기의 부체제와 차이가 있기 때문인 것으로 볼 수 있다. 다음으로 운영의 측면에서 보면, 삼국의 부 체제가 고조선의 정치체제보다 더 진전된 단계임을 알 수 있다.
> —역사비평 편집위원회, 《한국 전근대사의 주요 쟁점》, 역사비평사, 2008, 39쪽

이렇듯 《삼국사기》 초기 기록 불신론과 한국사를 보는 시각에는 매우 밀접한 관련이 있음을 송호정이 잘 보여주고 있다.

대개 삼국 초기부터 고대국가의 성립을 주장하는 논자들은 고조선

또한 일찍부터 발전된 국가였다고 보고 있다. 반면 삼국 초기는 아직 부가 중심이 되어 중앙집권적 고대국가를 수립하지 못하였다고 보는 논자들은 고조선을 삼국 초기 단계와 비슷한 초기 국가 단계로 이해한다. 이러한 인식의 차이가 고조선사 해석에도 그대로 적용되었던 것이다. 따라서 고조선사에 대한 해명은 한국 고대사에 대한 기본인식을 포함하여 그 발전 논리가 명확히 정리되면서 더욱 체계를 잡을 수 있을 것으로 기대된다.

－역사비평 편집위원회, 《한국 전근대사의 주요 쟁점》, 역사비평사, 2008, 41쪽

다시 한 번 말하지만, 《삼국사기》 초기 기록 불신론과 한사군, 단군조선 문제는 서로 떼려야 뗄 수 없는 관계에 놓여 있다. 그렇기 때문에 첫 단추를 잘못 끼우면 그 다음에는 줄줄이 어긋나게 마련이다.

한편 '삼국사기 초기 기록 불신론 수정론'도 제기되었는데, 이 주장은 마냥 《삼국사기》 초기 기록을 부정하기만은 어려워서 등장한 변종 이론이다. 이 주장 역시 노태돈이 제일 먼저 앞장섰다.

한편 불신론과 긍정론이 각각 지닌 이러한 문제점을 인식하고 그에 대한 대안으로 제기된 것이 수정론이다. 수정론은 대체로 다음과 같은 인식에 바탕을 두고 있다. 즉, 《삼국사기》 〈고구려본기〉의 초반 부분 기사는 무엇인가 전승 자료에 입각한 것이므로 가벼이 부정만 할 수는 없다. 그러나 현전하는 형태의 기사를 그대로 다 사실로 인정할 수는 없다는 것이다. 이런 인식의 방향성에 대해선 많은 연구자들이 동의할 수 있는 것이다. 필자도 수정론의 시각을 취하고 있다. 그런데 심정적으로 동감을 한다 하더라도 구체적으로 본기 기사의 어느 부분

을, 또는 어느 시기부터를, 어느 정도, 왜 사실성이 있다고 인정할 수 있는가에 대한 설명이 문제다.

-노태돈, 《고구려사 연구》, 사계절, 1999, 14쪽

"무엇인가 전승 자료에 입각한 것이므로 가벼이 부정만 할 수는 없다. 그러나 현전하는 형태의 기사를 그대로 다 사실로 인정할 수는 없다는 것이다." 어떤 사료를 그대로 다 사실로 인정하는 역사학자는 아무도 없다. 이는 그저 하나마나한 말이다. 심정적으로 동감한다는 말도 역시 같은 맥락이다. 지금도 《삼국사기》 초기 기록은 사실로 인정받지 못하고 있는 것이다.

> 수정론자들은 절충주의에 따라 그들 임의대로 또는 편의에 따라 《삼국사기》 기록 가운데 나머지는 버리고 필요한 부분만 이용해온 것이다. 예컨대 수정론자들은 부체제설을 증명하기 위해 신라 건국신화 가운데 6촌장 회의체의 존재를 인정한다. 그러나 혁거세가 군주가 되어 6촌장 위에 군림했다는 사실은 은폐하고 있다. 이는 수정론자들이 갖고 있는 역사체계에 문제가 있음을 의미한다. 그리고 이는 수정론을 받아들일 수 없게 만드는 근본적인 이유다.

-이종욱, 《민족인가, 국가인가》, 소나무, 2006, 67쪽

일본의 역사 교과서 문제가 불거지면서 한·일 두 나라 정상의 합의로 2002~2005년에 활동한 한일역사공동연구위원회라는 조직이 있었다. 그 조직에서 발간한 《공동연구보고서》를 보면, 주류 사학계의 전횡이 점점 심각해지고 있다는 것을 알 수 있다. 그들은 고구려가 6

대 태조대왕 때 건국되었다는 왜곡도 모자라서, 150년 더 후퇴한 제 13대 서천왕 때에 고구려가 사실상 건국되었다고 주장했다.

> 중국 동북부 및 한반도 지역에서는 무질서하던 열국列國이 상호 통합 되어 고구려·백제·신라·가야의 4국이 정립되었다. 그중에서도 가장 북쪽에 자리 잡고 있던 고구려는 3세기 후반 서천왕 때에 이르러 각 지역에 온존하던 고유명부固有名部를 일소함으로써 연방제적인 초기 고대국가를 벗어나 왕과 중앙귀족에 의한 중앙집권적 통치 체제를 완 비하였다.
>
> —한일역사공동연구위원회, 《한일역사공동연구보고서》, 2005, 58쪽

그들은 고구려가 국가 체제를 완성한 것은 제17대 소수림왕 때라고 서술했다. 고구려가 한나라와 벌인 수많은 전쟁도 간단하게 무시했다.

백제의 발전 정도는 좀더 낮추어 보아야 한다면서 이병도가 주장 한 고이왕 27년(260)의 건국연대보다도 1백 년 더 늦게 보았다. 이는 이병도를 넘어 쓰다 소키치로 복귀하자는 의도다.

> 한강 유역 백제의 정세는 어떠하였을까?《삼국사기》〈백제본기〉에 의 하면 〈고이왕 27년〉 조에 6좌평 및 16관등제 등의 중앙집권적 관료 제를 완비했다고 나오나, 이는 후세 백제인들의 고이왕 중시 관념에 의하여 조작된 것이다. 이 시기 백제의 발전 정도는 좀더 낮추어 보아 야 할 것이다.
>
> —한일역사공동연구위원회, 《한일역사공동연구보고서》, 2005, 59쪽

이 위원회는 풍납토성에서 출토된 백제 유물의 탄소연대측정도 묵살했다. 유물 중 빠르게는 서기전 199년으로 나타난 측정 결과를 완전히 무시하고, 풍납토성이 3세기 후반에 축조되었다고 봤다. 백제가 고이왕 27년에서야 건국되었다는 이병도의 주장을 뛰어넘어 근초고왕 때 사실상 건국되었다는 주장도 거침없이 전개했다. 쓰다 소키치로 회귀한 것이다.

> 《삼국사기》에 보이는 계왕契王 이전의 백제에 관한 기사는 모두 사실로써 믿기 어려운 것이고, 그것은 후세의 사가史家들에 의해 만들어진 것이다.
> —쓰다 소키치, 《쓰다 소키치 전집》 제2권, 이와나미 쇼텐, 1967, 571쪽

이렇듯 그들은 백제 제12대 계왕 이전의 《삼국사기》 기록을 조작으로 몰았던 쓰다 소키치가 옳다고 했다.

> 결국 신라는 4세기 후반 내물이사금 때 고구려의 지원을 받아 초기 고대국가를 이룩할 단서를 잡았으나 고구려의 간섭 속에 이루지 못하고, 5세기 전반 눌지마립간 때에 와서 단위 정치체인 6부를 왕권에 종속적으로 연합하여 초기 고대국가를 형성하였다.
> —한일역사공동위원회, 《한일역사공동연구보고서》, 2005, 64쪽

이병도는 제17대 내물왕 때 신라가 건국되었다고 했는데, 21세기에 그의 제자들은 쓰다 소키치의 주장에 입각해 신라의 건국을 제19대 눌지왕(417~458년) 때로 더 늦췄다. 앞서 말한 대로 《삼국사기》 초기

기록을 인용한 논문은 아예 논문으로도 인정받지 못한다. 주류 역사학계의 논문은 일제의 사상검열 전통에 따라 대단히 폐쇄적이고 비학문적인 풍토에서 헤어나오지 못한다.

> 특히, 학술 논문은 역사 서술의 기본적 사실을 찾아내는 작업인데, 이 논문 사이에 1. 논쟁이 거의 없고, 2. 가설의 설정이 없으며, 3. 이웃 학문과의 연계가 없는 고립성을 지니게 되었으며, 4. 계량적이고, 5. 현장 연구와 같은 방법은 거의 도입하려 하지 않는다.
>
> ─강우철 엮음, 《한국사 서술의 새로운 시각》, 교학사, 1992, 13~14쪽

이렇듯 새로운 사실을 밝혀내고, 이를 논증하고 다양한 해석을 모색하는 것이 학문인데, 주류 역사학 논문은 철저하게 이를 통제한다.

주류 식민사학계는 겉으로는 임나일본부설을 부인하는 척했다. 임나일본부설까지 공식적으로 인정했다가는 매국노라는 자신들의 본질이 그대로 드러나기 때문이다. 그래서 겉으로는 임나일본부설을 부인하는 척하면서 《삼국사기》 초기 기록 불신론은 정설로 만들어놓았다. 임나일본부설과 《삼국사기》 초기 기록 불신론은 동전의 양면인데도 한쪽으로는 부인하는 척하면서 사실은 더 강고하게 유지해온 것이다. 이런 식민사학을 이제 최소한 국민 세금이 들어가는 조직에서는 철저하게 배제할 때가 되었다.

제 3 부

이기백과 박노자의
역사관을 비판한다

한국 통사의 대명사, 이기백의 《한국사 신론》 비판

이상한 신민족주의 사학을 주창하다

이병도는 식민사관 1세대를 대표하고, 그의 수제자 이기백은 2세대를 대표한다. 역사학계를 잘 모르는 사람도 이기백이라는 이름이 낯설지는 않을 것이다. 그가 저술한 《한국사 신론》은 이병도의 《국사대관》에 이어 한국사 교과서로 불릴 정도로 지난 수십 년간 한국통사의 대명사로 인정받아왔기 때문이다. 그러나 이기백의 제자인 이종욱은 《한국사 신론》에 대해 이런 문제를 제기한다.

"1967년 《한국사 신론》이 나온 이후 1974년부터는 그 내용이 공인된 학설로 국민의 역사지식과 역사의식을 결정하는 결과를 가져왔다." "《한국사 신론》은 분명 20세기 최고의 역사서다." 여기서 필자는 한 가지 문제를 제기하지 않을 수 없다. 이 책에서 지적한 대로《삼국사기》의 백제 고이왕, 신라 내물왕 이전 기록을 불신한 것이 타당한 것인가 하는 점이다.

그와 같은 연구는《한국사 신론》은 물론이고 국사(7차) 교과서에도 이어지고 있다. 그런데 그러한 역사 해석은 1945년 이전 일본인 연구자들이 일본의 국가와 국민을 만들기 위하여 한국사를 미끼치기한 연구 체계를 따르는 것일 뿐이다. 실제로 2002년 4월에 국립 문화재연구소에서 발표한 풍납토성의 연대측정치는 한마디로 일본인 연구자들이 만든 그러한 연구 체계가 허구라는 사실을 증명하고 있다. 그러한 연구 체계는 어느 한 개인의 탓일 수 없다. 그것은 한 시대를 지배한 연구 체제였고 누구나 의심 없이 따랐던 하나의 패러다임이었기 때문이다. 아무리 탁월한 연구자라도 자신을 잉태한 패러다임을 의심한다는 일은 쉽지 않기 때문이다.

–이종욱,《역사 충돌》, 김영사, 2003, 248쪽

이 글에 따르면 이기백이 시대의 한계 때문에 일제로부터 배운 역사 패러다임을 바꾸기 힘들었을 것이라는 견해다. 하지만 시대 인식은 지식인의 1차적 사명이다. 일제시대에도 독립운동을 한 사람이 있고, 나라를 팔아넘긴 사람이 있었듯이, 시대의 한계는 조건일 뿐이다. 광복 후 이승만이 친일파를 등용해 독립운동가를 청산했듯이, 이병도와 이기백 등은 식민사학자를 드높이면서 독립운동가의 역사관과 역사학을 청산했다.

이기백의《한국사 신론》서문은 이렇게 시작한다.

한국사의 올바른 이해를 위하여 우리가 힘써야 할 일들이 많이 있지만, 그중에서도 우선적인 과업은 식민주의 사관을 청산하는 일이다. 식민주의 사관은 한마디로 말하면 일제의 한국에 대한 식민정책을 정당화하기 위한 왜곡된 한국사관이었다. 그러므로 그들의 주장은 한국민족의 자주정신·독립정신을 말살하는 방향으로 짜여진 것이었다. 한국사의 객관적 진리를 존중하기보다는 현실적인 정치적 목적을 위하여 역사적 진실을 외면한 것이었다.

–이기백, 《한국사 신론》, 일조각, 1997, 1쪽

주류 사학자들은 항상 서두를 그럴듯하게 포장한다. 대부분 식민사학을 비판하는 것으로 시작하지만 조금 더 들어가면 항상 식민사학을 옹호한다. 이기백도 마찬가지로 점점 엉뚱한 방향으로 빠진다. 즉, 용두사미龍頭蛇尾와도 같다. 이기백은 민족주의 사학과 사회경제사학을 거론한 후 다음과 같이 말한다.

이에 대해서 실증사학은 한국사의 발전을 어떤 선입견을 가지고 이에 맞추어서 보는 것에 반대하였다. 오히려 실증적인 태도로 객관적인 사실을 정확하게 인식함으로써 한국사의 올바른 이해에 접근할 수 있다고 주장하였다.

–이기백, 《한국사 신론》, 일조각, 1997, 3쪽

민족주의 사학은 민족정신을 강조하는 나머지 지나치게 추상적이고 관념적일 뿐 아니라 심지어는 국수주의적인 경향으로 흐르게 되어, 결과적으로 한국사의 실체를 외면하는 결과를 나타내었다.

—이기백, 《한국사 신론》, 일조각, 1997, 4쪽

이기백은 자신들을 신민족주의 사학이라고 주장하면서도 정작 민족주의 사학에 대해서는 혹평을 가했다. 민족주의 사학이야말로 일제 식민사관 비판에 가장 철저했고, 식민사관의 패러다임과 허구성을 실증을 통해 부정했는데 한국사의 실체를 외면했다고 규정한다. 그가 말하는 한국사의 실체는 무엇인가? 그는 실증사학이 한국사의 전체적인 흐름을 체계적으로 인식하는 데는 소홀했고, 사회경제사학은 실제와 다른 틀에 박힌 한국사를 만들었다는 토를 달면서 민족주의 사관에 대해서는 의도적인 왜곡과 폄훼를 가했다. 이기백이 말하는 한국사의 실체는 이병도에게서 배운 일제 식민사학이다. 이기백은 일제에 맞선 독립운동을 추상적·관념적인 것, 국수주의로 본다. 반면 이병도는 객관적인 사실을 정확하게 인식한 구체적이고 현실적인 학자로 추앙한다. 실증을 철저하게 외면한 이들은 실증주의를 내세운 이병도 같은 식민사학자들이었다.

이에 대해 이종욱은 이기백의 실증주의에 대해 다음과 같이 평했다.

《한국사 신론》에서는 실증사학에 대해 이야기한다. 그에 따르면 실증사학은 한국사의 발전을 어떤 선입견을 가지고 이에 맞추어 보는 것에 반대하는 것이라 하며, 실증적인 태도로 객관적 사실을 정확하게 인식함으로써 한국사의 올바른 이해에 접근할 수 있다는 주장이라고 한다. 그리고 실증사학은 한국사학을 독립된 학문으로 정립시키는 데 공헌했다고 본다. 이러한 실증사학을 이끈 연구자들은 다름 아니라 손진태, 이병도 등이다. 그런데 거듭 이야기하지 않을 수 없지만 앞에서 이야기한 것과 같이 한국 후식민사학자들은 지금까지 내물왕과 고이왕 이전의 역사를 왜곡하고 있다. 결국 실증사론은 그와 같은 후식민사학에 대해 또 하나의 면죄부를 주는 장치가 아닐 수 없다.

—이종욱, 《민족인가, 국가인가》, 소나무, 2006, 213~214쪽

세련되고 현란한 표현으로 감춘 진실

이기백은 단재 신채호를 비판했는데, 신채호야말로 역사의 실증에 철저했고, 그의 이러한 태도는 정평이 나 있다.

역사는 역사를 위하여 역사를 쓰는 것이고, 역사 이외에 무슨 다른 목적을 위하여 쓰는 것이 아니다. 자세히 말하자면, 사회의 유동상태와 거기서 발생한 사실을 객관적으로 그대로 쓴 것이 역사이지, 저작자의 목적에 따라 그 사실을 좌지우지하거나 덧보태거나 혹은 바꾸고 고치라는 것이 아니다. 〔…〕 영국의 역사를 쓰면 영국사가 되어야 하고, 러시아 역사를 쓰면 러시아사가 되어야 하며, 조선의 역사를 쓰면 조선사가 되어야 한다. 그럼에도 불구하고 지금까지 조선에 조선사라 할 만한 조선사가 있었는가 하면, 그렇다고 대답하기가 어렵다.

—신채호, 《조선상고사》, 비봉출판사, 2006, 30쪽

역사는 역사를 위하여 역사를 쓰는 것이기 때문에 사실을 객관적으로 그대로 쓰라는 역사 기록의 대원칙을 강조한 말이다. 단재 신채호는 어디에서, 무엇으로, 어떻게 우리의 역사를 연구해야 하는지 재

료의 수집과 선택에 대한 다섯 가지 방법을 밝혔다. 즉, ① 옛 비석의 참조 ② 각 서적들의 상호 증명 ③ 각종 명사의 해석 ④ 위서의 변별과 선택 ⑤ 몽골·만주·토욕혼 등 여러 부족의 언어와 풍속의 연구 등에 대한 방법이다. 그 중 한 부분을 아래에 소개하겠다.

당 태종이 고구려에 쳐들어왔다가 안시성에서 화살에 맞아 눈을 다쳤다는 전설이 있어서 후세 사람들이 언제나 역사에 올리고, 이색李穡의 〈정관음貞觀吟〉에도 그것이 실제로 있었던 일임을 증명하였으나, 김부식의 《삼국사기》와 중국인의 신·구 《당서唐書》에는 보이지 않는데 그 이유가 무엇인가? 만일 사실의 진위를 불문하고 하나는 취하고 하나는 버리다가는 역사상의 위증죄를 범할 것이다. 그러므로 다만 "당 태종의 눈 다친 사실을 중국의 사관이 국치에 속하는 일이므로 감추기 위하여 '당서'에서 빼버린 것은 아닐까?" 하는 의문을 가지고 그 해답을 구해보았다.

그러나 중국인들이 국치를 감추는 버릇이 있다고 해서 당 태종이 안시성에서 화살에 맞아 다쳤다는 것이 확실하다는 실증은 되지 못하므로 다시 신·구 《당서》를 자세히 읽어보니 〔…〕 그러므로 우리가 당 태종의 눈 빠진 사실을 처음에는 전설과 《색은집穡隱集》에서 겨우 찾아낸 후 신·구 《당서》나 《삼국사기》에서 이것을 기술하지 않은 이유에 대한 의문을 갖게 되는데, 진정陳霆의 《양산묵담兩山墨談》에서 같은 종류의 사건을 발견하고, 공자의 《춘추》에서 그 전통의 악습을 적발하고, 신·구 《당서》, 《자치통감資治通鑑》, 《통감강목通鑑綱目》 등을 가지고 그 모호하고 은미한 문구 속에서, 1. 당 태종의 병록(이질 등) 보고가 사실과 다름을 간파해내고 2. 목은牧隱의 〈정관음〉(당 태종이 화살에 눈 맞은 사실을 소재로 지은 시-원주)이 믿을 만한 것임을 실증하였고 3. 신라인들이 고구려가 승리한 역사를 헐어 없앰으로써 당 태종이 전쟁에서 패하고 부상당한 사실이 《삼국사기》에서 빠지게 되었다고 단정하고, 이로부터 간단한 하나의 결론을 얻게 되니, 말하자면, "당 태종이 보장왕 4년에 안시성에서 눈을 상하고 도망쳐 돌아가서 중국의 외과치료가 불완전하여 거의 30개월을 고생하다가 보장왕 5년에 죽었다"라는 수십 자이다. 이 수십 자의 결론을 얻기 위해서도 5, 6종의 서적 수천 권을 반복하여 출입하여, 혹은 무의식중에서 얻으며, 혹은 고심한 끝에 찾아낸 결과이니, 그 노력과 고생이 또한 적지 않다.

—신채호, 《조선상고사》, 비봉출판사, 2006, 52~55쪽

이것이 역사학자의 진정한 모습이고, 단재 신채호의 진면목이다. 신채호는 수십 자의 결론을 위해 서적 수천 권을 반복해 살피고, 사색하고, 고심했다. 일제 때는 물론 광복 후에도 일제 식민사관을 추종하는 이들이 총론으로만 단재 신채호를 폄훼하고 부관참시한 이유도 여기에 있다. 주류 역사학계에서 단재처럼 철저하게 문헌을 고증하는 학자가 있는가? 반면에 이기백은 문헌을 고증하지 않고 스승의 견해를 단지 추종했을 뿐이다. 역사학의 기초인 사료 비판과 독자적인 논증, 역사를 통찰하는 역사관 등은 그와 거리가 멀었다. 그것은 스승의 식민사관을 부정하는 결과가 되기 때문이다. 식민사학자들의 말은 장황하고 횡설수설하지만 결론은 식민사학 옹호로 간다. 이기백도 마찬가지다.

이제 한국사학은 단순히 식민주의적인 견해를 비판하는 데 그칠 수는

없다. 또 우리 자신의 전통을 그대로 계승하였다는 태도 만에도 만족할 수가 없다. 객관적인 사실과 부합하지 않는데도 불구하고, 그것이 식민주의 사관을 비판하였다거나 혹은 또 우리의 전통을 계승하였다는 한 가지 사실로 해서 높이 평가되는 어리석음은 되풀이될 수가 없다. 이러한 소극적인 태도에 만족하고 있는 한 한국사학에는 오직 퇴보가 있을 뿐이다.

-이기백, 《한국사 신론》, 일조각, 1997, 4~5쪽

이 말은 식민사관이 옳고 민족주의 사관이 그르다고 말을 교묘하게 한 것에 지나지 않는다. 이기백은 세련되고 현란한 표현을 쓰면서, 일제 식민사학자 이병도의 견해는 아무런 비판 없이 반복한 반면, 신채호의 역사학은 평생 일관해서 폄훼했다. 이기백은 민족과 진실을 강조했지만, 구체적인 각론으로 들어가면 민족과 진실에서 늘 멀리 있었다. 그에게 중요한 것은 일본 민족인지 한국 민족인지, 대일본제국인지 대한민국인지 묻지 않을 수 없다.

이기백은 또 다른 글에서 다음과 같이 말했다.

우선 그들의 민족관념이 지나치게 고유성을 강조하고 있다는 데에 문제가 있다. 단재의 경우가 특히 심하여서 거의 민족을 세계로부터 고립시키고 있다. 단재가 역사를 아我와 비아非我의 투쟁사로 본 것을 혹은 세계사적인 넓은 입장에서 서 있는 것으로 생각한다면 이것은 잘못일 것이다. 같은 민족사관의 소유자였지만, 랑케Leopold von Ranke는 그의 《강국론》에서 민족과 민족과의 조화—마치 교향악과 같은 조화—를 이루는 면을 생각하였지마는 단재에서는 이러한 면을 찾을

수가 없다.

─역사학회 엮음, 《한국사의 반성》, 신구문화사, 1969, 27쪽

단재 신채호는 세계주의자인 아나키스트였다. 그가 민족을 세계로부터 고립시켰다는 이기백의 비판에는 어떤 근거도 없다. 그냥 단재가 민족주의 역사학을 강조하기 때문에 싫을 뿐이다.

랑케는 교향악과 같이 민족과 민족의 조화를 이루는 면을 생각했는데 단재는 그런 면을 찾을 수가 없다는 이기백의 말은 그의 역사관과 사상, 이데올로기를 여실히 드러낸다. 에드워드 카Edward Carr는 랑케를 두고 "가위와 풀의 역사를 쓰는 역사가"라고 평했다.

랑케는 역사를 전문가들의 손으로 옮기면서 역사를 지배층 중심으로 서술했다. 그의 역사학은 국가주의 강화로 귀결되었고, 역사를 현실과 대중으로부터 분리했다. 랑케 학파는 국가를 가장 중시하며 그 국가를 운영했던 지배층이 남긴 사료를 가장 중요하게 평가한다. 랑케 학파는 19세기말 독일의 국가주의를 옹호하는 집단일 뿐이다. 영국·프랑스·미국·일본 등 제국주의 국가들도 식민지 전략에 실증사학을 활용했다. 일제는 랑케 사학을 황국사관 침략주의의 필요에 따라 적극 수용했고, 일제 관학자들은 실증사학이라는 논리로 식민사관을 만들었다. 이기백은 이병도 같은 스승들로부터 이를 전수했으며, 《한국사 신론》에서 지배층의 시각에서 역사를 서술했다. 외국과 다른 점이 있다면 한국 식민사학자들은 아무런 근거도 제시하지 않고 일방적 주장만 앞세우는 비실증주의자라는 점이다. 하지만 단재 신채호는 기층 민중을 중심으로 한 주체적 역사관에 투철했고, 과학적인 역사학을 추구했다. 그가 '아我'와 '비아非我'로 좁은 시각을 갖고

조선만을 고립해서 봤다는 말도 이기백의 일방적인 왜곡이다.

무엇을 '아'라 하며, 무엇을 '비아'라 하느뇨. 깊이 팔 것 없이 얕게 말
하자면, 무릇 주관적 위치에 선 자를 '아'라 하고, 그 외에는 '비아'라
하나니, 이를테면 조선인은 조선을 아라 하고, 영·미·법·로 […] 등
은 제각기 제 나라를 아라 하고, 조선을 비아라 하며, 무산계급을 아
라 하고, 지주나 자본가 […] 등을 비아라 하지만, 지주나 자본가 […]
등은 각기 제붙이를 아라 하고, 무산계급을 비아라 하며, 이뿐 아니라
학문이나 기술에나 직업에나 의견에나 그밖에 무엇에든지, 반드시 본
위인 아가 있으면, 따라서 아와 대치한 비아가 있고, 아의 중에 아와
비아가 있으면 비아 중에도 또 아와 비아가 있어, 그리하여 아에 대한
비아의 접촉이 번극할수록 비아에 대한 아의 분투가 더욱 맹렬하여,
인류 사회의 활동이 휴식될 사이가 없으며 역사의 전도가 완결될 날
이 없나니. 그러므로 역사는 아와 비아의 투쟁의 기록이니라.

—신채호, 《조선상고사 총론》, 개정전집 상권, 31쪽

단재는 '아'와 '비아'의 개념을 이렇듯 상대적이고 역동적인 개념으
로 바라봤다. 어느 부분에 세계로부터 민족을 고립시키는 견해가 있
단 말인가. 이기백 자신이 식민사학을 '아'로 보고 민족주의 사학을
'비아'로 보고 있는 것은 아닌가? 이기백은 신채호의 주체적 '아'가 못
마땅한 것이다. 일본 제국주의가 그에게는 '아'이기 때문이다. 이기백
이 신채호에게 과민 반응을 보이는 또 하나의 이유는 그가 민중사관
을 갖고 있기 때문이다. 이기백은 〈유물사관과 현대의 한국사학〉이란
글에서 민중사학을 이렇게 비난한다.

이렇게 더듬어 오고 보면, 민중을 주체로 한국사를 서술한다는 것은 요컨대 유물사관의 공식에 따라서 시대 구분된 각 시대의 피지배계급을 주체로 서술한다는 뜻이 된다는 것을 알겠다. 그렇다면 위의 저서들에 나타난 민중사학은 바로 유물사관에 입각하고 있음을 알 수 있다. 그러므로 이기동이 민중사학을 '한국판 마르크스주의 역사학이라고 말한 것은 올바른 지적이었다고 할 수밖에 없다.

−이기백, 《한국사 시민강좌》 20집, 일조각, 1997, 25쪽

이기백은 민중을 중심으로 역사를 보려고 하는 것은 주입된 공식에 역사를 적용하는 것이라며 과감히 이를 버리라고 주장했다.

한편 주류 역사학계의 반공 투사인 이기동의 뒤에는 언제나 그의 스승 이기백이 있었다. 이기동은 주류 역사학계에 불리한 역사학 이론이 나오기만 하면 '김일성', '노동당', '북한' 같은 단어를 달고 살았다.

한편 리지린은 1960년대 북한을 대표하는 역사학자로, 그는 방대한 문헌고증으로 기존의 고조선 연구를 한 단계 뛰어넘었다. 또한 윤내현은 문헌고증을 철저하게 밟으면서 독자적인 학문체계를 세웠던 석학이다. 1980년대에 윤내현이 등장하면서 주류 식민사학계는 위기를 맞았다. 그 후 주류 학계는 윤내현을 죽이기 위해 온갖 비열한 행태를 자행했다. 이기동의 저차원적인 반공 공세는 이기백이 있어서 가능했다.

이기동은 윤내현에 대해서도 이렇게 공격했다.

하긴 최근 우리 학계의 한쪽에서도 리지린의 견해와 거의 다를 바 없는 주장이 윤내현 교수에 의해서 제기되고 있기는 하다. 윤 교수가 다

루고 있는 중국 쪽의 자료라든지, 또 자료에 대한 비판의 방식이랄까 전반적으로 풍겨지는 논조랄까 리지린의 그것과 너무도 비슷하여 공교로운 느낌이 드는 것을 떨쳐버릴 수 없는 실정이다.

−이기동, 《북한에서의 역사 연구와 특성》, 한국사시민강좌 2집, 1988년, 99쪽

윤내현은 정보기관의 내사를 받아야 할 정도로 주류 역사학계의 사상 공세에 시달렸다고 앞서 소개했다. 다시 한 번 그의 말을 직접 들어보자.

필자가 제기한 견해는 중국 고대 문헌을 검토하면서 얻어낸 것으로서 고조선의 영토를 넓게 본다는 점에서는 민족주의 사학자들이나 북한 학자들의 견해와 비슷하다고 말할 수 있을지 모르지만, 그 내용이 일치하는 것은 아니다. 설사 일치한다 하더라도 문제될 것은 없다. 역사 연구는 사실을 밝히는 일이므로 그것이 사실과 일치하느냐 그렇지 않으냐가 중요한 것이다. 사실과 일치한 연구결과는 모두가 같을 수밖에 없는 것이다. 양심을 걸고 말하지만 필자가 우리 고대사에 문제가 있음을 발견한 것은 민족주의 사학자들이나 북한 학자들의 영향을 받은 것은 아니었다. 필자는 원래 중국 고대사를 전공한 사람으로 중국의 사료를 조사하는 과정에서 우리 고대사의 문제점을 발견하게 되었던 것이다.

−윤내현, 《우리 고대사 상상에서 현실로》, 지식산업사, 2006, 228쪽

중국사를 전공한 윤내현은 1983년 6월, 한국사연구회 월례발표회에서 〈기자신고箕子新考〉라는 논문을 발표했다. 이 논문에서 기자가

실존했던 인물임을 밝히고, 그 이동 경로와 기자국의 마지막 위치를 고증한 내용을 담았다. 고조선과 위만조선, 한사군 등 한국 고대사의 핵심적인 문제를 해결할 결정적인 논문이었다. 윤내현은 한국 역사학계가 미궁에 빠진 한국 고대사를 구명해나아갈 것으로 기대했으나, 그를 기다린 것은 주류 역사학계의 잔혹한 공격이었다.

> 필자의 견해에 대한 반발이 필자가 활용한 사료나 논리의 전개에 모순이 있음을 지적한 것이거나 종래의 정설 또는 통설이 필자의 견해보다 충분한 근거가 있음을 제시한 것이라면 그것은 학문적인 차원에서 수렴되어져야 마땅하다고 필자는 생각한다. 그러나 그것이 종래의 정설 또는 통설의 영향으로 인한 선입관이거나 종래의 정설 또는 통설을 지지해왔던 학자들이 학계에서 누리고 있는 권위의 영향 때문이라면 그것은 학자적인 양식으로 단호히 배제되어야 한다고 필자는 믿고 있다. 만약 한국 고대사에 대한 종래의 인식체계가 잘못된 것이라면 그것은 민중의 의식, 특히 역사의식의 형성과 성장에 주는 영향이라는 점에서 볼 때 형법에 의하여 처벌되는 범죄보다도 더 무서운 해독을 민중에게 끼칠 수 있다는 점을 의식하지 않을 수 없었다.
>
> ─윤내현, 《한국 고대사 신론》, 일지사, 1986, 7~8쪽

윤내현의 문헌고증은 공부하지 않는 한국 주류 역사학계의 그 누구도 감히 따라올 수 없을 정도로 엄밀했다. 한국 주류 역사학계는 1차 사료 등의 문헌고증과 논거를 갖고 상대를 비판하지 않는다. 그저 정설과 총론에 입각해 상대의 견해를 폄훼하고 재야사학이라고 매도한다. "형법에 의하여 처벌되는 범죄보다도 더 무서운 해독을 민중에

게 끼칠 수 있다는 점을 의식하지 않을 수 없었다." 온화한 인격의 소유자인 윤내현의 이 말은, 주류 학계가 민중 전체에 해독을 미치는 거대한 범죄조직이라는 점을 고발한 것이다.

> 필자는 한국 고대사에 관한 종래의 여러 견해 가운데 어느 하나를 부정하거나 옹호라는 전제 위에서 논의를 전개시킬 의사는 없다. 단지 고조선으로부터 한사군에 이르기까지의 한국 고대사의 전개에 관한 여러 견해와 사료를 구체적이고 종합적으로 검토한 업적을 가지고 있지 못한 상황에서 한국 역사학계가 어느 하나의 견해를 정설로 일방통행시키고 있는 데 문제가 있음을 지적하고 있는 것이다.
>
> —윤내현, 《한국고대사신론》, 일지사, 1986, 9쪽

하나의 정설만 있어야 하는 한국사는 이미 역사도 아니고 학문도 아니다. 이미 답이 다 정해져 있으니 연구할 필요가 없다. 아니, 연구해서는 절대 안 되는 역사가 한국사다. 역사는 늘 "왜"라는 질문에서 시작한다. 또한 학문은 "물어서 배운다"는 뜻인데, 어쩌다보니 한국사는 따지지 말고 외워야 하는 비학문이 되었다.

식민사학을 유지하려는 꼼수

1980년대 당시 주류 역사학계의 수장은 이기백이었다. 그의 뒤를 이은 이기동은 식민사학 체계를 유지하는 데 심혈을 기울였다.

이기동은 서울대학교 석사학위 논문을 통해 4세기 중엽에 사로국이 진한 12국이라는 성읍국가를 정복하여 고대국가의 틀을 만들었다고 본다. 그는 현재 한국인들이 쓰는 성씨의 시조까지 바꾸고, 성골과 진골의 구별을 마음대로 한 적이 있다. 이러한 이기동의 주장도 실은 《삼국사기》 기록을 인정하지 않기에 나온 것이다. 이는 식민사학의 연쇄 속에 있는 이기동이 식민사학의 역사체계를 그대로 받아들였다는 점을 적나라하게 보여준다.

-이종욱, 《민족인가, 국가인가》, 소나무, 2006, 66쪽

이기동은 《삼국사기》 초기 기록을 사실로 인정하고 글을 쓴 최재석의 견해를 비판했다. 그러나 막상 최재석이 그에 대해 반론을 제기하자, 30년이 넘도록 지금까지도 답변하지 않고 있다.

이기동 씨가 내가 《삼국사기》 초기 기록을 역사적 기록으로 인정하고 글을 쓴 데 대하여 사료비판을 가해야 할 《삼국사기》의 초기 기록을 그대로 인정하였다고 비판을 가하면서 신라의 역사는 내물왕(356~401)조의 역사라고 주장한 해가 1980년이니, 그로부터 30여 년이 지난 오늘날에도 《삼국사기》 초기 기록은 조작되었다고 주장하고 있는지 대답해주길 바란다. 일본 사학자들은 단지 《삼국사기》가 조작되었다고만 주장하고 있는 데 대하여 이기동 씨는 한 술 더 떠서 일본 사학자들의 역사왜곡을 증거와 문헌에 근거하여 입증된 "문헌고증학"이라고 극찬하니 일본인들의 왜곡보다 훨씬 더 한국사를 왜곡한 사람이라고 말할 수 있겠다. 따라서 이기동 씨는 좋게 말하면 한국사 왜곡의 선구자 내지 스승이라고 할 수 있을 것이다. 이러한 실상도 모르고

그를 한국 고대사 연구의 중진 내지 권위자로 대우하는 한국 학계의 앞날이 걱정된다.

-최재석, 《역경의 행운》, 다므기, 2011, 253~254쪽

거짓은 늘 디테일에 숨어 있고 마지막에 그 전말이 드러난다. 미사여구로 치장해도 각론에 들어가면 서로 상반된 가치를 추구하며, 끝에 가면 결국 거짓으로 드러나는 것이다.

이종욱도 다음과 같이 《한국사 신론》을 신랄하게 비판했다.

다만 한 가지 궁금한 것이 있다. 《한국사 신론》의 번역본인 《A New History of Korea》에는 〈서장〉 부분이 빠져 있다는 사실이다. 식민주의사관의 청산 등을 이야기한 그 부분을 뺀 이유는 무엇인가? 외국인들에게는 그 부분이 필요가 없었던 것일까?

어찌되었든 《한국사 신론》이나 국사(7차)의 경우 백제와 신라의 앞부분 수백 년 역사를 축소·왜곡한 일본의 연구관행에서 조금도 벗어나지 못하고 있다. 이는 일본 근대역사학의 전통을 이어받아 통설을 만들어냈기 때문이다. 특히 한국사의 교육과 연구를 장악한 연구자 공동체는 식민주의 사관의 청산을 주장하며 소위 실증사학의 방의 청산을 외치고 실증사학을 주장해도 일본인에 의하여 왜곡된 한국 고대사의 체계를 따르고 있다는 사실은 부정할 수 없다. 2000년 4월 풍납토성의 연대측정 결과가 발표되기 전까지는 필자의 주장에 대해 학문권력의 힘으로 외면해왔으나 이제 한국 실증사학의 정체가 어떤 것인지 그 허상이 드러나게 되었다.

-이종욱, 《역사 충돌》, 김영사, 2003, 232~233쪽

서기전 2세기 때 풍납토성이 축조되었다는 연대측정 결과가 2000년에 나왔건만 식민사학은 아직도 건재하다.

이종욱은 그의 스승 이기백에 대해서 다음과 같이 평했다.

이기백이 와세다 대학 명예박사학위 수여식에서 한 인사말이 흥미롭다. 그는 역사학을 포함한 모든 학문은 진리를 탐구하는 것을 목적으로 하는데, 진리를 탐구하는 데는 학문의 독립이 필수적인 조건이라고 하며 이것이 바로 와세다의 건학 정신이라고 한다. 그러면서 그는 와세다 대학을 사랑하는 여러 가지 이유가 있다고 하며 그 하나로 그의 서울대 은사인 이병도와 손진태 등 와세다 출신이 많다는 것을 든다. 와세다 출신들이야말로 해방 이후 한국사학을 발명한 장본인들이다. 이기백의 인사말 속에서 쓰다 소키치에 대한 언급은 없었지만, 그는 1941년 일본 와세다에서 유학한 뒤 대학에서 추방된 쓰다 소키치가 이끄는 동양사상연구회의 정기 발표회에 늘 참석하여 공식석상에서 그의 얼굴을 대했다고 한다. 그가 만났던 쓰다 소키치는 학문적인 진리 탐구를 포기하고 천황 중심의 일본 역사를 발명하면서《삼국사기》내물왕 이전의 기록을 허구라고 한 사람이다. 와세다의 건학 정신을 이야기한 이기백 또한 이병도, 손진태와 같이 쓰다 소키치가 행한 한국사 날조와 무관하지 않다. 그 증거가 앞에 제시한《한국사 신론》에 나오는 내물왕 이전에 대한 이야기다. 식민사학의 청산을 이야기한 이기백 또한 쓰다 소키치의 역사 날조를 비판하고 청산하는 일없이 그대로 따랐던 것이다.

-이종욱, 《민족인가, 국가인가》, 소나무, 2006, 64~65쪽

이종욱은 스승인 이기백과 다른 길을 걸었는데, 그렇게 된 배경을 그는 다음과 같이 밝혔다.

현대 한국사학이 만든 역사를 버리고 한국·한국인을 만든 역사를 되찾는 일은 간단하다. 그러나 실제로 그러한 일은 쉽지 않다. 특히 한국 사학 전체가 후식민사학으로 무장되어 있는 상황에서 그 무대를 떠난다는 일은 상상하기도 어렵다. 마치 천동설이 지배하는 세상에서 지동설을 주장하는 것과 같다. 그러나 필자는 처음부터 후식민사학의 무대에 발을 들여놓지 않았다. 필자는 1974년 석사학위 논문을 발표한 이듬해 한국 고대사를 연구하기 위해 미국과 캐나다에서 고고학, 인류학, 사회학을 공부했다. 그를 통해 역사를 보는 새로운 관점을 가질 수 있었던 필자는 후식민사학과 단절할 수 있었다. 바로 이것이 후식민사학이 만든 민족사를 버리고 한국·한국인을 만든 한국사를 찾게 한 힘이다.

－이종욱,《민족인가, 국가인가》, 소나무, 2006, 285쪽

이처럼 "식민사학에 대한 비판은 천동설이 지배하는 세상에서 지동설을 주장하는 것과 같다"는 말은 그냥 나온 것이 아니다. 이는 한국 역사학계의 풍토를 정확하게 표현한 말이다.

한편 2010년, 일본 천황을 다룬 에스비에스 다큐멘터리에서는 프로그램에 참여한 한 역사학자가 "카메라를 끄면 할 말이 더 많다"고 했던 말을 자막으로 밝혔다. 나는 이제 우리나라도 카메라를 켜고 할 말을 해야 하는 날이 올 때가 됐다고 본다.

정체성은 역사에서 나온다. 역사는 인간과 시대를 읽는 통찰과 감

동을 주고 흥미진진한 이야기를 통해 지혜를 준다. 그런데 한국사는 일제 식민사학자들에 의해 누더기가 되었다. 쪼가리 사실의 나열, 앞뒤가 통하지 않고, 맥락이 사라진 단편적인 지식의 파편, 식민사관에 의해 찢겨진 진실. 이런 역사서를 통해 무엇을 깨닫고 어떤 동력과 감동을 얻을 수 있겠는가. 역사가 흐름으로 이해하고 성찰하는 이야기의 보고가 아니라, 지겨운 암기 과목 또는 겉도는 사실 나열이 되다보니 가슴에 와 닿는 역사는 먼 나라의 이야기일 뿐이다.

이종욱의 서술대로 한국 국사 교과서는 《한국사 신론》에 의거했다. 국사 교과서에 대한 최재석의 진술을 들어보자.

> 한국의 중고등학교 국사 교과서 편찬 담당부서인 교육과학기술부, 국사편찬위원회, 국정도서편찬위원회, 집필자, 연구진 등 다섯 기관의 머리를 짜내 만든 교과서의 내용이 역사적 사실이 아닐 뿐더러 의미도 통하지 않는다. 교육과학기술부, 국사편찬위원회 등이 중심이 되어 만든 중학교 국사 교과서의 내용이 이럴 수가 있는가? 한국의 대충대충주의가 작용했다고 하더라도 이것은 좀 너무 심한 것이 아닌가? 그리고 곧 언급하겠지만 고대 한국과 일본의 관계를 한결같이 뚜렷이 밝힌 《삼국사기》, 《일본서기》, 《구당서》, 《당서》 등을 제쳐놓고 어째서 역사적 사실이 의심될 뿐더러 의미가 통하지 않는 위와 같은 내용의 기사를 중학교 교과서에 싣는가?
>
> —최재석, 《역경의 행운》, 다므기, 2011, 270쪽

역사를 일제 식민사학 스승이 만들어놓은 틀에 맞추다 보니, 진실은 사라지고 한국사는 엉망이 되었다. 이종욱은 아무리 탁월한 연구

자라도 자신을 잉태한 패러다임을 의심한다는 일은 쉽지 않다고 말했지만, 이기백의 책임은 결코 가볍지 않다. 이기백이 이병도를 추억하며 쓴 글이다.

> 선생을 처음 뵌 것이 1942년 봄의 일이었으므로 거의 반백년 가까이 선생을 스승으로 모셔온 셈이다. 그 오랫동안 선생의 제자라는 말을 듣기에는 너무도 부끄러운 존재였던 것 같다. 나이가 들면서는 선생의 크신 학은學恩에 조금이라도 보답해드려야 한다고 생각은 하면서도 도리어 빚이 늘어만 가는 듯한 느낌을 숨기지 못했다. 이제 생전에 다시는 선생을 대할 길이 없게 되었으니 그저 회한만이 가슴 속에 남을 뿐이다.
>
> —진단학회, 《역사가의 유향》, 일조각, 1991, 317쪽

이병도가 그의 스승인 쓰다 소키치와 이케우치 히로시, 이마니시 류, 이나바 이와키치 등을 따랐듯이, 이병도의 수제자인 이기백은 그의 스승 이병도를 마음 깊이 존경하고 흠모했다. 그것은 그들의 사적인 영역이었지만, 한국사에는 치명적인 결과를 불러왔다.

문제의식의 부재,
박노자의《거꾸로 보는 고대사》비판

신채호의 진보적인 시각마저 부정하다

우리 사회 현실문제에 대한 시각에서는 진보와 보수가 있지만, 식민사관에는 진보도 보수도 없다. 박노자의《거꾸로 보는 고대사》는 한마디로 "신채호의 역사관을 거꾸로 보자"는 주장이다. 이것은 결국 일제 식민사관에 입각해 한국사를 거꾸로 봐야 한다는 견해다. 앞 장에서 박노자의《거꾸로 보는 고대사》를 일부 다뤘지만, 이 장에서 좀더 자세히 살펴보겠다.《거꾸로 보는 고대사》책 앞머리에 실린 와세다대학교 이성시 교수의 추천사는 박노자의 역사관을 잘 요약했다.

> 만약 과거에 대한 협소한 가치에 의한 해석과 인식이 한국 고대사 속에
> 그대로 살아 있다면, 100년 전과는 전혀 다른 새로운 시대임에도, 한

국 고대사상과 함께 그것을 지탱하고 있는 낡은 가치가 잔존하여, 새로운 시대에 걸맞은 상호이해와 소통을 방해하는 폐해를 초래할 수도 있는 일이다. 이 책에 나타난 필자의 위기의식은 그런 점에 유래한다.

그렇다면 제국의 틈새에서 동포들에게 민족의 위기를 호소한 단재 신채호의 한국 근대역사학과는 다른, 어떤 대안적인 고대사가 가능할 것인가? 저자에 따르면, 지구화시대의 고대사가 지향해야 하는 것은 타자에 대한 적대성을 부각하여 내부적인 통합을 강화하는 것이 아닌, 타자와의 교류·뒤섞임·융합을 중심으로 한 역사를 그리는 것으로, 국경을 넘는 지역공동체 만들기를 지향하는 것이라고 한다. 실제로 이 책에서는 내부의 다양성과 주변 지역의 관련성 속에서 한국 고대사를 동태적으로 파악하는 것을 시도하고 있다.

이어서 새로운 시대인식과 고대사상에 대해 '한국사의 국제화'에 대해서도 언급하지 않을 수 없다. 오늘날 한국사의 '독자'는 한국인만이 아니다. 예를 들어 〈주몽〉, 〈태왕사신기〉 등 드라마를 통해 한국 고대사에 관심을 가지는 일본인이 적지 않다.

—박노자, 《거꾸로 보는 고대사》, 한겨레출판, 2010, 6~7쪽

이성시의 말을 중국의 패권주의 사관이나 일제의 식민사관에 대입하면 맞는 말이다. 이것을 박노자는 아무 비판적 시각 없이 그대로 반복했다. 타자와 교류하고 국경을 넘는 공동체를 만들려고 했던 이는 이병도가 아니라 신채호였다. 그런데 왜 이병도는 박노자가 존경하는 인물이 되었고, 신채호는 박노자에게 분노를 느끼게 하는 존재가 되었을까? 박노자나 이성시는 중화사관과 황국사관 대신 한국의 민족주의 사관을 비판한다. 박노자에 대한 이성시의 글을 보고 나니,

최재석이 고려대학교 역사교육과 교수인 김현구를 비판한 대목이 생각났다.

> 요컨대 김현구 씨는 일본어도 잘 못하는 시절 일본 와세다 대학에 유학을 가서 거기서 서기전 1세기부터 한국은 일본의 식민지였다는 '식민사관'에 철저한 일본인 지도교수 미즈노를 만나 장기간 그의 지도를 받고, 한국사는 일본사의 일부분이라는 뜻을 나타내는 논문 제목과 일본 기년을 사용하고, 한국 사신을 언제나 일본에 대한 '조공사'로 표현하면서도, 일본이 한국의 식민지였다는 《일본서기》 기사는 무시하는 등 어느 것도 지도교수의 역사관과 동일한 역사관에서 쓴 학위논문을 제출하여 학위를 취득하였다.
>
> 그리고 책자화한 그의 논문에 써준 서문에서 한국이 일본의 식민지라는 역사 왜곡을 '올바른 역사', 그러한 왜곡된 역사를 학생들에게 가르치는 것을 '바른 교육'이라고 칭하면서 한국으로 귀국하면 그곳에서 왜곡된 역사를 가르치라고 한 지도교수 미즈노의 지시를 따르려고 김현구 씨는 나의 논문 게재를 거부하였음을 알 수 있다. 한국의 역사를 팔아서 학위를 얻는 김현구 씨의 소행을 구한말의 이완용 일파의 매국 행위에 비유하는 것은 지나친 비유일까? 다른 점이 있다고 한다면 한 사람은 정치를 한 것이고 다른 한 사람은 역사학을 공부한다는 정도라고나 할까?
>
> ─최재석, 《역경의 행운》, 다므기, 2011, 326쪽

이종욱과 같이 이기백의 한계를 뛰어넘지 않는 한 누구에게 어떤 역사학을 배웠는가는 매우 중요하다. 이병도는 와세다 대학교 교수였

던 쓰다 소키치의 제자였으며, 쓰다 소키치가 발명한 식민사학은 현재 도쿄 대학교 교수였던 다케다 유키오와 와세다 대학교의 이성시 등의 학자들에게 그대로 전수되었다. 이성시와 박노자는 일제 식민사관을 그대로 반복한다.

현재 일본에서 한국 고대사를 주도하는 다케다 유키오, 이성시, 기무라 마코토 같은 연구자들이 쓰다 소키치가 처음 발명한 《삼국사기》 내물왕 이전의 기록 허구설을 따르고 있다는 것을 알 수 있다. 그밖에 성골 가상의 골족설, 성골 추존설 등도 내물왕 이전의 기록을 불신한 식민사학의 산물이다. 지금도 일본에서는 이들 세 사람만이 아니라 거의 모든 연구자들이 쓰다 소키치가 발조한 식민사학을 그대로 따른다. 현재 일본에서 한국사를 연구하는 역사가들은 제국 일본의 역사가들이 한국사에 대하여 자행한 폭력을 밝히고 그 잘못을 시인해야 한다.

－이종욱, 《민족인가, 국가인가》, 소나무, 2006, 62~63쪽

이성시는 그렇다 해도 한국 주류 사회에 비판적인 박노자도 한국 주류 역사학계의 견해를 무비판적으로 따른다는 점은 아이러니다. 박노자의 한국 고대사관은 철저한 황국사관이다. 그가 《거꾸로 보는 고대사》를 쓰면서 참고했다고 밝힌 참고서적은 한국 식민사학계의 주역인 이병도, 노태돈, 송호정의 책 일색이다. 박노자는 그들의 견해를 그대로 반복해 일제 식민사관을 옹호하며, 아무런 연관 없이 자신의 계급론을 접목한다.

일연의 시대에야 "우리들의 시조" 이야기에서 여성인 웅녀를 동물인 데다 단순히 단군을 낳고 어디론가 사라져버린 부차적인 요소로 묘사하고 환인, 환웅, 단군을 모두 '당당한 남성'으로 서술하는 것이 '당연지사'였겠지만, 양성평등의 시대인 오늘날에도 과연 여학생들에게 수염 긴 노년의 남성으로 그려진 단군에 대한 흠모를 강요할 필요가 있는가?

—박노자, 《거꾸로 보는 고대사》, 한겨레출판, 2010, 28쪽

단군에 대한 박노자의 인식을 앞장에서 살폈지만, 식민사학자들처럼 그 역시 엉뚱한 내용으로 사실을 호도하는 것을 반복한다. 그렇다면 나는 "양성평등의 시대인 오늘날에도 과연 여학생들에게 수염 긴 남성으로 그려진 예수나 공자, 카를 마르크스, 체 게바라에 대한 흠모를 강요할 필요가 있는가"라고 박노자에게 똑같이 묻겠다. 박노자는 한국 주류 식민사학계로부터 역사뿐 아니라 논법도 그대로 배웠다. 역사의 진실이 양성평등 시대에 필요하지 않은 이유가 도대체 무엇인가? 박노자는 신채호가 여성에 대해 어떤 견해를 가졌는지도 잘 모른다. 신채호의 글을 직접 접해본 것이 아니라 식민사학자들의 비난만 듣고 가슴에 새겼기 때문이다. 신채호만큼 여성에 대해 진보적인 시각을 견지한 인물도 없다. 한 예로 백제의 시조는 소서노인데 《삼국사기》〈본기〉에서는 그 기록을 쏙 빼고 비류와 온조의 기록을 전했다며, "이 어찌 웃을 일이 아니냐. 이것이 그 첫 번째 잘못이다"라고 비판했다.

소서노가 재위 13년 만에 죽으니, 소서노는 말하자면 조선 역사상 유

일한 여제왕 창업자일 뿐만 아니라 또한 고구려와 백제 두 나라를 건설한 자이다.

—신채호, 《조선상고사》, 비봉출판사, 2006, 178쪽

또한 신채호는 《삼국유사》의 단군사화를 소개하면서도 다음과 같은 비판을 제기했다.

그러나 제석이니 웅이니 천부니 하는 따위가 거의 다 불전에서 나온 명사이며, 또한 삼국사의 초반의 사회에서도 여성을 매우 존시尊視하였다는데 여기서는 남자는 신의 화신이고 여자는 짐승의 화신이라고 하여 여성을 너무 비시卑視하였으니, 나는 이것이 순수한 조선 고유의 신화가 아니라 불교가 수입된 이후에 불교도의 손에 의해 점철된 것이 적지 않다고 생각한다.

—신채호, 《조선상고사》, 비봉출판사, 2006, 94쪽

《삼국유사》가 여성을 존귀한 존재로 보지 않고, 낮춰보면서 조선 고유의 신화가 되지 못했다는 지적이다. 신채호의 이런 진보적 가치, 사료에 대한 철저한 문헌고증을 한국 주류 역사학계는 온갖 수단을 써서 폄하한다. 박노자는 이를 그대로 받아들여 아무런 근거 없이 신채호를 비난한다. 신채호의 《조선상고사》와 《조선혁명선언》을 제대로 읽은 사람이 할 비난이 아니다.

황국사관은 침략과 지배에 입각한 폭력 이데올로기다. 약자에 대한 강자의 지배사상이다. 군국주의는 여성을 남성과 동등한 인격체로 보지 않는다. 일제는 한국과 세계의 소외된 여성을 '정신대'로 악용했

다. 또한 단군은 수천 년 내려온 한국 민족의 건국시조다. 단군의 정신은 '홍익인간', 즉 "널리 인간을 이롭게 한다"였다. 그런데 박노자는 2007년 민주노동당이 개천절 기념 논평에서 단군과 홍익인간을 언급한 데 대해 다음과 같이 비판했다.

> '반만년의 역사'와 '단군 할아버지'의 역사성 문제를 논외로 하더라도 계급 모순을 부정하는 '홍익'과 같은 수사를 노동계급의 정당이 이용한다는 것은 놀라움을 불러일으킬 수밖에 없는데, 이는 우리 현실 그대로다.
>
> – 〈민족 '신화' 넘어 국경 없는 계급연대로 가자〉,《한겨레》, 2007년 11월 16일

이것이 박노자의 역사 인식 그대로다. 도리어 놀라움을 불러일으키는 이는 박노자다. 자국의 역사를 부정해야만 노동계급의 정당성이 부여되는 것인가? 같은 기고문에서 그는 다음과 같은 주장을 펼쳤다.

> 그런데 학생들이 국사 교과서에서 "단군왕검이 고조선을 건국했다"는 내용을 마치 역사적 사실인 것처럼 배워야 할 만큼 '민족'의 신화는 여전히 사회 일반에 상당한 지배력을 행사한다. 그 발원지인 유럽에서 이미 우파의 구시대적 전유물로 전락해버린 '민족' 담론이 한국에서는 '노익장'을 과시하는 이유는 무엇일까?
> 계급 모순이라는 기본적인 문제를 덮어버리는 것이야말로 민족주의의 가장 큰 폐단이다.
> 보통 탈민족주의적 입장에 서는 이들을 공격할 때에 '좌파 민족주의자'들이 "그러면, 대안이 무엇이냐, 민족이 용도 폐기되면 진보의 구심

점이 될 것이 무엇이냐'라고 묻곤 한다. 필자로서는 그 답이 분명하다. 국제주의적 계급 노선, 가깝게는 동아시아·동남아시아 지역의 '피해자 연대'가 진보의 거시적 담론이 되는 것은 자본주의의 일차적 모순과 분단의 이차적 모순 극복에 가장 도움이 된다.

─《한겨레》, 2007년 11월 16일

유럽의 역사와 쇼비니즘을 한국역사에 그대로 적용하는 것은 한마디로 몰역사적이자 비주체적인 시각이다. "그 발원지인 유럽에서 이미 우파의 구시대적 전유물로 전락해버린 민족담론"이라니, 왜 역사를 유럽의 시각으로 봐야만 하는가. 동아시아의 피해자들은 모두 일본의 제국주의에 당했다. 일본의 대동아공영권, 대아시아주의에 의해 피해를 입은 나라들만 해도 한국, 대만, 필리핀 등 수없이 많다. 박노자는 이 나라들에서 식민주의를 비판하는 것을 극도로 비난하면서 일제 식민주의를 옹호하고 있다.

유럽의 특수한 경험을 보편타당한 일반론으로 확대해서는 안 된다. 유럽 민족은 18세기 말엽부터 시작된 산업혁명과 프랑스 혁명, 자본주의 진전에 따른 국민국가 형성에서 만들어진 근대의 산물로 보는 견해가 있다. 논란이 있기는 하지만 이는 하나의 견해일 뿐이다. 그런 서구의 상황을 왜 한국사에 무비판적으로 적용해 비난하는가? 박노자는 에드워드 사이드Edward Said의 《오리엔탈리즘orientalism》도 읽어보지 못한 것인가? 서구중심주의 오리엔탈리즘에 빠지면 여타 민족 고유의 세계관·자연관·우주관을 비과학적이고 비합리적인 것으로 규정한다. 그 민족이 배태하고 전수해온 역사와 전통, 문화를 후진적이고 낙후된 것으로 낙인찍는다.

박노자의 글에는 우리 역사가 없다

민족은 박노자처럼 '상상의 공동체'로 표현되는 인위적인 허상이 아니라 실존적인 동족공동체다. 민족은 역사적 실체요, 엄연한 사실史實이다. 민족이라는 말이 후대에 나왔다 해서 상상의 공동체로 규정할 수 없다. 나, 우리, 가족, 인류, 사랑, 공존, 삶, 죽음, 태양, 자연, 지구, 우주라는 말이 후대에 개념화되었다고 해서 이를 '상상의 존재'라고 말하지는 않는다. 언어로 표상하는 상상의 과정을 거쳤으니 실체가 없는 존재고 다 부정해야 한다는 논리는 있을 수 없다. 그러므로 한국의 민족론은 혈연순혈주의나 언어의 순수성에 입각한 순수민족론이 아니라 오랜 공동체 생활을 통해 문화와 의식에서 동질성과 일체감을 갖는 민족론이다.

문명교류학의 권위자인 정수일은 다음과 같이 민족의 개념을 정의한다.

> 민족이란 일정한 지역에서 장기간 공동체 생활을 함으로써 혈연, 언어, 경제, 문화, 역사, 지역 등을 공유하고 공속의식과 민족의식에 따라 결합된 최대 단위의 인간공동체로서 소정된 역사 발전의 전 과정에서 항시적으로 기능하는 엄존의 사회역사적 실체다.
>
> —정수일, 《21세기 민족주의》, 통일뉴스, 2010, 43쪽

혈연과 언어는 민족 형성의 한 부분일 따름이다. 절대적인 조건이 아니다. 민족은 역사의 흐름에 따라 변화하는 개념이다. 유럽의 경우와 달리 한국의 민족주의는 진보적 가치를 추구했던 역사를 보유하

고 있다. 한국 현대사에서 진보세력은 가짜 민족주의, 즉 독재정권이 만든 극우파 민족주의에 맞서 싸웠다. 이승만과 박정희가 내세운 한국적 민족주의는 민족주의를 죽이는 반민족주의였다. 그래서 민족이 들고 일어나 이승만을 쫓아냈다. 민족을 독재로 억압한 박정희가 민족주의자였다는 주장은 당치도 않은 견해다. 박정희는 일제의 엄격한 사상검열을 통과한 대구사범학교 출신이며, 교사를 그만두고 일본육사에 스스로 지원했다. 박정희 정권에 반대한 운동을 민족민주운동이라고 하는 것이 우연이 아니다.

2012년, 유신정권 시절 의문의 시체로 발견된 장준하의 머리뼈에서 둔기에 얻어맞은 듯한 함몰 흔적이 발견된 후, 그의 부인인 김희숙은 한 인터뷰에서 이렇게 말했다.

> "일본놈 앞에서 자기 이름 바꾸고, 광복군은 씨를 말려 죽이겠다 한 사람이 어떻게 나라를 생각하겠느냐. 다른 사람은 다 대통령 자격 있어도 박정희는 자격 없다"고 했어요.
> 절대 실족사는 아니고 누군가 죽인 거라고 처음부터 생각했어요. 이제 진실을 밝히는 싸움이 시작된 겁니다. 양의 탈을 쓰고 활보하는 잔당을 없애야죠.
>
> ―《한겨레》, 2012년 8월 21일

한편 성공회대학교 김동춘 교수는 현재 우리 사회를 만들어낸 원형을 1945년~1953년까지로 본다. 이 의견에 동감하는 바다. 이 시기에는 일제를 청산하지 못하고 오히려 친일파가 민족주의를 일대 청산했다. 반민특위 해산, 남북분단과 한국전쟁을 겪으며 한국사는 극우파가 권력을 독점하는 시대가 되었다.

그러나 박노자의 글에는 이러한 우리 역사가 없다. 계급이라는 단 하나의 프레임에 갇혀 역사와 인간, 민족과 현실을 서슴없이 매도하고 버린다. 단군과 고조선, 단군을 전승해온 역사가 그에게는 의미가 없다. 박노자는 항상 민족과 계급을 이분법적으로 대립시킨다. 계급은 민족 내부에서 발생한 사회적 분화이기 때문에 민족을 떠난 계급은 존재할 수 없다. 민족론을 버린 계급론은 허상이다. 민족주의가 계급과 그 자체로 대립하지 않듯이 국제주의도 민족주의와 계급문제로 대립하지 않는다. 이른바 '세계화'로 명명된 세계 금융자본주의 시스템에서 민족과 국가의 정체성이 더욱 부각되는 상황을 직시해야 한다. 정체성이 없거나 어떤 경계나 차이도 없는 세계주의는 위험하다. 민족주의 자체가 개인의 자유와 인권을 침해하는 것이 아니다. 박정희처럼 '한국적' 민주주의, '한국적' 민족주의 운운하는 변종 민족주의가 개인의 자유와 인권을 침해한다. 박정희의 민족주의는 한마디로 일제에게 배운 황국민족주의다.

민족주의는 집단주의나 국가주의를 통해 개인의 자유와 권리를 침해하는 것이 아니라, 자율적 연대를 통한 공동체의식으로 존재한다. 어느 민족이나 갖고 있는 필수적인 가치관이다. 문제는 그를 대립되는 것으로 바라보고 적용하는 데 있다. 가족이나 그 어떤 공동체도 그 자체로 개인을 억압하지 않는다.

나라가 어려운 시기에 가장 피해를 받는 사람은 민중이다. 이는 세계사가 경험한 보편적인 진리이고, 우리 민족이 뼈아프게 경험한 역사적 사실이다. 민족모순과 계급모순을 타파하기 위해 앞장선 존재가 민중이란 사실史實을 직시해야 한다. 단군과 고조선이 한국사에서 왜

문제가 되고 중요한 주제인지 박노자는 알지 못한다. 그는 식민사관에 대한 비판적 의식이나 한국사의 원형질에 대한 관심이 전혀 없다. 단군과 고조선을 역사에서 지워버리면서 일제 식민사관을 칭송했듯이, 박노자는 단군을 부정하며 식민사관의 전사가 되었다.

미국 서부지역에 거주하던 두아미시-수쿠아미시족의 추장 시애틀은 1854년, 미합중국 대통령 프랭클린 피어스Franklin Pierce가 파견한 백인 대표자들이 아메리카 원주민(인디언)들이 살아온 땅을 팔라고 하자 다음과 같은 연설을 했다. 그는 땅을 팔지 않으면 백인이 총으로 위협해 땅을 강제로 빼앗을 것을 잘 알고 있었다.

그대들은 어떻게 저 하늘이나 땅의 온기를 사고 팔 수 있는가? 우리로서는 이상한 생각이다. 공기의 신선함과 반짝이는 물을 우리가 소유하고 있지도 않은데 어떻게 그것들을 팔 수 있다는 말인가? 우리에게는 이 땅의 모든 부분이 거룩하다. 빛나는 솔잎, 모래 기슭, 어두운 숲 속 안개, 맑게 노래하는 온갖 벌레들, 이 모두가 우리의 기억과 경험 속에서는 신성한 것들이다. 〔…〕 개울과 강을 흐르는 이 반짝이는 물은 그저 물이 아니라 우리 조상들의 피다. 만약 우리가 이 땅을 팔 경우에는 이 땅이 거룩한 것이라는 걸 기억해달라. 거룩할 뿐만 아니라, 호수의 맑은 물속에 비추인 신령스러운 모습들 하나하나가 우리네 삶의 일들과 기억들을 이야기해 주고 있음을 아이들에게 가르쳐야 한다. 물결의 속삭임은 우리 아버지의 아버지가 내는 목소리이다. 〔…〕 그대들은 아이들에게 그들이 딛고 선 땅이 우리 조상의 뼈라는 것을 가르쳐야 한다. 그들이 땅을 존경할 수 있도록 그 땅이 우리 종족의 삶들로 충만해 있다고 말해주라. 우리가 우리 아이들에게 가르친 것을 그대들의 아이들에게도 가르치라. 땅은 우리의 어머니라고. 땅 위에 닥친 일은 그 땅의 아들들에게도 닥칠 것이니, 그들이 땅에다 침을 뱉으면 그것은 곧 자신에게 침을 뱉은 것과 같다. 땅이 인간에게 속하는 것이 아니라 인간이 땅에 속하는 것임을 우리는 알고 있다. 〔…〕 당신들이 이 땅을 차지하게 될 때 이 땅의 기억을 지금처럼 마음속에 간직해달라. 온 힘을 다해서, 온 마음을 다해서 그대들의 아이들을 위해 이 땅을 지키고 사랑해달라. 하느님이 우리 모두를 사랑하듯이.

한 가지 우리는 알고 있다. 우리 모두의 하느님은 하나라는 것을. 이 땅은 그에게 소중한 것이다. 백인들도 이 공통된 운명에서 벗어날 수는 없다. 결국 우리는 한 형제임을 알게 되리라.

－김종철 엮음, 《녹색평론선집》 1권, 녹색평론사, 1993, 17~21쪽

몸집이 장대하고 우렁찬 목소리를 가졌다고 알려진 시애틀 추장은 인간과 자연, 우주의 보편적 속성을 간파했다. "인간은 바다의 파도처럼 왔다가 간다"고 한 그는 백인들도 한 형제요, 동물·강물·바람·땅도 하나라고 말했다. 그는 조상과 그 땅의 기억을 아이들에게 가르치라는 말을 강조했다. 인간의 원형과 통찰, 지혜가 거기에서 나오기 때문이다.

아인슈타인도 시애틀과 똑같은 말을 남겼다.

여러분들이 학교에서 배우는 훌륭한 것은, 세계 여러 나라에서 열성적인 노력과 끊임없는 고통 속에서 성취해낸 여러 세대의 업적이라는 것을 항상 마음속에 간직해야 한다. 여러분 손 안에 있는 이 모든 것들은 유산이 된다. 여러분은 그것을 받아들여 연구하고 무엇인가를

덧붙여서 후에는 여러분의 후손들에게 충실하게 물려줘야 한다. 우리는 우리의 노력으로 수많은 업적을 함께 창조해나가고 있기 때문에 언젠가 죽긴 하겠지만 불멸하는 존재들이다.

－알버트 아인슈타인, 《나는 세상을 어떻게 보는가》, 박상훈 옮김, 한겨레, 1990, 34쪽

아인슈타인은 어린이들에게 여러 세대의 업적을 마음속에 간직하고, 그것에 무엇인가를 더해서 후손들에게 충실하게 물려주라고 당부했다. 인간은 역사의 계승을 통해 불멸하는 존재가 된다고 강조했다. 아메리카 원주민이나 아인슈타인의 말을 빌리지 않더라도 역사와 전통의 가치를 부정하는 태도는 설득력이 없다. 오늘날 우리는 어느날 갑자기 하늘에서 뚝 떨어진 존재가 아니다. 장구한 역사를 살아온 선대가 있기에 지금 우리가 있다. 조상은 우리 삶의 근원이자 원천이며, 우리도 언젠가는 후대의 조상이 된다.

일제 식민지 교육정책은 우리의 글과 역사를 잊게 하고 조상을 잊게 하면서 그 대신 일본어와 일본사를 우리의 글과 역사로, 일본의 조상을 우리의 조상으로 만들려고 하였다. 일제가 지향한 한국인 교육정책의 본질과 책략은, 첫째, 한국인이 자기 나라의 사정, 역사, 전통을 알지 못하게 봉쇄하여 민족혼, 민족문화를 상실케 한다. 둘째, 선조들의 무위, 무능, 악행을 들춰내 과장하여 청소년들이 선조와 나라를 경멸하는 감정을 일으키게 함으로써 자아혐오증을 조장한다. 셋째, 일본의 사적, 문화와 인물을 소개, 주입하여 이를 동경케 함으로써 반일본인으로 만든다는 것 등이었다.

－이도상, 《일제침략 120년》, 경인문화사, 2003, 167~168쪽

하지만 박노자는 한국 주류 역사학계의 식민사관에 대한 문제인식이 전혀 없다. 그런 의문조차 제기하지 않는다. 그러다보니 그의 논리는 일본 극우파의 가치관에 기대게 되었다. 일제는 한국의 땅을 빼앗고, 한국의 조상과 역사, 기억과 경험을 없애려고 획책했다. 그런데 박노자는 아무런 비판 없이 일제의 논리를 반복한다.

서구중심주의에 빠진 오리엔탈리스트는 필연적으로 제국주의로 귀결된다. 진보의 가치를 내세우는 그가 왜 제국주의 역사학을 앞장서서 전파하게 되었는지 알 수 있는 맥락이다. 그렇기 때문에 신채호는 고루하고 편벽한 학자, 일본 관학자들은 근대적인 학자라는 편견에 사로잡힐 수밖에 없다.

한국사에 대한 이해 관계가 없는 러시아의 역사학자 유 엠 부친은 고조선이 서기전 3세기까지 서남쪽으로는 북경 위쪽의 난하, 서북쪽으로는 내몽골의 시라무렌 강 너머까지 광활한 영토에 걸쳐 있었다고 명쾌하게 논증했다.

'낙랑문화가 한반도에 있었다는 사실을 교묘히 이용해 한반도 역사의 전체상을 왜곡하는 식민지 당국과의 투쟁'이라는 특수한 상황에서 신채호나 정인보가 "낙랑이 랴오둥 반도에 있었다"는 비역사적 주장을 제기한 것은, 그나마 시대적 상황이라는 차원에서 이해할 수 있다. [⋯] 하지만 남한에서도 윤내현, 이덕일 등 소수긴 하지만 상당한 '유명세'를 타고 있는 일부 사학자의 한사군 랴오둥 반도 위치설, 평양일대 조선인 낙랑국설이 대중매체를 통해 빠르게 확산되고 있는 이유는 과연 무엇일까? 국제결혼의 비율이 14퍼센트에 이르는 시대에 접어들었는데도 한반도 땅에 수세기에 걸쳐 중국인들이 집단적으로 거주했다는 사실을 꼭 부정할 필요가 있을까?

—박노자, 《거꾸로 보는 고대사》, 한겨레출판, 2010, 44쪽

낙랑군이 한반도에 있었다는 일제 식민사학의 날조를 역사적 사실로 전제하고, 하위 논리를 구사하는 것이 일제 식민사학의 논법이라고 여러 차례 말했다. 일제가 이를 교묘히 이용해 한반도 역사의 전체상을 왜곡했다는 것도 식민사학자들이 즐겨 쓰는 사전 전제다. 그 뒤에는 100퍼센트 식민사학 옹호로 나타난다. 낙랑군이 만주에 있었다는 신채호·정인보의 주장은 문헌고증과 고고학에 의해 역사적 사실로 이미 증명되었다. 비역사적 주장을 하는 사람은 한국 식민사학계인데 박노자는 계속 고대사를 거꾸로 보자고 한다. 일제가 왜 한사군이 한반도에 있었다는 논리를 만들어냈는지 박노자는 알고 있는 것인가? 알면서도 책을 썼다면 가치관의 문제이고, 모르고 책을 썼다면 학자란 말을 들을 자격이 없다. 박노자에게 민족주의를 격하하는 식민사학은 옳은 학문이고, 한국 민족주의 전통을 계승하려는 반식민사학은 청산 대상이 되었다. 두 논리를 치밀하게 따져서 최소한 무엇이 옳고 그른가를 따질 생각조차 하지 않는다. 오직 주류 학계의 논리만을 살필 뿐이다.

윤내현과 이덕일은 신채호의 역사관을 계승하는 대표적인 역사학자다. 한국 역사학계에서 주류와 다른 역사학, 즉 일제 식민사관의 대척점에 서는 일은 학자로서 목숨을 걸었다는 것을 의미한다. 한국 주류 역사학계는 모든 걸 동원해 자신들의 정설을 사수한다. 사료를 오독하거나 논증에 조금이라도 실수가 있으면 엄청난 공세를 취한다. 그들의 화력은 대단하다. 이것이 그들이 사는 길이고, 학문 권력을 유

지해온 비결이다. 이에 비해 윤내현과 이덕일은 철저하게 검토하고 검증한 1차 사료에 근거해 문헌을 고증하고, 현지답사를 통해 사실을 확인한다.

윤내현이 사료를 다룰 때 유의할 점으로 제시한 사항을 살펴보자.

첫째로 선입관을 가지고 있어서는 안 된다. 예컨대 요동·요서·평양 등의 명칭이 문헌에 등장하였을 때 그 위치를 지금의 요동·요서·평양 등으로 생각한다든가, 조선이 등장하였을 때 그 위치를 한반도로 생각하는 등의 선입관을 가져서는 안 된다는 것이다. 그 위치나 개념이 변했을 수 있기 때문이다.

둘째로 공정한 생각을 가지고 있어야 한다. 동일한 사건이나 사실에 대해서 서로 다른 내용을 전하는 사료가 있을 경우 쉽게 어느 하나를 버리고 다른 하나를 채택하는 것을 흔히 보는데 이 점은 매우 조심해야 한다.

셋째로 사료의 내용을 마음대로 바꾸어 해석해서는 안 된다. 연구자는 사료가 말하는 바에 따라 사실이나 사건을 복원하는 것이지 연구자의 의도에 따라 사료의 내용을 바꾸어서는 안 되기 때문이다.

넷째로, 사료가 말하는 의미를 정확하게 파악해야 한다. 사료가 말하는 뜻을 정확하게 받아들이지 못함으로써 오류를 범하는 경우를 가끔 본다.

다섯째로 중국과 일본 학자들의 연구결과를 참고하는 데 있어서는 세심한 주의가 필요하다. 중국 학자들은 오늘날 만주가 그들의 영토이기 때문에 그곳에 대한 고대부터의 연고권을 주장하고 싶어 한다. 일본 학자들은 전통적으로 고조선의 존재를 부인해왔다. 그들은 한사군의 위치는 한반도였다고 주장하였다.

여섯째로 통계적인 시각을 가져야 한다. 고조선 연구에 어떤 문헌자료나 고고자료를 이용하고자 할 때, 그것이 고조선 전체에서 차지하는 비중이 어느 정도였겠는가를 생각해야 하는 것이다.

일곱째로 복원과 해석을 위한 이론 틀을 필요로 한다. 고조선을 복원하기 위해서는 분석과 비판을 거친 사료를 종합하는 작업을 해야 한다.

−윤내현, 《고조선연구》, 일지사, 1994, 28~34쪽

한국 주류 역사학계의 표적이 되어 인신공격을 반복적으로 당해온 이덕일 또한 사료를 다루는 입장은 이와 마찬가지다.

역사에 대한 반성은 또한 역사 연구의 방법으로 이루어져야 한다. 이 책은 그간의 연구사와 문헌사료, 고고학 사료에 대한 연구 검토와 현지답사라는 전통적인 방법으로 연구한 결과물이다. 연구사는 이른바 정설이 만들어진 구조에 대한 문제에 천착했으며, 문헌사료는 1차 사료에 직접 접근했다. 2차 사료는 이미 특정한 목적하에 왜곡된 경우가 많기 때문에 비판적으로 접근했다. 그리고 만주는 물론 내몽골에서부터 한반도 남단까지 고조선의 강역을 직접 광범위하게 답사했다. 그 결과 한나라에 항복한 고조선의 항신들이 고조선 부흥운동에 나섰던 사실들을 밝혀냈으며, 그간 한반도 북부에 있다고 주장되어왔던 낙랑군 수성현의 위치를 중국 고대 사료와 하북성 현지답사로 찾아낼 수 있었다. 비파형 동검 하나를 보기 위해 흰 눈 덮인 대륙을 대여섯 시간씩 달렸던 그 순간, 멀리 서해가 바라보이는 낙랑군 수성현의 갈석산 정상에 올랐던 그 감격은 쉽게 잊혀지지 않을 것 같다.

문헌사료를 살펴보면 살펴보는 만큼, 유물을 분석하면 분석하는 만큼, 현장을 답사하면 답사하는 만큼 고조선은 그 속살을 그대로 드러내어 우리에게 보여주었다. 고조선사의 많은 의문은 이렇게 풀려나갔고, 우리는 새로운 고조선의 실체에 점점 더 가까이 다가갈 수 있었다.

—이덕일, 《고조선은 대륙의 지배자였다》, 역사의아침, 2006, 5쪽

박노자는 윤내현·이덕일을 슬쩍 언급하며 의도적으로 폄훼하기만 하지 그들의 주장과 견해, 근거와 논증은 일절 다루지 않는다. 윤내현과 이덕일이 어떤 근거로 어떤 주장을 펼쳤는지 그는 "모르쇠"로 일관한다. 이것이 바로 한국 주류 식민사학계가 전형적으로 구사하는 마녀사냥 전술이다. 불쑥 이름을 거론하면서 폄하할 뿐, 구체적인 논거를 다루지 않는다. 견해가 다르면 왜 그런지 근거를 들어 논증하고 비판해야 하는데, 절대 그런 경우는 없다. 비판에 전제되는 열린 태도는 아예 없다. 침묵의 카르텔을 통해 묵살하거나 다양한 음해공작을 펼친다. 박노자는 자신의 책에서 "윤내현과 이덕일의 견해가 대중에게 빠르게 확산되는 이유가 무엇일까" 하고 물었다. 대중을 폄하하지 말고 겸허하게 배우려 한다면, 그는 그 이유를 알 수 있을 것이다. 대중은 한국사의 진실을 파악해가고 있기 때문이다.

인문학의 핵심은 비판이다. 비판적 사고의 출발점은 어떤 생각이나 주장을 의심하는 데서 시작한다. 존재하는 모든 사물은 그 자체로 보이는 것이 아니라 보는 이의 시각을 통해 해석된다. 모든 것은 새로운 시각으로 볼 여지가 있다. 비판은 모든 학문의 원칙이다. 그런데 한국 인문학은 비판을 용납하지 않고, 사실을 조작하며, 가혹한 인신공격으로 대응한다.

식민사관을 그대로 답습하다

비판을 용납하지 않는 것이 식민주의의 견고한 유제다. 비판은 기존 권위와 권력을 해체하는 것이기 때문이다. 박노자는 한국사회가 비판과 토론이 없어 발전하지 않는다는 말을 달고 살면서도 한국 인문학계의 고질적인 병폐를 고스란히 반복한다. 우리는 악마와 싸우면서 악마가 되는 것을 경계해야 한다. 최재석이 "왜 근거와 이유를 단 한마디도 대지 않느냐"고, 불가사의하다고 한 방식이 바로 이런 알량한 행태들을 말한다. 기껏 이유를 단 것이 "국제결혼의 비율이 14퍼센트에 이르는 시대에 접어들었는데도 한반도 땅에 수세기에 걸쳐 중국인들이 집단적으로 거주했다는 사실을 꼭 부정할 필요가 있을까"다. 국제결혼 비율이 14퍼센트에 이르는 것과 한사군이 한반도에 없었다는 전혀 별개의 사실을 아무런 맥락 없이 연결시켜 혹세무민하려한다. 국제결혼 비율이 100퍼센트에 이른다 해도 한국 민족의 역사는 오직 역사로서만 존재하는 것이다.

낙랑이 4세기 넘게 존속할 수 있었던 비결은 인수印綬(끈에 달린 도장), 동경銅鏡(구리거울) 등 정교하게 만든 위신재로 토착 지배자들의 마음을 사로잡아 고급 수공업과 무역 중심으로서의 필요성을 과시할 수 있었기 때문이 아니었을까? 중국 상인이 출입하여 조선인 사이에 도둑질이 생겨났다는 기록이 중국 사료에 보이는 것은 사실이지만 그 상인들을 통해 첨단 철기, 보습 제작법 등이 보급됐다는 점도 무시하면 안 된다. 낙랑을 멸망시킨 313년부터 낙랑의 중심이던 평양으로 수도를 옮긴 427년까지 고구려가 평양지역의 중국인들을 추방하기는커녕 오히려 반半 자치의 사태에 놓아두었다는 것은, 낙랑에 대한 토착민들의 의식이 별로 나쁘지 않았음을 증명한다.

외부 세력의 정복이란 늘 인명 피해를 수반하는 비극적 과정이긴 하지만 그 과정에서 문화 교류와 인구의 혼합화가 이루어져 더 복합적인 문화로의 길이 열린다는 것도 기억해야 한다. 침략을 긍정할 필요는 없지만 전근대에 '우리' 영토 안에서 많은 '외부인'들이 살았다는 것을 전면 부정하거나 '수탈적 식민지'라고 규탄할 필요도 없다. 결국 온갖 사람들이 장기간 섞여야 위대한 문화가 태어나는 것 아니겠는가? 무엇보다 낙랑의 남은 인구가 고구려에 흡수돼 고구려 문화발전에 크게 기여했다는 점을 기억해야 할 것이다.

—박노자, 《거꾸로 보는 고대사》, 한겨레출판, 2010, 46~47쪽

이 문장을 읽어보면 마치 이병도의 글을 읽는 느낌과 흡사하다. 중국을 통해 모든 문명이 전해졌다는 논법이 이병도와 같다. 이병도는 아무런 근거도 없이 이런 주장을 했다고 앞에서 이미 밝혔다. 그렇다면 박노자는 어떤 근거로 이와 같은 견해를 펼치는가? 위에서 주장한 내용들이 과연 어떤 사료에 근거한 것들인지 구체적으로 밝혀주길 바란다. 낙랑군이 한반도 평양지역에 있었다는 근거가 일제가 조작한 것 이외에 하나라도 있는가? 박노자가 참고문헌이라고 밝힌 저서들이 그 근거일 뿐인데, 이병도, 김원룡, 노태돈, 송호정의 저서 일색이고 이를 반복해서 인용했다. 주로 노태돈의 《단군과 고조선사》, 《고구려사 연구》, 송호정의 《단군, 만들어진 신화》, 《한국 고대사 속의 고조선사》 등에 근거했지, 주류 사학계에 비판적인 시각을 담은 저서는 한 권도 살펴보지도 않았다. 윤내현과 이덕일의 저서는 아예 언급도 없

다. 한편 박노자는 〈5세기 말부터 562년까지 가야의 여러 초기 국가의 역사〉라는 논문으로 박사학위를 받았다. 그런 그가 동아대학교 고고미술사학과 박광춘 교수의 다음 주장에 대해서는 어떻게 생각하는지 궁금하다.

고고학의 역사 복원에서 가장 중요한 지표 중 하나가 시간이다. 이 때문에 고고학자는 늘 언제when라는 것을 인공물인 유적이나 유물을 발굴한 후 적용시키려고 애쓴다. 이 신화에서도 시간을 의미하는 것은 후한건시後漢建武 18년(42년)이다. 즉, 42년은 가야 건국 연도가 된다. 그리고 532년 금관가야가 562년 대가야가 신라에 멸망되므로 가야의 역사는 약 500년이 된다.

그러나 현실은 가야의 역사를 500년이라고 보지 않고 있다는 것이 문제이다. 고고학의 시대구분에서 서기전후에서 300년을 원삼국시대로 설정하고 있다. 이와 같은 배경에는 김원룡이 고총 고분의 출현을 300년 전후로 보고, 삼국시대 시작을 4세기로 설정하였기 때문이다. 그래서 가야의 시작도 4세기 혹은 3세기 후엽으로 설정하고 있으나 건국 연대는 더 올라가야 한다. 왜냐하면 첫째, 김수로왕의 후손인 김해 김씨는 2000년 현재 4백만이 넘는 남한 인구의 10분의 1 이상이다. 둘째, 김해 금관가야 중요 고분군만 30군데도 넘을 뿐 아니라 그외 유적을 계산하면 아주 많다. 가야의 역사가 250년이라면 이 정도의 유적을 축조하기는 거의 불가능하다.

–《프린스턴 한겨레문화》 제3호, 2012, 34~35쪽

앞서 보았듯 김원룡은 원삼국시대라는 개념을 창안했다. 《삼국사

기》초기 기록은 믿을 수 없다는 일제 식민사학을 고고학적으로 뒷받침하기 위해서 그가 발명한 이론이다. 식민사학자들은 이처럼 발명도 잘한다. 일제 식민사학을 가장 무모한 방식으로 밀어붙인 쓰에마스는 김원룡의 스승이다. 김원룡은 쓰에마스의 성향도 그대로 물려받았다. 물론 고고학자답게 겉모습은 고고한 가면을 썼지만 그 속내는 앞서 김용섭 선생의 증언에서도 보았듯이 극우파 일본인이었다.

불과 얼마 전만 해도 국립중앙박물관에는 원삼국실이 있었다. 반면, 연표에는 고조선이 빠져 있었다가 우여곡절 끝에 국립중앙박물관에도 고조선 연표가 들어갔다. 자신들이 대한민국 국민의 세금으로 봉급을 받고 있는지, 일본 극우파의 세금으로 봉급을 받고 있는지 대체 알고는 있는 것일까. 대한민국을 일본의 한 지방으로 보기 때문이란 그 속내를 이제는 몇몇 전문가들을 넘어서 대중이 알아차리기 시작했다. 식민사학자들이 가장 두려워하고 있는 시나리오가 점차 현실화되는 것이다. 하지만 지방의 박물관에는 아직도 원삼국이라는 표기가 남아 있다.

> 남한 최초의 수준급 고대사 개설서인 《한국사 고대편》도 "고구려의 발전이야말로 주로 한나라 군현과의 투쟁에서 이루어졌던 것"이라고 못 박고 있지만……
>
> —박노자, 《거꾸로 보는 고대사》, 한겨레출판, 2010, 50~51쪽

박노자는 일본과 한국의 식민사학자를 거론할 때면 꼭 "근대적인 과학적 역사학자" "최초의 수준급 개설서" 등의 전제를 단다. 그의 철학 혹은 그의 학문 수준을 여실히 말해주는 대목이다.

박노자는 그저 애국과 민족이 싫다. 민족과 애국을 비판하는 것이면 그것이 어떤 맥락에서왔든 개의치 않고 쉽게 그 논리를 받아들인다. 이는 그가 계급이라는 도그마dogma에 갇혀서 그렇다. 그래서 그의 계급론은 죽은 계급론이다. 계급은 하나의 사실인데, 그가 내세우는 계급론은 허구적이다. 역사와 인간, 현실과 애정이 없는 계급론은 위험하다.

민족주의에 강한 거부감을 보이는 박노자는 한국 민족이면 어떻고 일본 민족이면 어떠냐는 사상을 갖고 있다. 이완용과 친일파들도 마찬가지 생각이었다. 뉴라이트 등 극우파가 민족주의를 집요하게 비난하는 배경도 이와 같다. 박노자는 '박제된 계급' 프레임으로 모든 것을 해석한다. 어느 민족이 지배하든 무슨 상관이 있나 싶은 것이다.

박노자가 쓴 아래의 칼럼을 살펴보자.

현실 사회주의의 국가폭력은 사회의 성숙과 함께 수그러들었지만, 자본주의 사회는 아무리 시간이 지나도 덜 폭력적으로 되지 않는다. 〔…〕 자본주의 세계에서는 인간이란 잉여가치 수취의 도구에 불과하다. 〔…〕 스탈린주의 체제와도 비교될 수 없는 자본주의의 내재적 살인성은 민중의 위력적인 압력에 의해서만 어느 정도 제어될 수 있다. 계급의식과 조직성이 낮은 우리나라 민중이 그러한 압력을 행사하지 못하기에 사람들이 계속 죽어가는 것이다.

—《한겨레》, 2012년 2월

자본주의의 폭력성을 모르는 사람은 없다. 극우 언론도 매일 기사를 통해 그 폭력성을 쏟아낸다. 자본주의의 역사는 짧다. 결국 자본주의도 인류의 역사가 보여주었듯이 사멸의 길을 걸어갈 것이다. 어떻게 돈이 지배하는 세상이 영원할 수 있겠는가. 그럼에도 스탈린주의 체제보다 못하다고 말하는 것은 적절하지 못한 비교다. 황국사관이나 스탈린주의, 그리고 자본주의는 역사에서 극복할 대상이라는 면에서 일치한다. 그러나 황국사관과 스탈린주의는 자본주의의 일상적 폭력성을 뛰어넘는 폭압적 전체주의다.

우리나라 민중이 계속 죽어나가는 것은 그들의 계급의식과 조직성이 낮아서도 아니고 그들의 책임도 아니다. 민중은 자본주의의 폭력성을 박노자보다 훨씬 더 잘 알고 있다. 박노자는 민중의 힘을 호도하고, 그들을 가르치려고 하지 말고, 민중의 시각에서 역사를 봐야 한다. 박노자는 민중에 대한 이해가 왜곡되어 지독한 엘리트주의에서 벗어나지를 못한다. "예수 천국, 불신 지옥"식의 발언은 이제 멈추었으면 한다.

누구나 역사와 민중 앞에 겸손해야 한다. 겸손은 자신을 낮게 여기라는 것이 아니라, 다른 사람들의 처지와 고통, 그들의 경험과 정서를 그들의 시각에서 이해하고 받아들이라는 뜻이다. 단재 신채호는 〈조선혁명선언〉에서 "민중은 우리 혁명의 대본영이다"라고 하면서 자신의 확고한 신념을 밝혔다.

우리 이왕의 경과로 말하면 갑신정변은 특수세력이 특수세력과 싸우던 궁중 일시의 활극이 될 뿐이며 경술전후의 의병들은 충군애국忠君愛國의 대의로 격기한 독서계급의 사상이며 안중근, 이재명 등 열사의 폭력적 행동이 치열하였지만 그 후면에 민중적 역량이 기초가 없었으며, 3·1운동의 만세 소리에 민중적 일치의 의기가 별현瞥現하였지만 또한 폭력적 중심을 가지지 못하였도다. '민중과 폭력' 양자의 그 일만 빠지면 비록 굉렬장쾌한 거동이라도 또한 전뢰같이 수속하는 도다. 조선 안에 강도 일본의 제조한 혁명 원인이 산같이 쌓였다. 언제든지 민중의 폭력적 혁명이 개시돼야 "독립을 못하면 살지 않으리라" "일본을 구축하지 못하면 물러서지 않으리라"는 구호를 가지고 계속 전진하면 목적을 관철하고야 말지니, 이는 경찰의 칼이나 군대의 총이나 간활한 정치가의 수단으로도 막지 못하리라.

—신채호, 〈조선혁명선언〉

이렇듯 민중이 조직적으로 무장투쟁에 나서면 일제의 군대도 막을 수 없다는 통찰이다. 단재 신채호는 민중을 계몽하거나 동원할 대상으로 보지 않았다. 그런 사상은 단재의 것일 수가 없었다. 다시 한 번 그의 말을 들어보자.

그러므로 우리 혁명의 제일보는 민중 각오의 요구니라. 민중이 어떻게 각오하느뇨? 민중은 신인이나 성인이나 어떤 영웅호걸이 있어 '민중을 각오'하도록 지도하는 데서 각오하는 것도 아니요, "민중아, 각오하자" "민중이여, 각오하여라" 그런 열규의 소리에서 각오하는 것도 아니오. 오직 민중이 민중을 위하여 일체 불평·부자연·불합리한 민중향상의 장애부터 먼저 타파함이 곧 '민중을 각오케' 하는 유일 방법이니, 다시 말하자면 곧 선각한 민중이 민중의 전체를 위하여 혁명적 선구가 됨이 민중 각오의 제일로이니라.

—신채호, 〈조선혁명선언〉

민중이 주체가 되어 떨쳐 일어나야 사회혁명이 가능하다는 민중중심사상이다. 민중을 깨우쳐 계몽하는 것이 아니라, 민중과 함께하는 것, 그들과 같이 행동하는 데서 조국의 독립이 이루어진다는 사상을 단재는 견지했다.

> 다시 말하면 고유적 조선의, 자유적 조선 민중의, 민중적 경제의, 민중적 사회의, 민중적 문화의 조선을 건설하기 위하여, 이족통치의, 약탈제도의, 사회적 불평균의, 노예적 문화사상의 현상을 타파함이니라.
>
> —신채호, 〈조선혁명선언〉

한학자에서 계몽사상가로, 민족주의자이자 아나키스트로, 민중 중심의 민주주의를 위해 싸운 사회혁명가 신채호의 사상과 의식은 활짝 열려 있었다. 그러나 그의 역사학은 토씨 하나 틀려도 발표하지 않을 정도로 엄밀했다.

박노자는 앞으로 남은 인생을 위해서 쓰다 소키치, 이마니시 류, 이나바 이와키치, 이병도, 김원룡, 이기백, 노태돈, 송호정이 아니라, 신채호의 정신과 역사를 배워야 한다. 단재는 민족주의자이자 아나키스트다. 신채호의 〈조선혁명선언〉은 "강도 일본이 우리의 국호國號를 없이 하며 우리의 정권을 빼앗으며, 우리 생존 조건의 필요성을 다 박탈하였다"로 시작한다. 강도의 시각이 아니라 강도에게 모든 것을 빼앗긴 피압박 민족의 시각으로 바라보았기에 단재에게는 민족주의와 국제주의 아나키즘이 전혀 모순되지 않았던 것이다. 박노자의 민족주의 비판과 계급 옹호는 각각 분절된 생각 속에서 헤매고 있지만, 단재의 머릿속에서 민족주의와 아나키즘은 전혀 충돌하지 않는 일관된

사상이었다. 박노자가 일제 식민사관을 버린다면 잃은 것은 일제 식민사관에 매인 사슬이요, 얻을 것은 민중과 세계다.

한국의 주체적 관점과 현실부터 파악하라

"사회에 혁명을 일으키고자 한다면, 자기 자신부터 혁명해야 한다." 자본주의에 대한 통찰을 준 카를 마르크스가 한 말이다. 박노자가 마르크스를 존경한다면 세상을 교조적으로 해석하고, 도그마에 빠져 한 가지 프레임만 반복해서는 안 된다. 세상을 변화시키기 위해서는 어디에서, 어떻게 출발해야 하는지를 살펴보고, 살아 있는 사유, 현실에 뿌리박은 실천을 모색해야 한다.

마르크스는 "인간에 관한 것이라면 무엇이든 나와 관계없는 일로 여기지 않는다"를 평생 신조로 삼았다고 한다. 그는 종교를 "인민의 아편"이라고 하며 부정적으로 보았지만, 한편으로는 "억압받는 피조물의 한숨, 온정 없는 세상의 온정, 영혼 없는 세상의 영혼"이라며 긍정적인 측면도 함께 보았다. 마르크스가 가장 경계한 것은 빈곤이 아니라 '노예'였다.

박노자는 유럽 중심주의나 마르크스를 교조적으로 해석하는 태도가 아니라, 한국과 한국 민중의 주체적 관점을 가지려고 노력해야 한다. 우리가 왜 중화 패권주의와 일제 황국사관의 노예가 되어야 하는가.

공자·노자·장자·소크라테스·석가·예수 등은 모두 수천 년 전 인물들이다. 그러나 지금까지도 그들의 말을 주석하는 세상이다. 그들의 말이 시대적인 한계가 있고, 신념이 앞섰다고 그 가치를 폄훼하지 않는다. 사마천과 반고班固, 투키디데스와 랑케, 다윈과 마르크스도 마찬가지다.

우리는 그들의 가치와 정신을 한국의 주체적 관점과 현실에서 새롭게 발전시켜나아가야 한다. 여기서 역사를 볼 때 주체적 관점을 가질 것을 강조한 신채호의 말을 들어보자.

이해 문제를 위하여 석가도 나고 공자도 나고 예수도 나고 마르크스도 나고 크로포트킨도 났다. 시대와 경우가 같지 않으므로 그들의 감정과 충동도 같지 않아야 그 이해 표준의 대소광협은 있을 망정 이해는 이해이다. 그의 제자들도 본사本師의 정의精義를 잘 이해하여 자가의 이利를 구하므로 중국의 석가가 인도와 다르며 일본의 공자가 중국과는 다르며, 마르크스도 카우츠키의 마르크스와 레닌의 마르크스와 중국이나 일본의 마르크스가 다름이다. 우리 조선 사람은 매양 이해 이외에서 진리를 찾으려 하므로, 석가가 들어오면 조선의 석가가 되지 않고 석가의 조선이 되며, 공자가 들어오면 조선의 공자가 되지 않고 공자의 조선이 되며, 무슨 주의가 들어와도 조선의 주의가 되지 않고 주의의 조선이 되려 한다. 그리하여 도덕과 주의를 위하여 조선은 있고 조선을 위하는 도덕과 주의는 없다. 아! 이것이 조선의 특색이냐, 특색이라면 특색이나 노예의 특색이다. 나는 조선의 도덕과 조선의 주의를 위하여 곡하려 한다.

―신채호, 《신채호 전집》 상권, 형설출판사, 1995, 25~26쪽

이 글은 곧 조선의 석가, 조선의 예수, 조선의 공자, 조선의 마르크스를 만들자는 주체적 시각이다. 분명 석가와 예수, 공자와 마르크스

도 이런 태도를 원했을 것이다. "부처를 만나면 부처를 죽이라"는 가르침도 이와 같은 맥락에서 나왔다. 그들은 자신이 처한 당대의 현실을 극복하기 위해 혼신을 다한 인물들이다.

한편 진보적인 철학자인 인하대학교 김진석 교수는 박노자에 대해 다음과 같이 비판하기도 했다.

> 그런데 거의 항상 그래왔듯이, 그의 글의 기본 논조는 설교와 훈계, 질타로 꽉 차 있다. 그래서 그가 사회를 누르는 불안과 공포에 대해 말해도 그의 설교와 훈계가 나는 마음에 들지 않는다……. 사실만 보면 그의 말이 틀린 것은 아닌 듯하다. 그렇다고 맞는 것도 아니다. 한국 사회가 잘못된 "기본적 이유가 간단하다"라고 말하는 박노자는 너무 단순하고 심지어 거만해보인다. 그의 글은 지적인 합리주의와 설교방식의 훈계를 뒤섞어놓은 경향을 보인다. 한국 사회에서 불안과 공포를 관찰할 때도 그가 말하는 방식은 얼마나 애정이 없이 매정한지! 애정, 이것은 결코 사소한 문제가 아니다. 한국 사회가 살기 어려울 정도로 불안과 공포가 횡행한다는 것을 사람들이 모를까? 다만 그 이유가 간단하지 않고 복합적이기 때문에, 길을 찾기가 어려울 뿐이다.
>
> ─김진석, 《기우뚱한 균형》, 개마고원, 2008, 256~257쪽

그가 말한 "설교와 훈계, 질타는 너무 단순하고 심지어 거만해보인다" "그가 말하는 방식은 얼마나 애정이 없이 매정한지! 애정, 이것은 결코 사소한 문제가 아니다"라는 문장에 나 또한 공감한다. 박노자의 차가운 엘리트주의를 느낄 수 있었기 때문이다.

인간의 자유와 인류평화를 위해 목숨 바친 이들을 유럽 중심주의

와 이분법적 사고, 냉소적인 머리로 평가해서는 안 된다. 한 예로 1911년 1월 6일, 50여 가구를 인솔해 만주로 망명한 석주 이상룡은 해외 최초의 독립운동단체인 '경학사'를 창설하고, 신흥무관학교를 설립했다. 그의 손부인 허은은 그 시절을 이렇게 회고했다.

압록강 건너올 때 신의주에서 소금 친 갈치를 많이 샀었다. 소금이 없어서 몇 달 동안 소금 대신 짠 갈치를 아주 조금씩 아껴 먹었다. 먹을 것이 없어서 뜬 좁쌀죽에 소금하고 겨우 먹었다. 눈만 뜨면 송장이나 다름없이 누워만 지냈는데 그래도 용케 살아났다.

망명 온 댓바람에 겪은 일이라 모두들 당황했다. 중국에 자리 잡은 지 두 달 만에 그랬으니까. 수천 리, 수만 리 고생길에 겨우 짐 풀어놓고 자리 잡으려다가 그렇게 된 것이다. 그렇게 많은 사람들이 앓은 걸 보면 긴 망명길에 고생하고 지친 탓이었던 것 같아. 수질이나 모든 풍토가 우리 체질에 맞지 않아서 그랬을 수도 있고.

좀 더 나은 세상에서 살아보겠다고 고생고생하면서 만주까지 왔다가 죽어간 사람들 생각하면 참 허망하다. 특히 어린아이들의 죽음은 그 부모들 가슴에 못질을 한 것이다.

모두가 병을 앓는 바람에 그렇게 힘들게 개간해서 뿌렸던 농사를 묵혀놔 가을에 거둬들일 것이 없었다. 폐농하고 나니 당장 겨울부터 양식이 없었다. 집집마다 할 수 없이 고국에서 떠나 올 때 가져온 옷감들을 만주 사람들에게 내다 팔았다. 그 돈으로 좁쌀을 사서 죽을 쑤어 끼니를 이어갔다. 은가락지, 은잠(비녀) 같은 패물들도 다 그렇게 했다.

－허은 구술, 《아직도 내 귀엔 서간도 바람소리가》, 정우사, 1995, 52~53쪽

이러한 독립운동이 모두 무가치한 것이었나? 이런 선열들이 없어서 만일 지금도 일제 식민지 치하에서 살고 있다 해도 박노자는 괜찮다는 것인가? 박노자는 서구에서 등장한 배타적이고 침략적인 쇼비니즘chauvinism과 피압박민족의 민족주의를 구분하지 못하는 유럽 중심주의 사고를 벗고 대중과 역사 앞에 겸손했으면 한다.

계급은 사실fact이다. 계급은 민족과 이분법적으로 분리되거나 대립하지 않는다. 똑같은 사실도 보는 이에 따라 다르다. 아침 이슬을 독사가 먹으면 독으로 변하고, 젖소가 먹으면 우유로 변한다. 민족주의와 국제주의도 유럽식 흑백논리로 구분해서는 안 된다. 민족주의 없는 국제주의는 전체주의다. 하지만 민중에 뿌리를 둔 민족주의에 철저해지면 국제주의자가 되고, 진정한 국제주의자는 인류를 생각하는 민족주의자가 된다. 한국 민족은 동학농민운동과 3·1운동, 임시정부와 항일무장투쟁, 4·19혁명과 1980년대 광주민주화운동, 6월 민주항쟁으로 점철된 민중의 민족과 민주주의의 전통을 갖고 있다. 이것이 한국 민족의 빛나는 전통이요 생명력이다.

"민중은 우리 혁명의 대본영이다"라고 말한 신채호는 〈독사신론讀史新論〉에서 다음과 같이 말했다.

국가의 역사는 민족의 소장성쇠의 상태를 가려서 기록한 것이다. 민족을 버리면 역사가 없는 것이며, 역사를 버리면 민족의 그 국가에 대한 관념이 크지 않을 것이니, 아아, 역사가의 책임이 그 또한 무거운 것이다.

한국의 보수를 자처하는 이들 중 사실 보수가 아닌 사람들이 많다.

그들 중 대부분은 극단적인 우익들이다. 보수와 진보는 절대악도 절대 선도 아니다. 이상 없는 현실은 공허하고, 현실 없는 이상은 존재하지 않는다. 보수가 있어 진보가 있듯이, 이 두 가지는 서로 전제하고 보완하는 개념이다. 일반적으로 보수는 민족과 국가를 소중하게 여기지만 한국의 어떤 보수들은 그렇지도 않다.

진보는 인간과 자연에 대한 깊은 이해와 사랑으로 진실을 추구한다. 기존 가치에 매몰되지 않은 가치관으로 세계를 근본적으로 변혁하려는 사람들이 진보주의자다. 세상 밑바닥에서 묵묵히 자신의 책임을 다하는 민중과 그들을 위해 자신의 인생을 걸고 스스로 혁명하는 이가 민주주의자다. 박노자는 진실을 외면하면서 진보와 민주주의에서 멀어졌다. 모든 것은 변한다. 박노자가 역사를 정직하게 고민하는 계기가 되기를 진심으로 바란다.

제 4 부

우리는 우리를
기다렸다

한국의 민족주의,
어떻게 볼 것인가

단군이 민족주의의 구심점이 된 이유

과연 세계에 단일민족이 있을까? 무조건 없다고 단정할 수는 없지만 지구상에 단일민족이 있을 가능성은 희박하다. 인류 역사는 교류와 공존, 융합과 적응의 역사다. 인간은 인류공동체라는 울타리 안에서 모두 한 형제다. 민족과 다른 개념인 인종의 경우도 마찬가지다. 흑인종, 황인종, 백인종으로 구분된 피부색은 단지 자외선에 반응하는 자연에 적응한 진화결과다. 순혈은 불가능하며 인종 사이에 절대적인 차이와 우열은 있을 수 없다. 유럽 제국주의가 아프리카와 아시아를 침략하면서 검은색 피부와 황색 피부를 가진 인종을 열등하고 나쁜 유전자로 만들었지만 말이다. 이렇듯 순수혈통주의는 존재하기 힘들다. 혈연은 민족을 구성하는 한 요소일 뿐이고, 혈통에 집착하면 민족론을 부정하는 논리에 이른다.

우리 민족도 단일민족은 아니다. 고조선 건국 전부터 만주 대륙과 한반도에는 다양한 종족이 섞여 살았다. 혈연적으로 단일한 단군의 후손은 불가능한 말이다. 신채호는 선비족·부여족·말갈족·여진족·토족 등을 한민족을 구성하는 종족으로 봤다. 그는 민족을 지리·관습·풍속·정치·경제 등의 공통성으로 보았지 혈통의 동일성으로 보지 않았다. 민족주의자들은 혈통이 아니라 문화를 민족의 중심개념으로 봤다. 우리는 한 핏줄, 한겨레라는 정서와 믿음이 오랜 세월 이어져 왔다. 이런 정서는 전통적·역사적 의미가 있으며, 서구를 비롯한 다른 나라와 달리 민족의 유동성이 상대적으로 낮은 측면이 있다.

한국 민족이 최초로 세운 국가인 고조선의 역사를 밝히려는 노력을 주류 역사학계는 국수주의라고 공격했다. 처음에는 자신들을 신민족주의 사학자라고 포장했다가 그 본질이 드러나자, 그다음부터는 민족주의 자체를 공격하는 전략으로 전환했다. 주류 식민사학계는 또한 수십 년간 반공 이데올로기를 동원해 식민사관을 유지해왔다. 이기백과 노태돈은 세련된 방법을 동원했고, 서영수와 이기동 등은 매카시즘 전사가 되어 거칠게 활약했다. 겉으로는 민족 정기를 말했지만, 그들이 말한 민족은 한민족이 아니었고, 한민족의 정기가 아니었다. 그들은 중국이나 일본, 미국 등 사대주의 관점에서 한국을 타자화했다.

'민족'은 19세기에 일본인들이 영어 'nation'을 번역한 말이다. 'nation'은 '국가와 국민'이라는 뜻을 갖고 있다. 서양에서 'nation'은 근대국가가 출현하면서 형성되었다고 본다. 서구의 근대국가는 제국주의로 발전했다. 그러나 일본인들이 '민족'이란 용어를 만들기 전에, 우리 선조들은 민족을 '우리 족속들, 우리 겨레들'[我族類]이라고 표현했다. 우리가 사용하는 민족이란 말에는 겨레와 국가, 국민이 혼용되어 있다.

그렇다면 우리나라에서는 서구와는 다른 의미의 민족에 대한 인식이 없었을까?《조선왕조실록》을 보면, 세종에게 박은朴閨과 허조許稠가 왜인을 서울·경상·전라도에 두는 것이 옳지 않음을 상소하는 대목이 나온다.

> 박은과 허조가 계하기를, "섬에 있는 왜인은 우리와 족族류가 다르오니, 서울과 경상, 전라도에 많이 두는 것은 마땅하지 않사옵니다. 빌건대 나누어 깊고 궁벽한 곳에 두소서" 하고 청하니, 임금이 말하기를 "그렇다. 마땅히 상왕에 아뢰리라"고 하였다.
>
> ─《세종실록》, 세종 1년(1419) 7월6일

이 글에서 섬에 있는 왜인은 우리 족류와 다르다는 표현이 나온다. 즉, 왜는 우리 겨레와 종류가 다르다는 내용이다. 민족이란 표현은 아니지만, 우리 겨레, 우리 족속이라는 개념은 분명히 있었다.

《세종실록》의 또 다른 기록을 살펴보자. 예조禮曹에서 하는 일 없이 방종하는 귀화 야인들을 본토로 돌려보내라는 내용의 상소다.

> 예조에서 아뢰기를, "귀화歸化한 야인들이 그 수가 너무 많아서, 녹봉을 받아먹고 하는 일이 없어서 날로 떼를 지어 술 마시는 것으로 일을 삼고, 간혹 술로 인하여 서로 다투어서 사람을 상해하는 일까지 있기에, 이미 인리隣里로 하여금 본조本曹에 보고하게 하여 위에 아뢰어 치죄治罪하옵니다마는, 암만 금지하여 막아도, 우리 족류가 아니기 때문

에 그 마음이 반드시 달라서 국법을 두려워하지 않고 어두운 밤에 모여서 마시고 방종하기를 꺼림 없이 하오니 장래가 걱정되옵니다. 부득이한 관계가 있는 사람을 제한 이외에는, 그 나머지 불필요한 잡류雜類들은 정부政府와 의논하여 본토로 돌려보내도록 하소서" 하였다.

– 《세종실록》, 세종 27년(1445) 3월 6일

"그러나 우리 족류가 아니어서 그 마음이 반드시 다르고 국법을 두려워하지 않고"라는 표현이 나온다. 한국사에서 같은 겨레, 같은 족류라는 인식은 역사가 깊다. 고구려도 고조선 계승의식이 강해 고조선 고토를 회복하려고 했으며, 고구려는 고려로 이어졌다. 하지만 일제는 단군과 단군조선이 고려시대에 대몽골 항쟁을 위한 구심으로 창작되었다면서 단군을 역사에서 지워버렸다.

단군이 어떻게 우리 역사의 구심점 역할을 할 수 있었는지 거꾸로 생각해보자. 그러다보면 한국 민족은 오랜 역사를 통해 단군을 건국시조로 인식해왔다는 점이 명확해진다. 고려 대몽항쟁은 물론 조선시대에도 이런 의식은 계승됐으며, 일제에 맞선 독립운동이 그랬다. 이후 민족주의 운동의 전통은 4·19혁명, 광주 5월 항쟁, 1980년대 6월 민주화운동 등으로 이어졌다. 촛불투쟁이나 한미자유무역협정FTA 문제도 이 연장선에 있다. 고조선 시대에 형성된 겨레의 귀속의식은 장구한 역사를 이어왔기 때문에 일제가 이를 집중적으로 말살하려고 획책한 것이다. 분단된 현실에서 민족통일을 지향하는 것도 같은 민족이기 때문이고, 단군조선이라는 공통의 역사가 있기 때문이다.

일제 식민사학은 이러한 역사적 맥락과 근거를 그들의 의도대로 날조해, "한국은 어려운 시기를 당해 이를 벗어나려고, 있지도 않은 단군을 현실로 끌어들였다"고 강변했지만 역사는 그들의 주장과 정반대였다. 오늘날과 같은 학교나 대중매체가 없었던 고대와 중대 역사에서 어떻게 있지도 않은 인물로 백성들을 결집할 수 있었겠는가.

　민족이란 개념이 19세기에 만들어진 상상의 공동체라고 말하는 사람들은 유럽의 역사를 기준으로 한국사를 본다. 유럽은 19세기 중반까지 무려 천여 년에 이르는 기간 동안 한 왕실이 여러 나라를 통치하는 구조였다. 그러나 한국을 비롯한 아시아 국가들의 역사는 유럽과는 달리 오래전부터 민족국가를 형성했다.

　일반적으로 민족이란 일정한 지역에서 오랜 기간에 걸쳐 공동생활을 함으로써 언어·풍습·종교·정치·경제 등 각종 문화 내용을 공유하고 집단 귀속의식에 의하여 결합된 인간의 최대 단위인 문화공동체라고 정의하고 있습니다. 혈연은 민족을 구성하는 기본 요소가 아닌 것입니다. 그러므로 민족은 겨레와는 그 의미가 전혀 다른 말입니다.

　여기서 관심을 가져야 할 점이 있습니다. 그것은 일단 민족이 형성된 후에는 귀속의식을 가지고 있다면 언어·풍습·종교·정치·경제 등의 문화 내용이 달라지더라도 동일한 민족으로 남아 있게 된다는 것입니다. 예컨대 남한과 북한의 거주민들은 정치·경제·종교 등이 서로 다르면서도 동일한 민족이라고 생각하고 있으며, 일본이나 미국에 거주하는 교포 2세들은 우리말을 모르면서도 우리와 동일한 민족이라고 생각하는 것입니다. 그러므로 언어·풍습·종교·정치·경제 등은 민족을 형성하는 중요한 요인이기는 하지만, 일단 민족이 형성된 후에는 그 가운데 일부가 없어지더라도 귀속의식만을 가지고 있으면 민족이라고 할 수가 있는 것입니다.

―윤내현, 《고조선 우리의 미래가 보인다》, 민음사 ,1995, 90쪽

이렇듯 혈연은 민족을 구성하는 기본요소가 아니라는 견해다. 이성계李成桂는 함경도 달단(몽골이라는 뜻)에 고조부의 능을 마련했다. 조선의 개국공신 이지란李之蘭은 만주족이었고, 이성계와 결의형제를 맺었다. 조선 초에는 몽골족과 여진족이 조선 사람과 섞여 살면서 서로 혼인하고 병역의무와 세금도 똑같이 냈다고 《국조보감國朝寶鑑》은 기록했다. 가야의 시조 수로왕은 아유타국의 공주 허황옥許黃玉을 왕후로 맞았다. 현재 6백만 명에 달하는 김해 김씨와 양천 허씨, 태인 허씨, 하양 허씨, 김해 허씨와 인천 이씨 등은 모두 김수로왕과 허 황후의 후예들이다. 한편 경주 괘릉에 있는 무인석武人石은 아랍인의 형상이다. 서역인이 최고 무장의 지위까지 올랐음을 시사한다. 신라에는 많은 외국인들이 정착해 살고 있었으며, 신라가 귀화인에게 개방적인 사회였음을 알 수 있다.

이에 대해 이덕일은 "조선 후기 극단적인 사대주의 유학자들이 만주·몽골·숙신 등의 여러 동이족을 오랑캐로 내몰면서 우리를 한족漢族과 같다고 주장한 것이 소중화小中華 사상이다. 여기에서 허구적인 단일민족론이 나왔다. 우리는 수천 년 동안 다민족 사회였고, 동이족 사이에는 언어도 서로 소통되었다. 사대주의에서 나온 소중화 단일민족론을 극복하고 선조들의 다민족정신으로 돌아가는 것이 21세기의 과제다"라고 했다.

한편 정수일은 다음과 같이 말했다.

우리가 주장하는 단일민족론은 혈연이나 언어의 순수성에 의한 순수

민족론이 아니라 오랜 공동체 생활과정을 통해 생활문화나 의식구조 면에서 동질성과 일체성이 확보됨으로써 민족 구성의 제반 요인들이 충족되어 형성된 하나의 민족이라는 뜻이다. 이것은 우리의 민족사에 의해 실증된 엄연한 사실史實이다. 공식통계에 의하면 우리나라 275개 성씨 가운데 무려 136개 성씨가 외래의 귀화성이다. 그 중 40개는 신라시대에, 60개는 고려시대에, 30개는 은둔국이니 쇄국이니 하는 조선시대에 귀화한 것이다. 한마디로 우리나라는 다민족·다문화국가다. 그럼에도 불구하고 우리가 단일민족이라고 자부하는 것은 무슨 까닭일까? 고려시대의 실례로 그 까닭을 알아보자. 고려 초기 1백 년 동안 17만 명이나 귀화했다. 당시 고려 인구가 약 230만 명이었으니 귀화인은 근 14퍼센트를 차지한 셈이다. 오늘은 귀화인과 상주 외래인을 다 합쳐도 그 수가 2퍼센트도 안 된다. 그럼에도 불구하고 마치 다민족사회나 다문화사회가 되어버린 것처럼 사회 전체가 야단법석의 호들갑을 떤다. 그러나 우리민족사의 성국盛國 고려는 전혀 그렇지 않고 슬기롭게 대처했을 뿐만 아니라, 귀화문제 해결에서 세계의 수범을 보여주었다. 고려는 튼튼한 국력과 높은 문화적 자부심을 바탕으로 내자불거來者不拒, 즉 "오는 자는 거절하지 않는다"는 당당한 귀화정책을 쓰면서 유례없는 포용과 우대의 선정을 베풀었다.

－정수일,《21세기 민족주의》, 통일뉴스, 2010, 36~37쪽

우리는 예로부터 다민족·다문화사회였다는 사실은 엄연한 역사적 실증이다. 위에서 말한 "내자불거"는 고려만의 전통이 아니라 한국 고대부터 내려온 역사였다.

한국사에서 민족주의의 대명사는 단연 신채호와 김구다. 신채호

의 민족주의는 앞에서 살펴보았으니, 김구의 민족주의에 대해서 살펴보자.

> 나는 우리나라가 세계에서 가장 아름다운 나라가 되기를 원한다. 가장 부강한 나라가 되기를 원하는 것은 아니다. 내가 남의 침략에 가슴이 아팠으니 내 나라가 남을 침략하는 것을 원치 아니한다. 우리의 부력富力은 우리의 생활을 풍족히 할 만하고 우리의 강력은 남의 침략을 막을 만하면 족하다. 오직 한없이 가지고 싶은 것은 높은 문화의 힘이다. 문화의 힘은 우리 자신을 행복하게 하고 나아가서 남에게 행복을 주기 때문이다.
>
> 지금 인류에게 부족한 것은 무력도 아니요, 경제력도 아니다. 자연과학의 힘은 아무리 많아도 좋으나 인류 전체로 보면 현재의 자연과학만 가지고도 편안히 살아가기에 넉넉하다. 인류가 현재 불행한 근본 이유는 인의가 부족하고 자비가 부족하고 사랑이 부족한 때문이다. 이 마음만 발달이 되면 현재의 물질력으로 20억이 다 편안히 살아갈 수 있을 것이다. 인류의 이 정신을 배양하는 것은 오직 문화다.
>
> 나는 우리나라가 남의 것을 모방하는 나라가 되지 말고, 이러한 높고 새로운 문화의 근원이 되고, 목표가 되고, 모범이 되기를 원한다. 그래서 진정한 세계의 평화가 우리나라에서, 우리나라로 말미암아서 세계에 실현되기를 원한다. 홍익인간弘益人間이라는 우리 국조國祖, 단군檀君의 이상이 이것이라고 믿는다.
>
> —김구, 《백범일지》, 범우사, 1995, 331~332쪽

김구가 원한 우리나라는 아름다운 나라였다. 그가 오직 한없이 가

지고 싶은 것은 높은 문화의 힘이었다. 왜냐하면 문화의 힘은 우리 자신을 행복하게 하고, 나아가 남에게 행복을 줄 수 있기 때문이었다.

한편 김구는 '사해동포주의' 또한 추구했다.

> 세계 인류가 너나없이 한 집이 되어 사는 것은 좋은 일이요, 인류의 최고요, 최후인 희망이요, 이상이다. 그러나 이것은 멀고 먼 장래에 바랄 것이요, 현실의 일은 아니다. 사해동포四海同胞의 크고 아름다운 목표를 향하여 인류가 향상하고 전진하는 노력을 하는 것은 좋은 일이요, 마땅히 할 일이나, 이것도 현실을 떠나서는 안 되는 일이니, 현실의 진리는 민족마다 최선의 국가를 이루고 최선의 문화를 낳아 길러서 다른 민족과 서로 바꾸고 서로 돕는 일이다. 이것이 내가 믿고 있는 민주주의요, 이것이 인류의 현 단계에서는 가장 확실한 진리다.
>
> —김구, 《백범일지》, 범우사, 1995, 320~321쪽

모든 인류가 형제처럼 지내는 것이 바로 사해동포주의다. 한국의 전통 민족주의는 다른 민족을 억압하거나 차별하자는 것이 아니었다. 개인과 공동체를 억압하는 그런 민족주의도 아니었다. 단일민족임을 내세워 타민족과 대립하거나 폐쇄적인 태도를 취하는 것도 마찬가지로 한국 민족주의를 왜곡하는 태도다. 그것은 유럽과 일본의 제국주의가 범했던 침략 이데올로기다. 현재 식민사학자들과 박노자 등이 한국의 민족주의에 대해 극도의 비난을 퍼붓는 역사적 연원을 찾아보면 모두 일제 식민사관에 닿아 있다. 일제는 왜 한국 민족주의를 극도로 비난했을까? 그래야만 한국을 영구 통치할 수 있기 때문이었다.

가짜 민족주의에 속았다

일제가 만든 논리와 이데올로기를 피지배자인 일제의 입장이 아니라 일제에게 고통 받았던 한국 민족의 입장에서 바라봐야 하는 것은 당연하다. 그러면 그들의 숨은 의도, 즉 일본이 부족한 것이 무엇이고, 한국의 무엇을 두려워했는지, 지배를 위해 반드시 바꿔야 할 것이 무엇이었는지 보일 것이다.

우리 현대사에서 지배세력이 도용한 민족주의는 황국사관을 도용한 가짜 민족주의였다. 보통 민족주의는 우파들이 내세우는 이념인데, 우리나라는 소위 좌파들이 내세우고 극우파들은 민족주의는 '상상의 공동체'라고 반복해 주장한다. 서울대학교 박지향, 이영훈 교수 등을 대표로 둔 뉴라이트 진영이 이에 앞장선다. 먼저 박지향의 주장을 한번 살펴보자.

우리는 식민지 경험과 분단 상황 때문에 과잉이라고 할 정도로 민족주의적인 교육을 받아왔다. 그런 교육에 의해 민족을 태고太古부터 존재한 영구불변의 것으로 믿게 되고, 민족주의를 태어날 때부터 갖게 되는 원초적인 본능으로 착각한다. 그러나 여러 번 강조했듯이 민족과 민족주의는 지극히 근대적인 산물이다. 민족은 한 인간이 자연스레 접하게 되는 범위를 한참 넘어선 거대 개념이다. 그래서 베네딕트 앤더슨Benedict Anderson은 민족을 '상상된 공동체'라고 표현했다. 민족주의는 특히 19세기에 두각을 나타낸 이념으로, '잘못된 민족주의' 때문에 벌어진 사단은 역사적으로 부지기수다. 제국주의와 나치즘, 제1·2차 세계대전은 모두 따지고 보면 잘못된 민족주의가 분출한 결과였다. 이제 세상 거의 모든 곳에서 19세기식 민족주의는 사라졌는데, 한반도에서만 호황을 누리고 있다.

–《조선일보》, 2012년 6월 25일

이어서 이영훈의 주장을 살펴보자.

작금의 정치적 혼란을 보면서 모순의 임박한 폭발을 두려워한다. 하나는 몰이성의 민족주의이다. 민족이란 19세기까지의 한국인에겐 낯선 존재였다. 20세기 들어 일제의 차별을 받으면서 한국인이 발견한 가상의 운명 공동체가 곧 민족이다. 일천한 역사나 천박한 가치에서 민족주의는 한국사회를 선진문명으로 이끌 능력이 없다. 1948년 건국 당시 국민의 대다수는 문맹에다 가난에 찌든 소농이었다. 신생 대한민국이 그들을 하나의 국민으로 통합함에 있어서 민족만큼 손쉽고도 효율적인 것이 없었다. 이승만 정부는 민족의 이름으로 공산주의를 막았고, 박정희 정부는 민족의 이름으로 조국 근대화를 밀어붙였다. 그때까지만 해도 민족은 국민통합의 순기능으로 작용하였다. 민족이 건국사를 실패로 이끌지도 모를 모순으로 바뀐 것은 1980년대부터이다. 무엇 때문이었는지 아직 잘 알지 못하나 이른바 민주화운동 세력에 의해 민족은 반미 통일운동의 깃발로 올려졌으며, 그 깃발은 지금까지도 힘차게 펄럭인다.

–《동아일보》, 2006년 11월 20일

이렇게 극우파들은 민족주의를 왜곡하며 비난한다. 한국 민족주의의 역사를 부정하고, 민족주의와 제국주의를 등치시켜 호도한다. 일부 좌파들까지 이런 민족주의 비판에 동조하는 것이 희한한 일이다.

한국 민족주의는 일제에 맞서 싸우는 강력한 구심이었다. 민족을 팔아먹고 거기에 기생해 권력을 향유한 친일파들은 민족이라는 개념에 거부감과 두려움을 태생적으로 가질 수밖에 없다. 특히 이승만과 박정희는 한국 민족주의를 훼손하고 도용했다. 이것이 한국 민족주의의 역사다. 극우파들은 동학농민항쟁에서 이어온 한국의 저항적 민족주의를 해체하고 식민지 근대화론을 내세워 매국과 사대주의를 정당화하려는 것이다.

반면 엘리트주의에 빠져 있는 극좌 세력도 민족이나 국가에 강한 거부감을 갖고 있다. 계급문제를 희석하기에 민족과 국가는 없어져야 할 억압기제라고 주장한다. 민족과 국가의 역사성이나 현실성은 고려하지 않는다. 역사는 전체적인 시각에서 구체적으로 봐야 한다. 근대 3백 년을 설명하는 서구의 개념을 한국사에 꿰어 맞춰서는 안 된다. 또한 그 개념도 하나의 추론일 뿐, 서구사 전체를 설명하는 개념도 아니다. 그렇다면 일본의 한국 지배도 문제될 것이 없다. 나라를 팔아먹은 친일파 문제도 마찬가지다. 나라를 잃었을 때 가장 고통에 처한 이들은 식민지 민중이었다. 하지만 어느 민족, 어느 나라가 지배하든 계급문제만 있을 뿐이라고 보기 때문에 문제될 것이 없다.

일부 진보적 인사가 보는 민족에 대한 비판적 견해는 크게 보면 두 가지다. 첫째, 민족은 계급·계층·인종·젠더 문제를 호도하는 이데올로기라고 본다. 둘째, 한국현대사에서 민족주의는 독재정권의 이념이었고, 민족주의 자체가 전체주의를 배태하고 있다고 바라본다. 그래서 그들은 "민족은 상상의 공동체"에 불과하다며 민족과 민족주의에 대한 원초적인 거부감을 보인다.

전체주의에 기여하는 국가주의와 민족주의를 경계해야 하지만, 이 두 가지 사항에 대해서 역사적 시각을 갖고 구체적으로 접근해야 한다. 그렇지 않으면 결국 한국 민족을 해체해 일본 민족으로 만들려는 극우파의 이중 잣대에 희생양이 된다. 민족주의가 억압기제라는 규정은 파쇼 권력이 국가주의에 왜곡된 민족주의를 결합해 민중을 억압한 현실 경험에서 나왔다. 선과 악이 따로 존재하지 않듯이 민족주의 자체도 절대악이거나 절대선이 아니다. 민족주의라는 허울로 민족주의를 훼손하고 이익을 본 이들을 경계해야 한다. 그러므로 세계에서 유일하게 분단된 나라인 한국과 북한은 같은 민족이기 때문에 통일해야 할 당위성이 있다.

우리는 원자폭탄 때문에 과학을 폐기할 수 없다. 또한 종교를 이용해 사욕을 채우는 사람들과 진정한 종교가를 구분해야 한다. 똑같이 칼을 사용하지만, 살인자는 사람을 죽이고, 요리사는 요리를 하며, 의사는 생명을 살린다.

> 우리는 모두가 꿈에 그리는 유토피아, 즉 경계가 없는 세계라는 유토피아의 신봉자들입니다. '국경 없는 의사회'나 '국경 없는 기자회' 같은 단체를 생각해보면 될 겁니다. 그러나 내 생각에 우리에게는 물리적이든 상징적이든 경계가 필요합니다. 경계가 사라지면 우리는 새로운 경계를 짓게 될 겁니다. 여러 국가의 정치적 상황을 관찰해도 똑같은 결론이 내려집니다.
> –콘스탄틴 폰 바를뢰벤 대담 편집, 《휴머니스트를 위하여》, 강주헌 옮김, 사계절, 2010, 45쪽

작가이며 철학자인 레지스 드브레Regis Debray의 말이다. 우리는 누

구나 인류의 한 구성원이다. 그리고 한 민족의 일원이다. 예수도 "네 이웃을 네 몸과 같이 사랑하라"고 말했다. 자신을 사랑하는 사람이 타인을 사랑할 수 있다. 또한 타인을 사랑하는 사람이 나를 사랑할 수 있다. 나와 너는 하나로 연결된 전체의 한 부분이지 아무런 경계 없는 똑같은 존재는 아니다. 그것은 인간을 숨막히게 하는 전체주의다. 결국 문제는 "누구를 위한, 어떤 민족주의인가"다. 우리는 민중이 중심이 되는 민족주의를 세계 인류와 더불어 추구해나아가야 한다.

반민특위 해체가
이병도와 식민사관을 살렸다

친일파 청산을 피하기 위한 계략

우리는 반민특위(반민족행위 특별조사위원회) 해체 사건을 곱씹을 필요가 있다. 이 사건은 식민사관이 해방 이후에도 살아남을 수 있었던 역사적 맥락을 선명하게 보여준다.

광복 후, 일제의 한국사 장악 시스템은 무너지기 시작했다. 1940년 도쿄 대학교의 만선지리역사연구는 일단 끝이 났고, 조선총독부 및 조선사편수회, 경성제국대학 등 일제 연구기관은 패전에 의해 그 기능을 상실했다. 그러다 1950년, 일본 극우역사학자들이 창설한 조선학회를 중심으로 한국사는 식민사학을 재건한다. 광복 후 친일행적으로 진단학회에서조차 물러나 주춤하던 이병도는 한국전쟁 후 다시 진단학회 이사장으로 화려하게 복귀했고, 1989년에 사망할 때까지

35년간 진단학회를 이끌었다.

광복 후 민족의 최대 과제는 일제 잔재, 곧 친일파 청산이었다. 친일파는 정치·경제·문화·교육·행정·종교·언론·예술 등 사회 모든 분야를 장악하고 권력을 누렸다. 민족을 배반하면서 독립운동가들을 체포하고 고문하고 죽인 이들이 광복 후에도 여전히 그런 행위를 하게 된 것이다. 경찰 간부 중 80퍼센트가 일제 경찰 출신이었으며, 일제의 앞잡이로 혁혁한 공과를 세운 인물일수록 요직을 차지했다. 이에 대해 민중은 분노했다. 그들은 이승만과 친일파의 온갖 탄압과 방해공작을 뚫고 1948년 10월 23일, 반민족행위 특별조사위원회를 발족시켰다. 일제 고등경찰 출신의 경찰 간부들은 반민특위 해체를 위해 반민특위회 위원들을 암살하려고 시도하는 등 집요한 방해공작을 펼쳤다.

친일파가 정권 기반이었던 이승만은 처음부터 반민법에 적대적이었다. 이승만이 국민들에 의해 쫓겨난 한국 최초의 대통령이 될 수밖에 없는 이유가 다 여기에 있다. 그는 반민법 초안이 국회에서 완성되어가던 1948년 9월 3일, 담화를 발표했다.

지금 국회에서 친일파 문제로 많은 사람들이 선동되고 있는데, 이런 문제로 민심을 이산시킬 때가 아니다. 이렇게 하는 것으로는 문제 처리가 안 되고 나라에 손해가 될 뿐이다.

다시 말하자면, 친일파를 거론하면 나라의 일이 잘 되지 않는다는 말이며, 친일파가 청산되면 자신의 정권이 안 된다는 뜻이다. 마치 조선총독의 담화 같다.

반민특위 활동이 여론의 열화와 같은 지지를 받자 이승만은 1949년 2월 15일, 반민법 개정을 선언한다. 그러자 반민특위는 2월 17일, 〈반민법을 방해하는 대통령 담화를 반박함〉이라는 성명을 발표했다.

대통령은 항상 반민법 운영과 치안의 책임을 특위에 전가시키려는 듯하나 국민은 속지 않는다. 반민법이 공포된 뒤에도, 윤 내무장관 재직 시에 악질 경찰관을 요직에 등용하였음은 대통령의 지시였던가. 진정한 애국·애족으로 불타는 경찰관은 반민자 처단으로 인하여 더욱 단결되고 치안을 확보할 수 있다. 2, 3인이 자의로 사람을 잡아다가 난타 고문 운운하였으니, 이야말로 언어도단이라고 말하지 않을 수 없다. 〔…〕 매일같이 수십 명이 특위를 방문하여 내 아버지, 내 어머니, 내 형님, 내 동생, 내 자식, 내 민족의 원수를 최고형으로 단죄하여 달라는 피눈물 섞인 호소를 대통령은 듣고 있는가.
대통령은 권력으로 정의를 억압하려고 하는데, 우리에게는 신성한 헌법과 3천만의 지지가 있다는 것을 부인하는 바이다.

국민은 그의 말에 속지 않았다. 민족의 원수를 최고형으로 단죄해 달라는 피눈물 섞인 호소를 이승만 대통령은 듣고 있었을까. 위의 문장은 이승만이 어떤 인물이고 당시 민중이 무엇을 원했는지 잘 보여주는 1차 사료다.

이승만이 선택한 최후, 친일파가 되는 것

1949년 2월 22일, 이승만은 반민특위를 대통령 산하에 두고, 반민족 행위의 범위를 대폭 축소하는 것을 골자로 한 반민법 개정안을 국회에 제출한다. 하지만 국회에서 개정안이 폐기되고, 반민족 행위자에 대한 재판이 시작되자, 친일파는 사활을 걸고 저항했다. 이들 뒤에는 이승만이 있었다. 이후 1949년 5월 17일에는 '국회 프락치 사건'이 벌어진다. 국회의 소장파 의원이 남로당 프락치라는 공세였다.

1949년 6월 6일 일요일 새벽 7시, 무장 경찰이 반민특위 본부를 습격한다. 체포된 특위 위원들은 혹독한 고문을 당했다. 프랑스로 치면 나치 동조자를 처단하던 레지스탕스들이 나치에게 끌려가 혹독한 고문을 당하는 격이다. 6월 26일에는 소장파의 정신적 기둥이었던 백범 김구가 암살된다. 7월 6일, 국회는 공소시효를 단축하는 개정안을 통과시켜 1950년 6월 20일이었던 반민법 공소시효 기간을 1949년 8월 31일로 단축시켰으며, 반민족 행위자 청산은 종료된다. 결국 반민족 행위자 처벌을 받은 7명은 1년도 안 되는 징역을 살고 나온 것으로 막을 내렸다.

프랑스는 "민족 반역자는 반드시 법에 따라 처벌되어야 하고, 사회에서 제거되어야 한다"는 샤를 드골Charles de Gaulle의 강력한 의지로 나치협력자를 수년간에 걸쳐 광범위하게 숙청했다. 우선 반역 언론인을 비롯한 지식인부터 철저하게 처벌했다. 드골은 특별법정인 최고재판소를 설치했는데, 나치 점령 시절 모든 판사, 검사들이 나치에 협력했기 때문에 그를 재판할 판사가 거의 없었기 때문이다. 최고재판소는 "적과 내통해 국가의 안전을 위태롭게 한 최고위급 공직자를 심판하기 위한 것"이라고 설치목적을 분명히 했다. 드골은 "지식인과 작가에게는 사과로는 안 되고 반드시 책임을 물었다"고 회고했다.

"한줌 밖에 안 되는 비천한 것들", "민족을 배반한 자들은 역겨운 존재" 등도 드골이 한 말이다. 숙청재판소가 문을 닫은 후 발표한 숙청자 수치는 방대했다. 일제의 잔혹한 35년 동안의 식민지배와 식민지배도 아니었던 프랑스의 4년은 비교할 수도 없는데도, 프랑스의 과거사 청산은 비타협적이었다.

더구나 프랑스는 다른 유럽 국가에 비해 숙청이 미흡했다는 평가를 받는다. 독일은 사상의 자유를 보장하지만 나치 상징을 법으로 엄격하게 금지했으며, 아돌프 히틀러Adolf Hitler가 쓴 《나의 투쟁Mein Kampf》은 금서로 지정했다.

이승만 초대 대통령은 '한국판 나치 협력자'라고 말할 수 있는 친일파에게 완전히 면죄부를 줌으로써 프랑스의 드골 대통령과 정반대의 길을 걸어갔다. 드골은 나치 독일에 협력한 배반자들을 '외세와 내통한 이적죄'와 '간첩죄'를 적용해 대담하고도 대단히 가혹하게 심판하고 처벌하였다. 그리고 반 나치 레지스탕스에 참여한 좌우파 정치인과 애국적 시민들 만으로 새로운 주체세력을 형성해 제2차 세계대전 후 민주적인 프랑스 국가를 건설했다. 드골은 주체세력에 이념문제를 크게 우려하지 않았고, 좌파든 우파든 레지스탕스에 참여한 세력을 총체적으로 통합함으로써 나치 협력자들의 재등장을 차단하는 데 성공했다. 이승만은 드골과는 반대로 해방 후 새로운 한국건설의 주체 세력의 주류로 친일파를 재등용했다. 친일파는 이승만의 절대권력의 그늘에서 항일 독립운동 세력을 조직적으로 제거했고, 탄압도 불사했다. 많

은 독립운동 인사들은 공산당으로 낙인찍혀 일제보다 더 가혹한 탄
압을 받거나 감옥에 처넣어졌다.

―주섭일, 《프랑스의 나치 협력자 청산》, 사회와연대, 2004, 360~362쪽

이렇듯 광복 후에 이승만의 선택은 친일파였으며, 이러한 그의 행
동은 한국현대사를 규정했다. 이승만이 상해의 대한민국 임시정부
첫 국무총리로 선출된 다음 신채호가 회의장을 나오면서 했던 아래
의 말에는 시대를 통찰하는 혜안이 들어 있다.

> "미국에 들어앉아 외국의 위임통치나 청원하는 이승만을 어떻게 수반
> 으로 삼을 수 있단 말이오. 따지고 보면 이승만은 이완용보다 더 큰
> 역적이오. 이완용 등은 있는 나라를 팔아먹었지만 이승만은 아직 우
> 리나라를 찾기도 전에 있지도 않은 나라를 팔아먹은 자란 말이오."

―김삼웅, 《단재 신채호 평전》, 시대의창, 2005, 223쪽

광복으로 되찾은 세상에서도 독립운동가들은 청산 대상이 되었다.
그들의 역사관과 역사학도 그렇게 역사의 무대에서 사라지는 운명에
처했다. 그 당시 이병도가 주도한 '현대사 연구금지론'은 막강한 위력
을 발휘했다.

> "'을사늑약'을 '을사조약'으로, 일본 '국왕'은 '천황'으로 바꿔라."
> "대한민국 임시정부 요인들 사진 설명에서 김구를 삭제하라."

이 말은 2012년 중학교 역사 교과서 검정심사에서 대한민국 국사

편찬위원회가 교과부에 수정권고한 내용이다. 말이 수정권고지 사실상 명령이다. 국사편찬위원회는 "개념을 정확히 할 것"을 이유로 삼았는데, 그 개념은 이렇다. "일본의 한국 지배는 합법적이고 정당하다. 천황을 존칭하지 않으면 불령선인이다. 김구는 일본 지배에 반대한 테러리스트다." 이렇게 반민특위 해체라는 한국현대사에서 통탄할 만한 사건 이후, 대한민국의 국사편찬위원회는 일본의 한민족지방사편찬위원회로 편재되기 시작한 것이다.

서울대학교 국사학과,
그들이 만든 '범죄의 재구성'

역사의식도, 역사관도 없는 그들의 모순

역사가에게 가장 중요한 것은 역사의식이요, 역사관이다. 모든 역사에는 역사가의 주관이 들어가 있다. 과학자도 마찬가지다. 인간의 참된 가치를 단 하나의 기준, 즉 "어떤 목적 안에서, 어느 정도 자기 자신으로부터 자유로울 수 있는가"라고 밝힌 아인슈타인은 다음과 같은 말을 했다.

> 인간인 한, 나는 단지 개체적인 피조물로서 존재할 뿐 아니라 나 자신이 커다란 인간 공동체의 한 구성원임을 깨닫는다. 바로 이 사실을 아는 데 나의 가치가 있다. 나의 감정과 생각, 행위가 하나의 궁극적인 목적, 즉 공동체와 그 발전이라는 목적을 향할 때만 나는 실제적으로 한

인간인 것이다. 그러므로 나의 사회적인 태도가 사람들이 나에 대해서 '선하다'거나 혹은 '악하다'라고 판단내릴 수 있는 근거가 될 것이다.

—알버트 아인슈타인, 《나는 세상을 어떻게 보는가》, 박상훈 옮김, 한겨레, 1990, 16쪽

공동체를 무너뜨리는 학문이 순수한 학문일 수는 없다. 순수한 학문이라는 물리학도 결코 자신이 처한 공동체의 현실과 가치를 벗어나지 않음을 아인슈타인은 자신의 생애에서 직접 보여주었다.

반면 이병도는 독립투쟁을 말살하는 '순수 식민주의 사관'으로 전생을 보냈다. 일제가 한국을 영구히 지배하기 위해서 만든 식민사학에 이병도는 충성을 다했다. 조선총독부 조선사편수회 행적, 서울대학교 학장, 문교부 장관, 학술원 원장, 박정희·전두환 정권이 수여한 각종표창, 일본 극우단체 신사참배 등은 모두 정치적인 선택이었다.

한편 2008년에 발행된 《한국사 시민강좌》 제43호는 '대한민국을 세운 사람들' 특집으로 꾸며졌다. 《한국사 시민강좌》는 이기백이 주도해서 만든 학술지다. 이기백의 제자이자 1996~2004년까지 역사학회 회장을 역임한 고려대학교 명예교수 민현구는 이병도에 대한 글을 이 학술지에 실었다.

두계 이병도는 8·15해방을 맞아 우여곡절 끝에 대한민국 정부가 수립되어 발전하는 과정 속에서 한국사학자로 크게 활약하였다. 그는 일제 시기 힘든 여건 아래 한국사 연구를 새롭게 개척하여 빼어난 성과를 냈고, 진단학회 창설을 주도하며 한국의 역사와 문화연구의 기반을 구축하는 데 크게 기여하였다. 그러한 기초 위에서 해방 후 적극적인 학술 활동을 벌여 공적을 남겼던 것이다.

해방과 더불어 국어와 국사에 대한 관심이 고조되었다. 그리고 새로운 고등교육기관으로 대학이 설립되고, 그에 따라 학술연구의 중요성이 부각되었다. 하지만 당시 해방공간은 남북의 분단이 점차 굳어지고, 좌우 대립이 격심한 정치 과잉의 상태에 빠져들고 있었다. 이병도는 이러한 여건과 추이 속에서 분명히 자유민주체제의 편에 서면서도 비교적 유연한 입장에서 순수 학구적 자세를 지키며 오로지 교육과 학문에 전념함으로써 새로운 한국사학의 기틀을 세우고, 새 나라가 건국하여 학술연구 풍토를 조성하는 데 공헌하였다.

－민현구, 〈이병도, 순수 학구적 자세로 한국사학의 토대를 쌓다〉,
《한국사 시민강좌》, 제43호, 2008, 285∼286쪽

위에서 민현구가 강조하는 "순수한 학구적 자세"는 이병도의 식민사관을 뜻하는 것임을 덧붙여 설명할 필요도 없다.

한편 이종욱은 그의 저서에서 다음과 같이 말했다.

일본 역사가들은 일본의 기원을 찾는 작업 과정에 한국에서 유래한 모든 것에 대해 거부감을 갖고 있었다. 그들은 한국 고대사를 다룸으로써 일본의 한국 강점의 역사적 정당성을 제공했다. 그 결과 당시 일본인들이 발명한 한국사는 중립적인 것일 수 없다. 그들은 역사를 정치의 시녀로 전락시켜 실증사학의 객관성을 가장하여 단군신화를 비롯한 한국의 건국신화를 후대의 산물이라고 하는 방법으로 한국의 초기 역사를 말살했다.

－이종욱, 《민족인가, 국가인가》, 소나무, 2006, 56∼57쪽

그러면 지난 60여 년 동안의 한국 사학은 어떠한가? 한국에서 식민
사학의 연쇄는 한국 사학의 학문권력을 장악해온 관학파를 중심으로
이어지고 있다. 먼저 1세대 연구자로서 서울대학교 교수였던 이병도와
손진태를 보자. 일제가 한국을 통치한 결과로 1945년 해방 이후 한국
에는 제대로 된 한국사 개설서조차 한 권 없는 상황이었다. 바로 그러
한 상황에서 이병도와 손진태가 서울대학교 교수로 있으면서 한국사
연구와 교육을 장악한다. 그들은 그들이 수학한 일본의 와세다 대학
교수였던 쓰다 소키치가 발명한 식민사학을 별다른 검토 없이 그대로
받아들여 한국 고대사를 재구성한다.

−이종욱, 《민족인가, 국가인가》, 소나무, 2006, 63쪽

우리는 이런 경우를 일컬어 '범죄의 재구성'이라 지칭해도 좋을 것
같다. 이종욱은 식민사학이 중립적일 수 없으며 이병도가 황국사관
을 체계화한 스승 쓰다 소키치의 견해를 별다른 검토 없이 그대로 받
아들였다고 지적했다.

이병도는 일제시대 조선사편수회에서 한국사 왜곡에 앞장섰고, 해
방 후에는 일제 식민사관을 한국의 정설로 만들기 위해 노력했다. 이
병도의 역할은 김용섭의 평가대로 일제 식민지 통치에 기여하는 실로
크고 원대한 것이었으며, 기본적으로 일본의 역사라고 하는 테두리
안에서만 의미가 있는, 즉 한국사를 일본사로 만드는 범주 안에서만
의미가 있는 것이었다.

이병도는 94세까지 장수를 누리다 1989년에 사망했다. 그가 세상
을 떠난 지도 벌써 20여 년이 지났다. 하지만 이병도는 여전히 살아
있다. 서울대학교 국사학과 제자들과 그를 추종하는 전국의 역사학

자들이 신채호를 부관참시하면서 이병도를 위대한 학자로 부활시켜 왔기 때문이다.

이제는 서울대학교 국사학과가 무엇을 해왔는지, 왜 주류 역사학계, 즉 식민사학계를 범죄 조직과 다를 바 없다고 분노하는 이들이 많은지 살펴볼 차례다. 물론 서울대학교 국사학과 출신이지만 식민사관의 대척점에서 섰던 학자들도 있다. 그러나 이들은 서울대학교 국사학과의 주류가 아니었다. 서울대학교 국사학과 주류는 일제 식민사학자들이 장악해왔기에 그 행태를 추적하는 것이다.

이종욱이 그의 저서 후기에 쓴 글을 살펴보자.

사실 최근 몇 년 사이에 필자는 논문 게재도 거부당하고, 책의 출판도 거절당하는 등 여러 가지 경험을 해왔다. 한국 역사학계 일각에서 이미 필자가 구상한 새로운 역사에 대한 폭력을 가하기 시작한 것이다. 그런 면에서도 통설과 새로운 역사는 충돌하기 시작하였다. 이 역사 충돌은 필자가 벌인 것이 아니라 학문권력을 장악한 연구자 측이 시작한 것이다. 필자는 이 역사 충돌, 나아가 역사전쟁을 피할 생각이 없고 또 피할 수 없다고 본다. 사실 이 책의 초고 작성을 끝내고 제목을 붙이는 과정에 '역사전쟁'을 생각하였다.

—이종욱, 《역사 충돌》, 김영사, 2003, 244쪽

역사 장악의 행태는 반드시 추적해야 한다

역사는 해석이 다양할수록 진실에 가깝게 다가선다. 그런데 한국은 역사 해석을 달리하거나 기존 학설을 비판하면 폭력을 가하기 시작한다. 즉, 역사전쟁이 벌어진다. 전쟁은 상대를 적으로 규정하고 섬멸하는 것이다. 결코 학문의 문제가 아니다. "폭력으로 지배하겠다"고 말하는 권력은 없다. 하지만 권력은 폭력을 위장해 의문과 비판을 구조적으로 막고, 복종과 순종을 강제한다. 물론 여기에는 '성실'하고 '열심히' 지배체제를 인정하고 따르라는 세련된 이념과 논리, 시스템을 수반한다.

한국 고대사를 전공한 역사학자 이희진의 증언을 들어보겠다.

교수와 학생의 관계는 보통 알려진 스승과 제자의 관계보다는 교주와 신도의 관계에 가깝다. 현실적으로는 추종자가 되지 않으면 살아남기가 어렵다고까지 할 수 있다. 고대사 학계에서 야심을 갖고 성과를 내려는 짓을 했다가는 이 바닥에서 목숨을 부지하기가 어렵다.

[…] "한일역사공동연구 같은 중요한 연구성과를 낼 때에도 중요한 부분은 철저하게 동문들의 것으로 도배한 사실을 보여줄 것이다. 주위에서 조금 영향력이 있다 싶은 연구성과를 고를라치면, 그 학교 동문들의 것을 고를 수밖에 없다. 이는 결코 그들의 업적이 우수해서가 아니다. 다른 대학에서 그 정도 수준을 연구 성과랍시고 내놓았다가는 공개 석상에서 망신을 당하고 매장될 것이다.

그런 내용을 내놓고도 무사할 만큼, 또 그런 연구 성과가 영향력을 가질 수밖에 없을 만큼 적어도 고대사학계는 '일류 대학의 동문들이 장악하고 있다고 해도 과언이 아니다. '가장 좋은 학교'뿐만 아니라, 행세깨나 하는 대학에는 대부분 그 대학 출신들이 교수로 들어가 앉아 있다. 그리고 그 패거리의 기득권을 지키기 위해서는 못할 짓이 없다. 그 위세에 눌려 다른 학파는 눈치만 보기에 바쁘다. 심지어 자기가 살기 위하여 앞잡이로 나서는 경우도 많다. 이런 현실에서 그들이 식민사학 추종자의 형태를 보인다고 해도 감히 뭐라 할 사람이 별로 없다. 대한민국 사회는 그만큼 일류 대학의 이른바 '프리미엄'이 말하는 사회다. 그 프리미엄이 식민사학 추종자를 키우고 지켜주는 횡포로까지 연결되고 있는 것이다.

─이희진, 《식민사학과 한국 고대사》, 소나무, 2008, 62~63쪽

이른바 대한민국 최고의 대학이라는 곳의 동문들 사이에는 "우리 학교 교수는 동기동창 중에서 제일 병신 같은 놈만 골라시킨다"는 말이 있다. 이 말이 그저 질투심에 눈먼 사람들의 모략만은 아닌 듯하다. 너무 심한 말 아니냐고 생각하는 사람이 있을지 모르겠지만, 지금 출세했다고 거들먹거리는 교수들이 내놓는 논문의 수준을 보면 별로 심한 말도 아니다.

─ 이희진, 《식민사학과 한국 고대사》, 소나무, 2008, 67쪽

서울대학교는 경성제국대학이 탄생하게 된 목적을 고스란히 물려받은 관학이다. 2012년 친일파 이광수가 경성제국대학을 입학했다는 사실이 발견되자, 서울대학교 동문들은 환호하면서 그들의 동문록에 재빨리 등재하기도 했다. 여기서 잠깐 경성제국대학의 1926년 '대학규정' 제1조를 살펴보자.

대학은 국가에 반드시 필요한 학술적 이론 및 응용을 가르치고, 또한 그 심오한 이치의 공구와, 특히 황국皇國의 도道에 기반을 둔 국가사상의 함양 및 인격도야에 유의하여 국가의 주석柱石이 될 만한 충량유위忠良有爲의 황국신민을 키워내도록 힘을 다하도록 할 것.

—《경성제국대학일람》, 경성제국대학, 1943, 15쪽

경성제국대학 출신들이 식민사회에서 각 영역의 엘리트가 되어 황국신민화에 매진해 부귀영화를 누렸던 전철을 해방 후 서울대학교에서는 바꾸었던가? 이처럼 서울대학교는 피라미드의 정점에서 한국을 완전한 식민지로 만들었다. 식민사관이 숙주 역할을 하면서 '서울대학교의 나라'는 점점 강화되어왔다. 지금 추세라면 아마 그 속도는 더욱 빨라질 것이다. 이는 지방이 서울의 식민지로 전락한 배경이기도 하다. 모든 이념과 가치, 시스템과 풍토가 정점에 있는 서울대학교의 승자독식이다. 이것은 식민사관이 대단히 위험한 사상이라는 반증이기도 하다.

여기서 《사회비평》의 편집위원인 장석만이 분석한 글을 살펴보자.

서울대학교의 엘리트적 성향은 더 말할 나위 없이 악명이 높다. 지금까지 서울대학교는 한국의 모든 대학을 거느린 채 거들먹거리며 맨 윗자리에 앉아 군림해왔다고 할 수 있다. 서울대학교 출신은 이 사회의 모든 영역에 걸쳐 지배층을 형성하면서 막강한 인맥을 만들어 왔다. 서울대학교 입학은 출세와 신분상승의 지름길로 간주되었고, 실력으로 승부하는 '코리안 드림'의 통로로 여겨졌다. 서울대학교에 두드러지게 나타나는 권력 지향성은 식민지 운영의 인적 자원을 마련하기 위

해 설립된 경성제국대학에서 그 연원을 찾기도 하며, 혹자는 과거시험을 통해 관리를 등용하는 조선조의 교육제도까지 거슬러 올라가 그 역사적 배경을 대기도 한다.

일제시대의 고등문관시험은 한국인이 식민지 고급 행정관료와 법관으로 입신할 수 있는 절호의 기회를 제공하였다. 이 시험에만 합격하면 개인의 출세와 가문의 영달은 거의 보장된 셈이었다. 많은 수의 경성제국대학 출신자가 이 시험에 합격한 후, 일제의 지배구조 속에 편입되어 안락한 삶을 영위하였다. 또한 고등문관 시험에 합격하는 방법 이외에도 경성제국대학 졸업자들은 여러 방식으로 식민지사회 각 영역에 엘리트층을 형성하여 일반 민중의 비참한 삶과는 동떨어진 생활을 누릴 수 있었다.

―장석만, 《사회비평》, 나남출판, 2001, 46쪽

서울대학교 전체에 팽배해 있는 권력지향성은 관료를 통한 출세로, 반정부 운동을 통한 정치입문으로, 그리고 학문을 이용한 정치적, 경제적 권력 획득으로 또한 터무니없는 학문권력의 횡포로 나타나고 있다. 그뿐만 아니라 관학의 본산으로서 서울대학교는 전국 대학의 모델이 되어 거의 모든 대학에 오염되고 있다. 전국의 대학은 수능시험의 점수로 위계화되어 석차가 매겨지며, 서울대학교를 정점으로 하는 피라미드 위계구조가 성립되어 있다. 서울대학교의 우월성은 의심의 여지가 없이 인정되며, 지역과 조건의 다양성에도 불구하고 여타 대학은 서울대학교의 모델을 따르도록 압력을 받는다. 이런 상황을 한마디로 요약한다면 "서울대학교가 이 나라를 완벽하게 식민화시켜버렸다"는 것이다. 이런 맥락에서 볼 때, "서울대학교의 나라'라는 표현은 정확하게 이런 식민화의 상태를 폭로하고 있다.

—장석만, 《사회비평》, 나남출판, 2001, 48쪽

"서울대학교의 나라"라는 말에 독자들도 대부분 공감할 것이다. 이병도가 한국 주류 역사학계의 태두가 될 수 있었던 배경도 그가 서울대학교 국사학과 교수였기 때문이다. 그와 제자들은 전국 대학의 사학과와 국민 세금으로 운영되는 각종 재단과 연구소, 한국의 사회 언론과 교육 시스템을 장악했다. 이처럼 식민사관과 식민주의가 한국사회를 지배하게 된 배경에는 서울대학교를 정점으로 한 학벌 시스템이 있었다.

'학벌 트라우마'라는 용어를 쓴 김상봉은 아래의 글에서 학벌에 의한 차별이 계급차별보다 더 나쁘다고 말하고 있다.

> 옛날에 빗대면, 우리 사회에서 서울대학교를 나온 사람은 왕족이고, 연·고대나 비슷한 상위권 대학들을 나온 사람은 귀족입니다. 그렇게 대학서열에 따라 신분이 층층이 정해지는 게 현실입니다. 앞에서 이야기기 나왔듯이 대학 못 나온 남자는 대학 나온 여자와 결혼도 못 합니다. 과거에 양반과 상놈이 통혼 못한 식이죠. 학벌에 의한 차별이 계급차별보다 더 나쁜 까닭은, 계급은 사회적인 범부이지 개인에 고유하게 귀속하는 범주가 아니기 때문입니다.

—김상봉, 《창작과 비평》, 봄호, 2002년, 314쪽

서울대학교 인문대학 소속 교수들이 전부 그렇지는 않겠지만, 일부에선 범죄 조직과 다를 바 없다는 말이 회자되기도 한다. 2011년에는

서울대학교 정병설 교수가 한가람역사문화연구소 이덕일 소장의 저서를 일방적으로 매도한 일도 있었다.

결론부터 말하면 이덕일이 제시한 근거들은 '모두' 과장, 오류, 왜곡에 기초해 있다. 책 한 권 전체에 하나라도 근거가 될 만한 것이 있는지 되묻고 싶은 수준이다. 내가 보기에 《사도세자의 고백》은 첫 단추부터 잘못 끼운, 총체적 오류를 지닌 책이다. 아무리 양보해도 역사서로 읽히지는 않는다.

－정병설, 〈길 잃은 역사대중화〉, 《역사비평》, 역사비평사, 2011, 338쪽

우리 학생들을 위해, 우리 역사를 위해, 대중역사서에 대한 본격적인 검토 작업이 필요하다. 그것을 학계에서, 구체적으로는 학회 차원에서 해야 한다. 전문가들이 역사대중화의 방향을 잡아주어야 하는 것이다. 그래야 유사 역사가 아니라 진짜 역사로, 진정한 역사교육이 이루어질 수 있다.

－정병설, 〈길 잃은 역사대중화〉, 《역사비평》, 역사비평사, 2011, 357쪽

그는 철저히 고증에 의해 서술한 역사학자의 저서를 "'모두' 잘못됐다", "하나도 근거가 없다"면서 "학회 차원에서" 나서야 한다고 강하게 비난했다. 학회라는 조직을 철저하게 그들이 장악하고 있기 때문이다. 게다가 위의 글에서 정병설이 말하는 전문가란 물론 노론사학자, 식민사학자를 뜻하는 것이다. 하지만 전문가를 자처하는 그들이 역사를 독점하면서 도리어 역사에서 현실이 분리되고, 대중이 제거되었다. 역사는 원래 전문가의 전유물이 아니다. 이것이 역사가 왜곡된 과

정이다.

역사대중화가 적극 실현되는 시점에서 정병설은 역사를 전문가들, 즉 그들이 중심이 된 학회에서 철저하게 관리해야 한다고 주장한다. 정병설이 말한 '우리 학생', '우리 역사'는 무엇을 의미할까? 한국 주류 역사학은 소위 전문가들이 독점한 역사다. 전문가들이 대중을 역사에서 분리하고 역사해석권을 독점하면서, 역사는 본연의 모습을 잃었다. 역사에서 역사의 주체인 민중을 배제하고 통치자 입장에서 역사를 기록했다. 식민사관이 아직까지도 생명력을 유지하고 강화할 수 있는 비결이다.

서울대학교 국사학과의 학연이 얼마나 한국사의 원형을 파괴해왔는지 이종욱은 다음과 같이 질타한다.

원래 내물왕 이전의 역사를 은폐·말살한 것은 일제 식민사학이다. 해방 후 지금까지 한국 사학의 학문권력을 장악한 서울대학교 학연을 중심으로 하는 관학파는 일제 식민사학을 이어받아 내물왕 이전의 역사를 은폐·왜곡해왔다. 그들의 역사체계를 식민사학이라고 부를 수는 없다. 그것은 식민사학을 부둥켜안고 있다는 의미에서 후식민사학 (post-식민사학)이라고 할 수 있다. 일제 식민통치 36년의 결과가 지난 60여 년 동안의 한국 사학에 미치고 있다는 사실은 부인할 수 없다. 일제 식민사학과 한국 후식민사학은 겉으로는 적대 관계에 있지만 실제로는 내연 관계에 있으며, 몇 세대에 걸쳐 내물왕 이전의 역사를 왜곡한 공범이다. 일제 식민사학의 청산을 외치고 중국이 동북공정으로 한국 고대사를 정복하는 것을 비판하는 한국의 후식민사학은 스스로 일제 식민사학이 발명한 역사를 부둥켜안고 있다.

－이종욱,《민족인가, 국가인가》, 소나무, 2006, 24쪽

이처럼 서울대학교 학연이 일제 식민사학을 60여 년째 부둥켜안고 한국사를 은폐·왜곡하고 있다는 분석이다. 이른바 '후식민사학'은 식민사학을 극복하자는 주장을 내세우는 일제 식민사학의 공범이라는 비판이다.

예수는 십자가에 못 박혀 "아버지, 저들을 용서해주십시오. 저들은 자기들이 무슨 일을 하는지 모릅니다"라고 기도했다. 하지만 식민사학자들 대부분은 그들이 무슨 일을 하는지 잘 알고 있는 사람들이다. 그렇기 때문에 그냥 용서하고 대충 넘어가서는 안 된다. 사건 발생의 원인이 해소되는 용서가 바로 진정한 용서다. "죄는 미워하되, 사람을 미워하지 말라"고 하지만 죄야말로 죄가 없다. 죄를 지은 사람이 문제인 것이다. 범인이 없으면 범죄가 발생하지 않듯이, 사람이 죄를 짓지 않으면 죄는 없다. 식민사관을 내세우는 이들이 없어진다면 식민사관 또한 없을 것이다. 결국 식민사관을 양산하는 구조와 풍토를 철폐해야 식민사학자가 설 땅이 없어진다.

잊을 수 없는 진실,
왜곡할 수 없는 역사

역사 전쟁의 한복판에 한국이 있다

현재 한·중·일 사이에 역사 전쟁이 한창이다. 중국은 중국 영토 내의 모든 역사는 중국의 역사이고, 중국 영토 내의 모든 민족은 중화민족이라고 주장하고 있다. 이런 목적으로 동북공정, 서북·서남공정, 탐원探原공정 등을 추진했다. 그 결과 황하문명과 달리 우리 민족의 선조인 북방 민족들이 만든 요하문명도 중화문명으로 둔갑했다. 요하문명을 '중화문명의 기원지'로 정리하면 한민족의 근본이 뿌리째 없어진다. 고조선, 고구려 이후 한국사는 당연히 중국사로 편입된다. 한국사는 중국의 방계사, 변방사로 전락한다.

1987년 만리장성을 세계문화유산으로 등재할 때, 동쪽 끝은 하북성 산해관으로 길이가 6천3백 킬로미터였다. 동북공정 이후 이 길이

는 계속 늘어나 2012년 6월, 중국 국가문물국은 만리장성을 흑룡강
성 신장까지 늘려 2만 1196.18킬로미터라고 발표했다. 이런 식이라면
앞으로 한반도까지 그 영역이 들어오게 되어 있다. 중국의 역사지도
집은 이미 그렇게 그려놓은 지 오래되었다. 그 근거를 한국의 식민사
학이 제공해주었다.

중국에서 가장 존경받는 총리 저우언라이周恩來는 중국의 대국주
의 쇼비니즘에 입각한 역사서술을 비판한 바 있다. 그는 1963년 북한
의 조선과학원 대표단을 접견한 자리에서 "우리가 당신들의 땅을 밀
어붙여 작게 만들고 우리들의 땅이 커진 것에 대해 조상을 대신해서
당신들에게 사과해야 한다"고 말했다고 한다. 하지만 이제는 전설 같
은 이야기가 되었다. 한국 입장에서 보면 홍산문명과 고조선, 고구려,
부여, 발해 등의 사적지가 중국 영토 안에 있기 때문에, 중국과의 역
사 논쟁이 일본과 벌이는 논쟁보다 훨씬 어렵다. 더욱이 동북아역사
재단을 비롯한 한국 주류 역사학계는 중국사회과학원의 이중대역을
맡고 있는 현실이다. 한국 주류 식민사학계는 중국 측에 유리한 논리
를 제공하고, 동북아역사재단은 '역사화해'를 내세워 중국의 정치적
목적에 부응하는 데 국민의 세금을 쏟아 붓고 있다.

여기서 철학연구회 회장인 이한구 교수의 말을 들어보자.

우리가 어떤 특정한 국가의 국민으로서 존재하는 한 혹은 우리가 한
민족 구성원으로 남아 있는 한, 우리는 나름대로의 민족국가사를 써
야 하고 이를 다음 세대에 전수할 수밖에 없다. 우리가 세계시민적 관
점에서 역사를 인류보편사로 본다고 할지라도, 그것만으로 국가 간의
역사분쟁을 해결해주지는 못할 것이다. 예컨대 우리가 고대사를 동아

시아의 관점에서 본다고 할 때, 그리하여 고구려는 한국사도 중국사도 아닌 요동사로 보아야 한다고 할 때, 결과적으로는 고구려의 역사를 중국사로 편입시키는 데 동조하는 꼴이 될 것이다. 시각을 넓힌다고 무조건 좋은 것이 아니라 그 넓은 시각이 결국 누구의 시각인가도 문제가 되기 때문이다. 어느 강대국이 일방적으로 주도하는 세계화에 우리가 반대하는 것도 같은 논리라고 할 수 있다.

-철학연구회 엮음, 《역사를 어떻게 볼 것인가》, 철학과현실사, 2004, 37쪽

"고구려는 한국사도 중국사도 아닌 요동사로 보아야 한다고 할 때, 결과적으로는 고구려의 역사를 중국사로 편입시키는 데 동조하는 꼴이 될 것이다"라는 말은 정확한 지적이다. 세계화 시대에 민족 정체성은 더욱 중요하게 부각되어야 한다. 결국 민족의 정체성을 바라보는 것은 누구의 시각인가가 중요하다. 한·중·일의 역사전쟁과 영토분쟁은 한국의 운명을 좌지우지할 사항으로 닥치게 되어 있다. 아니, 지금도 그렇게 진행되고 있다.

우선 중국과 일본의 조어도釣魚島를 둘러싼 충돌이 예사롭지 않다. 이 섬은 무인도이며, 총 면적은 불과 6.32제곱킬로미터다. 중국과 일본의 갈등은 우리의 운명과도 직결되어 있다. 중국은 제주도에 속한 이어도에 야심을 갖고 있으며, 일본은 독도를 차지하려고 한다.

2012년 9월 27일, 일본 자민당 총재로 극우파 아베 신조安倍晋三가 당선됐다. 아베는 총리 재임 시절 "위안부는 지어낸 이야기"라고 했고, 이번 총재선거 기간에도 "(위안부 강제연행을 인정하고 사죄한) '고노 담화'를 수정해야 한다"고 주장했고, "총리 재임 시절 야스쿠니에 참배하지

못한 것을 통한으로 생각한다"고 말했다. 그는 영토주권을 지키기 위해 "해병대를 창설해야 한다"고 주장했다.

—《한겨레》, 2012년 9월 27일

위에 인용한 것처럼 일본의 지도자들은 군국주의 부활을 꿈꾸며 일본인들을 결집하려고 한다. 그들은 재무장을 통한 군국주의를 항시 추구해왔다. 일본의 영토 크기는 세계 60위이지만, 침략주의의 결과로 경제주권을 쥔 해양(배타적 경제수역, EEZ) 크기는 세계 6위다. 아베 신조의 재등장도 예견된 일이었다. 일본 극우파들은 장기적인 경기침체와 중산층 붕괴, 원전사고, 빈번한 총리 교체 등에서 유발된 국민들의 불만과 불안을 쇼비니즘으로 결집하는 중이다. 이는 일본 극우파의 속성이다. 3·11 대지진과 후쿠시마 원전사고 이후 "믿을 것은 일왕밖에 없다"는 분위기가 확산되면서 극우파적인 사고는 젊은 층과 시민에게 급속히 퍼지고 있다. 심지어 일본의 한 시민단체 대표는 "위안부는 단순히 매춘부였다, 돈벌이였다", "당신네들은 우리 할머니들이 불쌍하다고 하지만 강간범, 범죄자로 몰린 우리 할아버지들이 불쌍하다"라고 말하기까지 했다.

한편 일본의 지배계급은 현행 평화헌법 개정을 오래전부터 염원해왔다. 그들은 제9조(군비의 금지와 교전권의 부정)의 개정뿐 아니라, 현행 헌법이 명분으로 적시한 주권재민의 원칙을 파기하고 명치헌법이 규정했던 절대주의 천황제국가로 복귀하기를 갈망한다. 패전 후 천황제는 형식적으로만 붕괴되었지, 사실상 일본은 지금도 천황제국가다.

천황을 정점으로 한 신분적 상하관계에 절대복종하는 것이 천황제 이데올로기다. 일본을 깊이 있게 연구한 최재석은 일본인을 순수한 개인으로서의 일본인과 국가의 일원으로서의 일본인으로 구별해 생각하자면서 다음과 같이 분석했다.

개인으로서의 일본인은 친절하고 예의가 바르고 공중도덕을 잘 지킨다. 공중 앞에서는 '휴대전화'도 잘 받지 않을 뿐만 아니라 설사 받는다 해도 주위 사람의 눈에 띄지 않게 구석에 가서 조용히 받는다. 가정교육의 모토는 남에게 폐가 되지 않도록 행동하는 것이었다.

그러나 일본인이 국가를 의식할 때는 이와 판이한 행동을 한다. 기습공격을 잘하는 것이 그 일례일 것이다. 1894년 청일전쟁 때도, 10년 후인 1904년의 노일전쟁 때도, 그리고 1941년 태평양전쟁 때도 일본은 일방적인 기습공격으로 전쟁을 시작하였다. 물론 선전포고 전의 일이다. 1941년 경우는 일본이 하와이 진주만의 미국 태평양 함대를 기습 공격하여 거의 전부를 몰살시킨 지 약 50여 분 후에 미국에 대하여 선전포고를 한 것으로 알고 있다.

또 한국에서 수십만의 부녀자를 강제징집하여 일본 군대의 소위 '위안부'로 삼은 것이나, 이른바 731부대에서 중국인이나 러시아인을 다수 붙잡아 와서 이른바 생체실험을 한 것도 그 예일 것이다. 1910년 한국 강제 점령, 1937년으로부터 시작한 중국 침략 등도 모두 이 유형의 행동이다.

– 최재석, 《역경의 행운》, 다므기, 2011, 176~177쪽

구한말 한·중·일의 역사적 경험은 지금도 반복되고 있다. 그러나 한국의 지배층은 여전히 일본과 중국에 유리한 전략과 입장을 고수하고 있다. 한국은 자국의 역사를 똑바로 보려고 하지 않는다. 외면

을 넘어 스스로 중국과 일본 극우파 쪽에 유리한 논리를 제공하고 그런 상황을 연출하고 있다. 중화 패권주의 사관과 일제 식민사관을 이제는 극복해야 한다고 주장하면, 시대에 뒤떨어진 민족주의니, 학문적 근거가 없다느니 하며 폄하한다. 우리 역사에 대한 다양한 접근이나 깊이 있는 토론을 하게 되면, 동북아역사재단이 나서 신속하게 불을 끈다. 중국이 불편해할 것이라는 논리다. 이러한 역사관을 조선 후기 노론이 고수했고, 노론영수인 이완용은 그 역사관을 이어받아 나라를 팔아넘겼다. 나라를 잃은 고통은 민중이 고스란히 떠안는다. 그 폐해를 우리는 역사를 통해 뼈저리게 경험했다.

한편 2012년 8월, 이명박 대통령은 느닷없이 독도에 가서 "일왕은 사죄"하라는 발언을 했다. 일본은 이를 얼씨구나 하고 반겼다. "덴노 헤이카天皇陛下에 대한 모욕"이라며 일본 여론을 자극하고, 독도를 분쟁수역화해서 시비를 공론화하려는 일본 극우세력의 노림수에 말려든 것이다.

이명박 정부의 이데올로거는 뉴라이트였다. 그런 이명박 대통령이 왜 갑자기 반일투사가 되었는지 알 만한 사람은 다 알고 있다. 주한 미대사관 외교 문서 기록에 따르면 "이상득은 이명박 대통령은 '뼛속까지to the core 친미·친일'이니, 그의 시각에 대해선 의심할 필요가 없다"고 말했다. 이명박 대통령은 "성숙한 한일 관계를 위해 '사과하라, 반성하라'는 말을 하고 싶지 않다", "과거 마음 상한 일을 갖고 미래를 살 수 없다"고 말한 바 있다. 중학교 국사 교재에 독도를 일본 땅으로 명기하겠다는 일본의 후쿠다 야스오福田康夫 총리에게 "지금은 곤란하다. 기다려 달라"고도 했다. 또한 이명박 대통령은 임기를 시작한 2008년 이후 위안부 문제에 대해 아무것도 하지 않았다. 2011년 8월에는 "일본군 위안부 문제 해결에 정부가 적극적으로 나서지 않은 것은 위헌"이라는 헌법재판소의 위헌판결까지 받은 정권이었다. 이명박 정권은 일본 정부와 똑같이 모르쇠로 일관했다.

노벨상 수상자인 오에 겐자부로大江健三郎를 비롯한 일본의 양심 있는 이들은 2012년 9월 일본의 자성을 촉구하는 대국민 호소문을 발표했다. "현재 영토 갈등은 근대 일본이 아시아를 침략했던 역사를 배경으로 하고 있다는 것을 잊어서는 안 된다", "일본의 독도 편입은 러일전쟁 기간 일본이 대한제국의 식민지화를 진행하며 외교권을 박탈하려던 중에 일어난 일로, 한국인들에게 독도는 단순한 섬이 아니라 침략과 식민지배의 원점이며 그 상징이라는 점을 일본인들이 이해해야 한다"고 호소했다. 그러나 대한민국의 역사관련 국가기관과 주류 역사학계는 일본과 중국의 극우 침략사관에 입각해서 한국사를 매도하고 국민의 역사의식을 앞장서서 호도한다. 그리고 지식인들은 침묵을 지킨다.

한국의 운명은 지금 백척간두에 서 있다. 거대한 역사의 폭풍이 휘몰아 칠 것이다. 안중근 의사가 검찰관 심문조서에서 했던 일갈을 한국과 중국, 일본은 기억해야 한다.

검찰관: 피고가 말하는 동양평화란 어떤 의미인가.

안중근: 모두가 자주독립할 수 있는 것이 평화다.

검찰관: 그렇다면 그 중 한 나라라도 자주독립하지 못하면 동양 평화라고 말할 수 없다는 말인가.

안중근: 그렇다.

나라를 위한 바른 역사관이 필요하다

길원옥 할머니는 일본군의 성노예가 되어 처참한 삶을 살아오신 분이다. 그분의 참혹했던 시절을 여기에 옮기지는 않겠다. 길원옥 할머니는 역사가 무엇인지를 누구보다 명백하게 증언하고 있다.

모르는 사람이 행복한 것이다. 자기들이 직접 당하지 않았어도 당하는 걸 보기만 하는 사람도 몸서리가 날 정도였을 것이다. 자식도 못 낳고 세상 사람들이 하는 건 하나도 못 해봤다. 사람 사는 것같이 살지 못하고 어떻게 그냥 누구 말대로 바람 부는 대로 물결 치는 대로 넘어갔다, 세월이.

[…] 원래 어린아이에게 무리가 되어서 그랬는지 얼마 안 있어서 바로 성병, 요꼬네라는 병에 걸렸다. 한국말로 가래톳이라고 양쪽에 생겼다. 열이 많이 나고 손님도 못 받았다. 병에 걸려 도저히 부려먹지 못하니까 수술을 시켰다. 그런데 그 수술이 너무 잔인한 것이었다. 일본 사람들, 저희들 딸, 저희 고향의 딸이라면 그런 짓을 안 했을 것이다. 양쪽을 수술하면서 나팔관을 막아놓았다. 그래서 그게 20세가 넘으니까 난소난종이라는 혹이 주먹만하게 양쪽 뱃속에 생기게 되었다. 그러니까 15세 안쪽에 병신은 다 된 것이었다. 양쪽 다리 수술을 받았으니 걸음도 잘 못 걸었다.

[…] 나라는 절대로 있어야 한다. 나라 없는 백성은 살아 있는 것이 아니라 죽은 것이다. 이제 남은 생이 얼마 없으니 그동안이라도 한이 풀어지기를, 한마디라도 진실한 사과의 말을 듣는 것이 소원이다. 이렇게 저렇게 죽고 얼마 남지 않은 사람들이지만 그저 만분지 일, 천분지

일이라도 말 한마디에 천냥 빚을 갚는다는데 사과하고, "우리들 때문에 이렇게 됐으니까 마음을 푸십시오"라고 해주면 얼마나 좋을까.

또 하나의 바람은 정대협에서 이렇게 힘써서 일하는데 우리 민족이 힘을 써서 기념관을 빨리 세워줬으면 좋겠다. 왜냐하면 자식이 있는 사람은 이 세상에 나와서 자식으로 말미암아 이름을 남겨 놓고 죽는데, 우리 같은 사람들은 이름도 성도 없이 엄청난 고생만 하고 그냥 가기 때문이다. 그런데 기념관을 세워주면 그래도 부끄러운 이름이라도 이름이 남지 않겠는가. 우리 좋으신 하나님이 여러 사람들 마음을 감동시켜서 빨리 기념관이 세워지고 이름이라도 남겼으면 하는 바람이다. 일가친척이 있나, 자식이 있나, 이름을 남길 길이 없다. 이 세상에 나 하나다. 나 하나밖에 없으니까 죽으면 아무것도 없다. 내 성을 그냥 짊어지고 가기가 그야말로 너무 서운하다. 기념관이나마 세워서 이름을 남겨줬으면 좋겠다.

−한국정신대대책협의회 증언, 《역사를 만드는 이야기》, 제6집, 여성과인권, 2004

"조국을 잃어버린 자는 다 잃어버린다"는 말이 있다. "나라는 절대로 있어야 한다. 나라 없는 백성은 살아 있는 것이 아니라 죽은 것이다. 한마디라도 진실한 사과의 말을 듣는 것이 소원이다. 우리 좋으신 하나님이 여러 사람들 마음을 감동시켜서 빨리 기념관이 세워지고 이름이라도 남겼으면 하는 바람이다"고 말한 길원옥 할머니는 역사의 의미를 누구보다 정확히 알고 계셨다. 할머니가 원한 것은 사과와 역사였기 때문에 인도적 차원의 보상도 오래전에 거부하셨다.

한편 영화감독 변영주는 일본군 성노예로 피해를 겪은 할머니들과 거의 8년을 함께 생활하며 연작 다큐멘터리 영화인 〈낮은 목소리

1~3〉(1995, 1997, 1999)를 만든 바 있다. 그는 어려움을 극복하며 영화를 찍은 경험을 다음과 같이 말했다.

> 너무 힘들어서 〈낮은 목소리 2〉로 접으려고 했는데, 이용수 할머니하고 일본 피스보트Peace Boat의 초청을 받아 배를 타고 베트남에 가게 됐어요. 한국군이 베트남 양민 학살한 지역에 가는 거였는데, 거기 도착하기 전부터 할머니가 "영주야, 나한테 잘못을 저지른 일본애들이 왜 한국 군인이 잘못한 데로 나를 데려가는거냐, 음모가 있는 것 아니냐?"며 불안해하셨어요. 베트남에서 한국 군인이 저지른 이야기까지 듣고 나서는 충격이 더 크셨죠. 그러다가 한쪽 다리를 잃은 베트남 생존자 할머니의 증언을 듣던 이용수 할머니가 손을 번쩍 드셨어요. 무슨 소리를 하실지 몰랐죠. 그런데 "나는 일본군에게 피해를 입었다. 오늘 당신 이야기를 들으니 우리 여성에게 왜들 이런 끔찍한 일을 저지르는지 모르겠다. 그러니 당신도 일주일에 한 번씩 베트남 한국대사관에 가서 배상을 요구해라. 수요일은 한국에서 우리가 하니까 당신은 다른 요일에 하라"고 하시는 거예요. 난 정말 그런 연대를 본 적이 없어요. 그 모습에 홀딱 반해서 이용수 할머니를 인터뷰로 해서 〈낮은 목소리 3〉을 찍었죠.
>
> -《한겨레》, 2012년 4월 27일

연대의 의미를 이보다 정확히 말할 수 있을까? 톰 랜토스 미국 하원 외교위원장은 "위안부 동원에 강제성이 없었다고 광고까지 낸 일본 정부, 일본의 거짓말에 구역질이 난다"고 말했다. 미국의 의원들과 힐러리 클린턴 국무장관도 위안부가 아니라 '일본군 성노예'라는 개념을 쓰자고 한다. 그렇다면 한국 정부는 무엇을 했을까? 아무 대응도 하지 않았다. 그냥 조용히 시간이 지나가길 바랄 뿐이다. 조용히 시간이 지나가길 바라는 것은 일본 정부가 할 일이다. 한국의 우파들은 사학계와 정치계를 막론하고 어찌 그리 일본극우파와 똑같은지 신기할 따름이다.

> "일본의 한국에 대한 식민지 지배는 오히려 매우 다행스런 일이며, 원망하기보다는 오히려 축복해야 하며 일본인에게 감사해야 한다. 수준 이하의 좌파적인 심성 표출의 하나에 종군위안부 문제가 있다."
>
> —고려대학교 명예교수 한승조

> "일제 치하의 조선사회는 그 이전 이씨 왕조의 조선시대에 비해서 경제 성장, 치안, 교육 등에서 큰 진보가 있었다. 살아 있는 노인 99퍼센트 이상이 친일했다."
>
> —국회의원 하태경

위에 인용한 문장은 조선총독부나 도쿄 제국대학에서 나온 말들이 아니다. 한국의 고려대학교 정경대학 학장, 정치학과 교우회 회장을 지낸 한 명예교수가 한 말이고, 대한민국 국회의원이 한 말이다.

"도대체 식민사관이 건재한 이유가 무엇인가"라는 질문을 많이 받는다. 그러나 어찌 식민사관뿐이겠는가? "매국 극우파가 건재한 이유가 무엇인가?" "미친 교육이 건재한 이유가 무엇인가?" 등 이제 하나하나 잘못된 것을 바꾸어야 할 때가 되었다.

거창고등학교 전성은 교장은 그의 저서 《왜 학교는 불행한가》에서

"우리나라 교육은 식민지 국가에서 하던 정책을 그대로 따라하는 비인간적인 제도다"라고 말했다. 전성은 교장의 결론처럼 우리는 일제가 심어놓은 교육 시스템에 짓눌려 왔다. 식민지 시대에 학교는 순종과 복종을 강요하고 독립적 사고와 사색을 억압하는 기관이었다. 19~20세기 초에 만들어진 황국 신민교육 이념과 가치관, 그 원리와 운영방식으로 21세기에도 아이들을 통제하니 학생들은 폭력에 내몰리거나 죽음을 선택한다.

버트런드 러셀은《행복의 정복The Conquest of Happiness》에서 "불행의 심리적인 원인은 다양하지만 모두 공통점이 있다. 전형적인 형태의 불행한 인간은 어린 시절에 정상적인 만족을 누리지 못한 경험을 가지고 있다", "사람들이 겪는 여러 가지 불행은 일부분은 사회제도에, 일부분은 개인적인 심리에 그 원인이 있는데, 일반적으로 개인적인 심리도 사회제도의 산물이다"라고 말했다. 또한 독일 작가인 로베르트 미헬스Robert Michels는 "인간에게 조국이란 국가가 아니라, 유년 시절 우연히 겪었던 한때의 그리운 기억, 희망에 넘쳐 미래를 그렸던 시절의 추억을 가리킨다"고 했다. 어린 시절이 조국이 되어 삶을 엮어나간다는 뜻이다.

사람은 누구나 어린 시절의 경험과 기억으로 돌아가려는 경향을 갖고 있다. 어린 시절은 삶의 뿌리다. 뿌리 없는 나무는 열매를 맺지 못한다. 아이에게는 부모가 세상이고, 자녀를 보는 즐거움은 사람의 가장 성스러운 즐거움이라는데 한국의 가족은 이미 해체된 지 오래다.

한국의 교육은 인도의 카스트 제도를 능가하는 학벌서열 계급사회를 유지하는 가장 근본적이고도 유력한 신분질서체제 장치다. 중세 유럽의 주홍글씨처럼 소위 남보다 못한 학벌을 가진 사람은 평생을 죄인처럼 살아야 하는 낙인이다. 침몰하는 타이타닉 호에서 온 힘을 다해 구조선에 올라타야 하는 절체절명의 상황처럼, 난파한 한국사회에서 '학벌 서열'은 생존을 걸고 붙들어야 할 구조선이다. 하지만 그 구조선도 이미 침몰 중이어서 항구로 가지 못할 운명이다.

이런 시스템을 숙주삼아 식민사학이 정설로 행세해왔다. 식민사관의 문제는 교육 자체에 있다. 인간은 누군가에게 도움이 될 때 가장 행복해하는 존재여서 자기만을 위한 삶에 만족하지 못한다. 경쟁이 유발한 불안과 두려움으로 유지되는 사회 가치가 가족을 해체하고 공동체를 살벌한 곳으로 전락시켰다. 삶을 즐길 권리를 박탈당한 채 무기력을 내면화하며, 서로 가해자이자 피해자이길 강요받고 있다. 정치·경제·종교·교육·문화·젠더·예술·언어·법 등 그 어느 분야에서도 식민지 경험의 비극으로부터 자유롭지 못하다. 그중 역사학은 역사관을 다루기 때문에 수많은 대중과 양식 있는 학자들이 지속적으로 문제를 제기했을 뿐이다.

우리 사회의 많은 분야 중에서 가장 먼저 바뀌어야 할 것이 역사관이다. 역사관은 한 사람의 종합적인 인식체계이자 한 사회가 나아가야 할 방향이기 때문이다.

지금 내가 시도한 발상의 전환이 세상을 바꿀 수 있다. 이 순간 내 영혼의 소리에 집중해보자. 우리의 사고와 의식, 일상을 지배하는 가치를 각자의 장에서 문제제기하고, 새로운 꿈을 구하고, 찾고, 두드리며 연대의 장으로 나오자.

모두를 위한 역사는 없다. 일제 식민사관에 균열이 생길 때, 우리는 역동적으로 굽이치는 변혁의 물결을 맞을 것이다. 침략적인 역사관, 즉, 한 사람, 한 사회를 다른 사람, 다른 사회의 노예로 만든 역사관이 바뀌면 전혀 새로운 차원의 세상이 펼쳐지리라 확신한다.

역사를 바꾸는 일은 항상 낮은 곳에서 묵묵히 이 땅을 지켜온 민중의 몫이었다. 그들이야말로 위대하고 경의 받아 마땅한 존재들이다. 그들은 정직한 역사를 갈망하며, 심연 깊숙이 품고 있는 희망을 토해낼 것이다. 그들은 점점 커지는 북소리가 되어 오랫동안 기대어 살던 거짓 '진리들'을 일소하는 압도적인 폭풍으로 몰아칠 것이다. 그때가 가까워지고 있다.

님 웨일스Nym Wales가 쓴 《아리랑Song of Ariran》의 주인공인 독립혁명가 김산은 다음과 같은 말을 우리에게 남겼다.

내 전 생애는 실패의 연속이었다. 또한 우리나라의 역사도 실패의 역사였다. 나는 단 하나에 대해서만 내 자신에 대하여 승리했을 뿐이다. 그렇지만 계속 전진할 수 있다는 자신을 얻는 데는 이 하나의 작은 승리만으로도 충분하다. 다행스럽게도 내가 경험했던 비극과 실패는 나를 파멸시킨 것이 아니라 강하게 만들어 주었다. 나에게는 환상이라는 것이 거의 남아 있지 않다. 그렇지만 나는 사람에 대한 신뢰와 역사를 창조하는 인간의 능력에 대한 신뢰를 잃지 않고 있다. 역사의 의지를 알 사람은 누구일까? 살아가기 위해서는 반드시 폭력을 뒤집어 엎지 않으면 안 되는 피억압자뿐이다. 패배 속에서도 좌절하지 않는 사람, 일체의 새로운 세계를 최후의 전투에서 얻기 위하여 모든 것을 잃어버린 사람뿐이다.

민중의 관점에 서면 거기에 바로 진실이 있다. 《아리랑》에 남겨진 마지막 기록을 인용하면서 이 장을 마치고자 한다. 여기까지 오신 여러분에게 머리 숙여 경의와 감사를 전한다.

그 무엇도 사람이 역사라고 하는 운동 속에서 점하는 자리를 빼앗을 수가 없다. 그 무엇도 사람을 빠져나가게 할 수가 없다. 유일한 그의 개인적 결정이라고는 전진할 것인가, 아니면 후퇴할 것인가, 싸울 것인가 아니면 굴복할 것인가, 가치를 창조할 것인가, 아니면 파괴할 것인가, 강해질 것인가, 아니면 나약해질 것인가 하는 것밖에 없는 것이다.

역사를 역사답게 만드는 힘, 민중에게 있다

단재 신채호는 "인류가 인류인 까닭은 파괴할 수 있기 때문이 아니라, 창조할 수 있기 때문이다"라고 했다. 그러나 사람은 누구나 주체적이고 자발적인 의지와 무관하게 어떤 결과가 엄습하면 패배감에 빠져든다. 더욱이 기억까지 조작해서 "너는 원래 그런 사람"이라고 규정하면 무기력한 존재가 된다.

식민사관의 가장 큰 폐해는 진실을 훼손해 민중에게 열등감을 주입하고, 비주체적인 삶을 내면화한다는 데 있다. 민중에게 노예의식을 심는 데 식민사관만큼 효과적인 수단도 없다. 이것이 역사학자가 아니었던 단재 신채호, 위당 정인보, 석주 이상룡 등이 무장투쟁을 하면서도 역사연구에 매진한 이유다. 진실을 밝히지 않으면, 그 어떤 희망도 있을 수 없었기 때문이다.

"어떤 사실이 희망에서 일어난다 함은 본래의 이치지만, 희망 또한 사실로부터 생겨나는 것이니, 속담에서 말하는 것과 같이 '소도 언덕이 있어야 비빈다'고 하며, 희망 또한 가능한 방법이 있은 뒤에 생기는 것임을 생각하라." 사실은 희망에서 나오고, 희망은 사실로부터 나오니 가능한 방법을 찾아야 한다는 단재의 말이다. 그는 그 사실을 역사와 민중에서 찾았다. 그의 방법은 옳았다. 그의 육체는 여순감옥에서 스러졌지만, 그는 결코 죽지 않았다. 역사와 민중 속에 형형하게 살아 숨 쉬고 있다.

방법을 구하는 자에게는 반드시 방법이 찾아온다. 패배감에 빠지지 않고, 포기하지 않으면 예상하지 못한 방법이 불쑥 고개를 든다. 전기가 들어오면 환하게 불을 밝히는 전구처럼 누구나 지혜의 불꽃을 간직하고 있다.

최근에 "아프니까 청춘이다"라는 말이 우리 사회를 휩쓸었다. 무섭고도 잔인한 말이다. "현 시스템을 인정하고 열심히 노력하면 성공한다"는 말은 지배 시스템으로 권력과 이익을 누리는 이들의 전형적인 논리다. 위로가 아니라 탈락하면 끝이라는 위협이다. 아프면 아픈 이유가 있는데, 청춘이어서 그렇다니. 청춘을 넘긴다고 아픔이 사라지지 않는다. 중년은 더 아프고, 노인은 아픔을 달고 산다.

"아프니까 뒤집어라." 청춘들에게는 이런 말이 필요하다. 분노할 줄

아는 것, 자신의 몸과 정신, 뜻, 가치를 소중히 여기는 만큼 이를 위해 치열하게 싸우는 것이 사람이다. 다른 이와 비교하고 타인과 똑같이 되려고 노력하는 삶은 행복과 멀어지는 길이다. 인간의 개성을 억압하고 무기력한 패배자로 가는 선택이다.

"개인의 가치관과 사회제도 중 무엇을 먼저 바꿔야 하는가"의 문제는 이분법적으로 볼 사안이 아니다. 악순환을 끊기 위해서는 둘 다 동시에 바꿔야 한다. 체제와 제도를 바꾸는 변혁은 나를 혁명하는 것과 동반해야 힘이 생긴다. 이상 없는 현실은 무의미하고, 현실 없는 이상은 공허하다.

"나는 비관주의를 이해하지만 믿지는 않는다. 이것은 단순히 신념의 문제가 아니라 역사적 증거로 따져 봐야 할 문제다. 강력한 증거일 필요는 없다. 희망을 주기에 충분하면 그만이다. 희망을 위해 필요한 것은 확실성이 아니라 가능성이기 때문이다. 그리고 모든 역사는 우리에게 이런 가능성을 제공해준다." 2011년에 타계한 미국의 진보적인 역사학자 하워드 진의 신념이다. 이 말은 진실이다. 우리 역사가 그러했고, 세계의 역사 또한 그러했다. 우리는 우리를 믿어야 한다. 희망은 우리가 이미 갖고 있는 경험과 사유, 용기, 모험에서 나온다. 우리가 갖고 있지 않은 것에서 희망은 오지 않는다.

역사는 인내심이 깊다. 진실이 가려져도 역사는 자신을 지킨다. 누군가 진실한 역사를 발견하길 끈질기게 기다린다. 소설 〈큰바위 얼굴〉

에서 주인공 어니스트는 결국 마지막에 자신이 큰바위 얼굴이라는 사실을 깨닫는다. 이처럼 우리는 모두 큰바위 얼굴이다. 우리는 진실을 왜곡할 이유가 없는 어니스트Honest들이다. 우리는 남을 지배하기 위해 거짓을 만들 필요가 없는 사람들이고, 정직한 역사를 갈망한다. 러시아 속담처럼 "우리가 기다린 것은 우리였다."

지금 이 순간 인정과 사랑을 갈구하며 성실하게 자신의 주어진 과제를 감당하는 아이들이 있다. 출구 없는 절망에 몸부림치며 자신을 고립시키는 청소년이 있다. 죽음을 고민하는 어린 영혼이 있다. 이건 아닌데 하면서도 자식의 장래를 위해 고단한 현실을 고뇌하며 희생하는 부모가 있다. 붕괴된 교실에서 교사의 사명을 잃지 않고 분투하는 선생이 있다. 숨막히는 사교육 현장에서 아이들에게 사활을 거는 선생이 있다. 대학 없는 대학에서 학문에 정진하는 교수가 있다. 가혹한 마녀사냥을 당하면서도 식민사학을 비판해온 역사학자가 있다. 묵묵히 자신의 일을 감당하는 노동자와 사업자가 있다. 모두 위대하고 경의 받아 마땅한 존재들이다. 희망은 이들 안에 있지 결코 이들 밖에 있지 않다. 이들은 많은 것을 겪으며 '내가 어디에 있는지' 바닥까지 내려가 고민하는 존재들이다. 여기에 희망을 사실로, 사실을 역사로 만드는 힘이 있다.

일제의 가장 큰 폐해는 하늘과 땅, 그리고 사람의 조화를 추구하며 공동체 가치를 소중히 여겼던 겨레의 전통이 사라진 것이다. 이 공동체 가치에서 역사를 반전시키는 역동성이 뿜어져 나왔다. 그 역동성은 민중 속에 살아 꿈틀거리며 한국사의 주요 전환점을 일궈냈다.

이제 우리가 일제에게 훼손당한 공동체의 가치, 주체적인 연대의 정신을 스스로 복원해나가야 할 때다. 각자 자신만이 지니고 있는 내면의 힘, 고유한 가치를 발견해 또 다른 반전의 길로 들어서자. 사람은 과거의 기억과 미래에 대한 상상력으로 현재를 산다. 왜곡된 기억을 거부하고 전혀 새로운 상상력을 발동해 마땅히 해야 할 바를 잊지 말자. 민중이 주역이 되는 경이로운 역사가 우리를 기다리고 있다.

* 독자의 편의를 위해 이 책을 쓰면서 직접 도움을 받았거나 참고한 자료 중 읽어보면 좋을 만한 문헌을 아래에 소개한다(본문에 인용한 단행본 제외, 저자명에 따라 가나다 순서로 정렬).

김상태, 《엉터리 사학자, 가짜 고대사》, 책보세, 2012.

김성호, 《비류백제와 일본의 국가 기원》, 지문사, 1988.

김원룡, 《한국 고고학 개설》, 일지사, 1992.

김정배, 《한국 고대사와 고고학》, 선서원, 2000.

김철준, 《한국 고대사회 연구》, 지식산업사, 1975.

단군학회 엮음, 《남북학자들이 함께 쓴 단군과 고조선 연구》, 지식산업사, 2005.

리지린, 《고조선 연구》, 사회과학출판사, 1964.

마거릿 맥밀런, 권민 옮김, 《역사 사용설명서》, 공존, 2009.

문정창, 《고조선사 연구》, 한뿌리, 1993.

미야타 세쓰코 해설·감수, 정재정 옮김, 《식민통치의 허상과 실상》, 혜안, 2002.

박미자, 《시대를 읽는 교육사》, 열린아트, 2008.

박창범, 《하늘에 새긴 우리 역사》, 김영사, 2002.

박창화, 《잘못된 역사지리 바로잡는 우리나라 강역고》, 민속원, 2004.

복기대, 《요서 지역의 청동기시대 문화 연구》, 백산자료원, 2002.

사회과학원, 《평양 일대 낙랑 무덤에 대한 연구》, 중심, 2001.

성삼제, 《고조선 사라진 역사》, 동아일보사, 2005.

안경전 옮김·주해, 《환단고기》, 상생출판, 2012.

우실하, 《동북공정 너머 요하문명론》, 소나무, 2007.

유 엠 부친, 이항재·이병두 옮김, 《고조선 역사·고고학적 개요》,
  소나무, 1990.

윤내현, 《한국 열국사 연구》, 지식산업사, 1999.

윤명철, 《역사전쟁》, 안그라픽스, 2005.

이덕일·김병기, 《고구려는 천자의 제국이었다》, 역사의아침, 2007.

이도상, 《한국 고대사, 바꿔 써야 할 세 가지 문제》, 역사의아침, 2012.

이도학, 《한국고대사, 그 의문과 진실》, 김영사, 2001.

이만열, 《단재 신채호의 역사학 연구》, 문학과지성사, 1990.

이병도, 《국사대관》, 백영사, 1953.

_____, 《한국 고대사 연구》, 박영사, 1976.

_____, 《한국사대관》, 보문각, 1964.

이병도·최태영, 《한국 상고사 입문》, 고려원, 1989.

이상시, 《단군실사에 관한 고증연구》, 고려원, 1990.

이성무, 《한국역사의 이해 1》, 집문당, 2002.

이재호, 《한국사의 비정》, 우석, 1985.

이종욱, 《고조선사 연구》, 일조각, 1993.

_____, 《한국 고대사의 새로운 체계》, 소나무, 1999.

장준하, 《돌베개》, 세계사, 1993.

전성은, 《왜 학교는 불행한가》, 메디치미디어, 2011.

정수일, 《고대문명 교류사》, 사계절, 2002.

정일성, 《황국사관의 실체》, 지식산업사, 2000.

조동걸·한영우·박찬승 엮음, 《한국의 역사가와 역사학》 하권,
　창작과비평사, 1999.

존 카터 코벨, 김유경 옮김, 《한국 문화의 뿌리를 찾아서》, 학고재, 1999.

천관우, 《고조선·삼한사 연구》, 일조각, 1989.

최재석, 《일본 고대사 연구 비판》, 일지사, 1990.

최태영, 《한국 고대사를 생각한다》, 눈빛, 2003.

테사 모리스 스즈키, 박광현 옮김, 《일본의 아이덴티티를 묻는다》,
　산처럼, 2002.

하워드 진, 이재원 옮김, 《하워드 진, 역사의 힘》, 예담, 2009.

허종호 외, 《고조선력사 개관》, 도서출판 중심, 2001.

홍진희, 《일본은 한국 역사를 왜 비뚜로 가르칠까》, 소나무, 1993.

한국사가 죽어야 나라가 산다

초판 1쇄 발행 2013년 1월 30일 **초판 11쇄 발행** 2021년 2월 3일

지은이 이주한
펴낸이 연준혁

출판부문장 이승현
편집 4부서 부서장 김남철
편집 신민희
디자인 하은혜

펴낸곳 ㈜위즈덤하우스 **출판등록** 2000년 5월 23일 제13-1071호
주소 경기도 고양시 일산동구 정발산로 43-20 센트럴프라자 6층
전화 031)936-4000 **팩스** 031)903-3893 **홈페이지** www.wisdomhouse.co.kr

ⓒ 이주한, 2013

ISBN 978-89-93119-56-5 03900

국립중앙도서관 출판시도서목록(CIP)

한국사가 죽어야 나라가 산다 : 한국사를 은폐하고 조작한
주류 역사학자들을 고발한다 / 지은이: 이주한. ── 고양 :
위즈덤하우스, 2013
p. ;   cm

참고문헌 수록
ISBN 978-89-93119-56-5 03900 : ₩15000

한국사[韓國史]

911-KDC5
951.9-DDC21   CIP2013000399